W0083631

HANDBUCH
für miese Tage

EVELINE HELMINK

HANDBUCH
für miese Tage

Ohne Ab kein Auf:
Wie uns die unglamourösen Tage
weiterbringen

IRISIANA

FÜR DICH

**Weil ich Dich nachts weinen hörte
und mir die Worte fehlten.**

Ich habe ein paar Worte gefunden.

UNSEREN
Schmerz
zu teilen
macht uns
MENSCHLICH

10

// DIESE FÜNF DINGE MÖCHTE ICH VORAUSSCHICKEN

- Den Umschlag dieses Buchs ziert eine Rose. Für mich bringt sie die Bedeutung des Lebens auf den Punkt: Zeitlos und doch endlich, wunderschön und doch zeigt es uns hin und wieder seine spitzen Dornen.

- Oft braucht es an einem miesen Tag nicht mehr als eine kuschelige Strickjacke, eine heiße Dusche oder einen langen Spaziergang. An miesen Tagen mag ich es nicht auch noch kompliziert. Es handelt sich hier nicht um einen klassischen Lebensratgeber: Ich habe keine Schritt-für-Schritt-Anleitung für miese Tage. Die hier vorgestellten Abkürzungen (ich nenne sie Shortcuts) sollen dir dabei helfen, den ersten Schritt aus der miesen Zeit zu machen.

- Meine Erfahrung sagt mir, dass das Leben durch Tage dieser Art nicht schöner, aber durchaus interessanter wird. Ich bin weder Coach oder Psychologin noch Dozentin – ich interessiere mich schon seit jeher für menschliche Ecken und Kanten, Unvollkommenheit und alles rund um die sogenannte Resilienz, also das, was man seelische Widerstandskraft bezeichnet. Deshalb sehe ich in mir selbst eine Art Cheerleaderin bei Rückschlägen, Missmut und Ungemach. All das ist Teil des Lebens und genau die Tage, an denen es weniger gut läuft, bringen uns am meisten über uns selbst bei.

- Mein Ich, das so unterschiedlichen Stimmungen unterworfen ist, hofft von ganzem Herzen, dass mein Handbuch für miese Tage dir hilft, deinen weniger guten Tagen tapfer und aufrecht entgegenzutreten.

- Und zum Schluss möchte ich mein Lieblingszitat loswerden. Es stammt von der buddhistischen Nonne und Schriftstellerin Pema Chödrön und tröstet mich, wenn es übel um mich steht: »Wir glauben, es ginge darum, die Prüfung zu bestehen und das Problem zu überwinden, aber in Wirklichkeit gibt es gar keine Lösung. Die Dinge kommen zusammen und fallen wieder auseinander. Dann kommen sie wieder zusammen und fallen wieder auseinander. So einfach ist es. Die Heilung stellt sich ein, wenn wir allem Geschehen Raum geben: Raum für Trauer, Raum für Linderung, Raum für Elend, Raum für Freude.«

INHALT

SHORTCUTS

DEIN LIEBER KÖRPER & DIE MIESEN TAGE

NAHRUNG FÜR DEN KOPF

DIE GROSSE, BÖSE AUSSENWELT

LEICHTES UND ALLTÄGLICHES

DAS GLÜCK

ist
mit den
MUTIGEN

14

SCHAU DICH AUCH MAL UM

EIN BISSCHEN ESOTERISCH, ABER ES HILFT

NICHTS IST FÜR IMMER

Wenn du drohst zusammenzubrechen,
mögest Du stattdessen aufbrechen.
Möge jede Erfahrung im Leben eine Tür sein,
die dein Herz öffnet, deine Einsicht
erweitert und dich in die Freiheit führt.

Elizabeth Lesser

16

VORWORT

Ich ziehe den Autoschlüssel ab und sehe den Regentropfen auf der Windschutzscheibe meines Autos zu. In fünf Minuten, um halb vier, werde ich meine Mutter
sehen. Mir bleiben also fünf Minuten in diesem Kokon aus Stahl. Inzwischen weiß
ich, was als Nächstes passieren wird, ich habe es schon so oft erlebt. Erst kommt
Widerstand in mir auf: Ich will nicht, ich will das nicht, ich will, dass meine Mutter
gesund und zu Hause bei meinem Vater ist, dies hier ist unfair und bescheuert.
Doch dann kommt die Trauer: Ich möchte nicht, dass sich Dinge ändern oder zu
Ende gehen, und ich möchte meine Mutter zurück, so wie sie war, und zwar jetzt.
Dann kommt der Trost: Sie ist immer noch da – und auch wenn sie nicht mehr die
Sprache der Worte spricht, sie spricht immer noch die universelle und zeitlose
Sprache der Liebe. Dann ist die Angst da: Was, wenn sie traurig ist, was, wenn sie
keinen guten Tag hat?
Und dann der Mut: Ich werde da sein. Als Nächstes folgt Akzeptanz: So ist es. Ich
nehme die gesamte Abfolge wahr und atme aus. Und dann möchte ich so schnell
wie möglich zu meiner Mutter. Erst dann öffne ich die Autotür und steige aus.
Meine Arme sind weit ausgebreitet. Mein Lächeln ist echt.

// EINE EINFÜHRUNG

In Zeiten von #yolo und #bliss könnte man glatt vergessen, dass es Tage gibt, die weniger toll sind. Solche Tage, an denen es von allem weniger gibt: weniger Energie, weniger Flow, weniger Positivität.

Solche Tage, an denen sich alles gegen dich verschworen zu haben scheint, an denen du so gut wie sicher bist, dass du abends einsam und allein sein wirst, einfach weil das Schicksal es so mit dir vorhat und sowieso alle Vorzeichen darauf hindeuten. Denn warum sonst hast du einen platten Reifen, schnauzen dich alle deine Lieben völlig ungerechtfertigt an – und überhaupt, zu allem Unglück hast du dir auch noch den Musikknochen gestoßen!

Vielleicht kommt dir auch dies bekannt vor: Alles ist ganz normal, dennoch wachst du morgens mit einem Knoten im Bauch auf. Ein fahler, konturloser Nebel hängt wie eine graue Decke von dir herunter und du kannst ihn nicht abschütteln, so sehr du dich auch bemühst. Deine Haut ist fleckig, das Haar kraftlos, du meditierst eine Stunde lang, schließlich soll das helfen, aber dann lässt du deine Müslischale voll mit Joghurt auf den Küchenboden fallen und folgerst: Ich hätte genauso gut im Bett bleiben können. Und egal, was du tust, weit und breit keine Spur davon, dein #mojo zu entdecken.

In einer Zeit, in der wir so gerne darüber sprechen oder in den sozialen Netzwerken teilen, wie gut es uns geht, wie cool das Leben ist und wie bewusst wir das Beste aus Körper, Geist und Seele machen, scheint es nur wenig Raum für diese unausweichliche Wahrheit zu geben: Jedes menschliche Leben beinhaltet Tage, die einfach nur blöd sind. Tage, an denen es einfach nicht gelingen will, ein inneres Leuchten in sich zu spüren. Manchmal sind miese Tage eine Reaktion auf etwas Unfaires, Unerwartetes oder auch Peinliches. Manchmal sind sie einfach plötzlich da. Scheußliche Tage, an denen man es vorziehen würde, dem erbarmungslosen Universum, das dich genau im Visier zu haben scheint, den Mittelfinger zu zeigen. Dabei fühlt es sich so an, als ob das Universum wiederum dir den Mittelfinger zeigt, völlig unberührt vom Schicksal eines seiner Milliarden herumwuselnden Erdbewohner. Als ob du nirgendwo dazugehörst oder zu Hause bist. Ein Offline-Tag: Das Netzwerk aus Glück und Leichtigkeit ist vorübergehend nicht erreichbar. Es ist geradezu paradox: An miesen Tagen nimmt man alles unglaublich persönlich, und gleichzeitig fühlt sich alles völlig unpersönlich an.

Ich weiß nicht, wie es dir geht, aber wenn ich mürrisch, gereizt, traurig und/oder müde bin, sind das nicht unbedingt die Momente, in denen ich widerwillig durch den Regen ins Fitnessstudio radeln oder stundenlang in der Küche stehen möchte. Es sind auch nicht die Momente, in denen ich hören möchte, dass ich mehr medi-

18

tieren sollte, oder in denen ich es schaffe, einen dicken und komplizierten Lebens-ratgeber zu durchdringen. Egal wie heilend das auch sein mag, an miesen Tagen habe ich manchmal einfach keine Lust. Ich will gar nichts.

Dann gesagt zu bekommen, was man an einem solchen Tag tun sollte, ist in der Regel nicht das, worauf man gerade gewartet hat. So wie man nicht hören möchte, nachdem gerade erst die Tür hinter deinem Ex-Freund zugeklappt ist, dass man »bestimmt wieder jemanden anderes finden wird«, oder wenn dir jemand den Job vor der Nase weggeschnappt hat, dass »sich eine bessere Chance ergeben wird«. Es ist nicht so, dass diese Ratschläge unvernünftig sind – im Gegenteil. Du weißt das auch, aber es fühlt sich nicht so an. An miesen Tagen dauert es eben etwas länger, um sich von einer »Flaute« in einen »göttlichen« Zustand hochzuarbeiten, als an Tagen, an denen alles reibungslos läuft. Oder anders gesagt: An miesen Tagen bin ich schon höchst zufrieden, wenn ich mir vor dem Abend die Haare gewaschen habe und noch ein halbes Brot im Gefrierfach liegt.

Ich höre förmlich, wie du jetzt denkst: Moment mal, was soll das denn? Wo führt das hin? Du arbeitest doch bei einer Zeitschrift über Glück? Und jetzt machst du auf Cheerleaderin für schlechte Tage? Du brichst eine Lanze für Rückschläge, Gegenwind und Flaute? Genau. Es ist sogar so, dass ich abendelang in verwaschenen Leggings, dicken Socken und übergroßen Pullovern an diesem Handbuch herumgedoktert habe. Für diejenigen, die es nicht wissen, ich arbeite bei der Zeit-schrift *Happinez,* und das ist in den Niederlanden wie auch in Deutschland eine der größten Marken auf dem Gebiet von Glück, persönlichem Wachstum, Sinn-gebung und erfülltem Leben. Wir machen in den Niederlanden und im Ausland Zeitschriften, organisieren Events sowie ein dreitägiges Glücksfestival, außerdem bieten wir Online-Schulungen an und noch vieles, vieles mehr. In den letzten Jah-ren hat *Happinez* Hunderttausende, wenn nicht Millionen von Menschen auf der ganzen Welt inspiriert und Erkenntnisse über Glück und achtsames Leben ver-mittelt. Es gibt eigentlich keinen Tag, an dem ich mich nicht mit diesen Themen befasse. Ich kann mit Überzeugung sagen: Glück ist echt mein Ding. Ich habe es zu meiner Arbeit gemacht, aber auch außerhalb der Bürozeiten genießt Glück meine volle Aufmerksamkeit. Denn wie alle anderen möchte auch ich ein schönes, leich-tes und beschwerdefreies Leben führen.

Und? Bin ich glücklich? Diese Frage kann ich glücklicherweise von ganzem Herzen und mit Überzeugung mit »Ja« beantworten. Allerdings nicht jeden Tag und schon gar nicht ununterbrochen. *Glück ist nicht das Ende eines Marathons, bei dem du über die Ziellinie stolperst, eine Medaille bekommst und ab dann für immer glücklich bist.* So funktioniert Glück nicht. Glück ist kein ständiger Seinszustand. Es ist weder statisch noch ist es massiv oder unveränderlich. In Wahrheit ist Glück dynamisch, fließend und frei.

19

Perfektion
ist ein
BEWEGLICHES ZIEL

20

So sehr wir es auch für immer festhalten und niemals loslassen möchten, Glück kommt und geht. Manchmal vergleiche ich das Glück mit einem wilden und ungezähmten Tier: Man kann es nicht einfangen, man kann es nicht in einen Käfig stecken, man kann es nicht zähmen. Glück muss frei sein, um echt zu sein.

In einer Welt, in der wir theoretisch alles bekommen können, was wir wollen, irritiert es uns mitunter, wenn wir Glück nicht haben können. Langsam, aber sicher hat sich in unserer Gesellschaft die Idee eingeschlichen, Glück sei etwas Machbares und wenn wir nur hart genug arbeiteten, würden all unsere Träume wahr werden. Das ist es, was uns Reklamespots, Talentshows und soziale Medien weismachen wollen. Du bist deines Glückes Schmied und wenn du nicht glücklich bist, ist es deine eigene Schuld. Und so jagen wir dem Glück hinterher. Wir suchen überall danach. Wir bauen uns Spiegelpaläste der Perfektion, des Glücks und der Kontrolle und erschrecken dann über Flecken, Risse oder Dellen. *Das Leben darf auf keinen Fall hässlich sein. Nicht unangenehm. Wir verbinden miese Tage mit Düsternis, Dunkelheit und Trauer, dabei ist Schmerz oder Unglück etwas, das so schnell wie möglich beseitigt, repariert oder ins Gegenteil gekehrt werden muss.* Man muss sich wegen schlechter Tage fast schuldig fühlen. Oh, du fühlst dich mies? Was für eine Schande, dass du das noch nicht wegmeditiert hast!

Ich finde das so müßig. Ein Leben, in dem man nur in Gegensätzen denkt – glücklich oder nicht glücklich, froh oder nicht froh, schön oder nicht schön –, so ein Leben kann niemals vollständig sein. Auch das Hässliche gehört dazu! Misserfolg, Gegenwind und Unglück sind untrennbar mit dem verbunden, was wir sind. Nur wenn du miese Tage akzeptieren kannst, können Yin und Yang im Gleichgewicht sein. Dann kannst du sagen, dass du dein Leben in vollen Zügen lebst. Miese Tage inklusive! Ein Leben, in dem wir bereit sind, die weniger guten Tage zuzulassen, und in dem wir es wagen, uns gut *und* schlecht zu fühlen, ist ein ganzheitliches Leben oder wie ich es nenne, ein *inklusives* Leben.

Dieses Handbuch für miese Tage steht nicht im Widerspruch zu dem Streben nach Glück, es ist eher als Einladung zu verstehen, Glück und Unglück als komplementär zu betrachten. Sie gehören zusammen wie Tag und Nacht, wie Feuer und Wasser, wie Sonne und Mond. Licht und Dunkel sind zwei Seiten einer Medaille. Dieses Buch setzt vielleicht einen anderen Akzent, aber es folgt dem gleichen Punkt am Horizont. Und wenn du genau hinhörst, ist dies eigentlich keine neue Botschaft. Genau genommen ist es die Lektion der Lektionen nahezu aller Sorten und Spielarten spiritueller Praxis: Annehmen und dem Leben folgen, so wie es ist. *Du erlebst nur dann tiefen inneren Frieden, wenn du nicht mehr nach der »besten« Version von dir strebst, sondern nach der reinsten, der authentischen Version von dir – einschließlich aller Unvollkommenheiten.* Mark Manson beschreibt in seinem internationalen Bestseller *Die subtile Kunst des darauf Scheißens* sehr deutlich, warum die Jagd nach dem Glück oft so widersprüchlich ist. Er sagt – und jetzt aufgepasst, es ist nämlich ein ziemlicher Mindfuck – »Der Wunsch nach positiveren Erfahrungen ist an sich selbst eine negative Erfahrung. Und paradoxerweise ist das Akzeptieren einer negativen Erfahrung an sich selbst eine positive Erfahrung.«

Meiner Meinung nach sagt Manson hier etwas sehr Wahres. Wenn es dir gelingt, an schlechten Tagen präsent zu sein, wirst du sie als etwas Positives wahrnehmen können. Mit dem fortwährenden Wunsch nach angenehmen Erfahrungen sperren wir uns faktisch selbst in einen goldenen Käfig und schließen dabei so viel aus. Die Welt ist so viel mehr als positive Erfahrungen allein. *Du* bist größer als das allein. Es erinnert mich daran, was mir der Zen-Meister Bernie Glassman (1939– 2018), Mitbegründer der Bewegung *Zen Peacemakers*, einmal in einem Interview sagte: »Heutzutage bedeutet Frieden für viele Menschen das Ende von Ungerechtigkeit und Schmerz. Leiden kann jedoch auch dann ein Ende haben, wenn Schmerz und Ungerechtigkeit vorhanden sind. Der Schmerz sitzt in unserem Körper, das Leiden aber befindet sich in unserem Kopf. Wir müssen lernen, das Leben so zu sehen, wie es ist: Alles kommt und alles geht.« Ich erinnere mich gut an Glassmans Worte, weil ich glaube, dass innerer Frieden genau so funktioniert: Die miesen Tage verschwinden nicht, im Gegenteil, sie werden ganz natürlich angenommen – wie es auch bei Ebbe und Flut der Fall ist.

Die gute Nachricht lautet: Du kannst mit den miesen Tagen etwas anfangen, egal wie unangenehm sie sind. Zunächst einmal: Keine Angst vor Gegenwind, Unglück und Misserfolg – sie sind nun mal Teil des Lebens. Anstatt diese Gefühle zu ignorieren oder zu bekämpfen, können wir lernen, sie zuzulassen und zu ergründen.

Negative Gefühle sind nicht dazu da, »repariert« zu werden, sie sollten vielmehr verstanden werden. Du kannst die von Kummer und Sorge geprägten Phasen als eine Art Rutschbahn zu tieferer Selbsterkenntnis nutzen: Du rutschst an hartnäckigen Gedanken, Gewohnheiten, Urteilen und Wünschen vorbei nach unten. Also nenn mich ruhig Cheerleaderin für miese Tage. Ich ermutige dich zu fühlen, was ist. Ich habe keine Angst (mehr) vor diesen Tagen, egal wie grau oder groß sie auch wirken. Frei nach Elisabeth Lesser: Miese Tage sind nicht leblos und tot, gerade wenn wir Schmerzen haben, fließt unglaublich viel Lebensenergie durch uns. Ich habe die Erfahrung gemacht, dass mich gerade schlechte Tage häufig auf etwas Wesentliches aufmerksam machen. Sie zeigen mir auf, was nicht in Ordnung, was nicht im Gleichgewicht ist. Wenn du sie zulassen kannst, sind Gefühle wie Traurigkeit, Schmerz und Unzufriedenheit interessante und lehrreiche Begleiter. Genau genommen sind Gefühle nichts anderes als Energie, und Energie solltest du nicht festhalten, sondern fließen lassen. Und wenn du stark und mutig genug bist, deine Gefühle im gegenwärtigen Augenblick wahrzunehmen, kannst du sie auch wieder loslassen, statt sie mit dir herumzuschleppen.

Die schlechten Tage, die wir so sehr fürchten und die wir am liebsten vermeiden möchten, sind *gerade* die Tage, an denen wir am meisten über uns selbst erfahren können. Gefühle zu akzeptieren und zu erkennen, gibt uns Raum. Wir können tief durchatmen, Abstand gewinnen. Wenn ich wütend bin, ist etwas, das ich für wichtig halte, aus dem Gleichgewicht. Wut zeigt mir, wo meine Grenzen liegen. Wenn ich eifersüchtig bin, deutet dies auf etwas hin, nach dem ich mich bewusst oder unbewusst sehne. Wenn ich traurig bin, hat mich etwas tief getroffen. Wenn ich enttäuscht bin, erfahre ich, dass etwas, das mir nicht geglückt ist oder das ich mir selbst versagt habe, noch immer viel bedeutet. Diese Gefühle verdienen es, genauer betrachtet zu werden. Miese Tage, einer oder auch mehrere davon, bedeuten nicht das Ende der Welt, sondern sind der Beginn einer inneren Reise.

Bei der genaueren Betrachtung mieser Tage geht es nicht darum, sich selbst zu verändern oder zu verbessern. Im Grunde geht es um eine tiefreichende Akzeptanz dessen, was du bist. Darum, deine Authentizität zu entdecken. Immer mehr du selbst zu werden, mit all deinen Facetten, all deinen Farben, in voller Präsenz. Miese Tage ermöglichen dir den Zugang zu einer stärkeren, ausgeglicheneren und mutigeren Version deiner Selbst. Ach übrigens, manchmal fühlen wir uns auch ohne besonderen Grund niedergedrückt. Manchmal sind wir einfach nur hundemüde und denken uns deswegen gleich alles Mögliche aus. Auch das kann eine relativierende und erhellende Entdeckung sein: Nicht jeder Mist muss unbedingt Sinn ergeben.

Du bist nicht das, was du denkst, und du bist sogar nicht immer das, was du zu fühlen glaubst. Diese subtile Unterscheidung erlernen wir, indem wir uns mutig den miesen Tagen stellen. Ich weiß nicht, wie du an dieses *Handbuch* gekommen bist, aber du hältst es jetzt in der Hand. Herzlich willkommen! Es liegt an dir und nur an dir allein, ob und wie du als tapfere Kriegerin miese Tage mit aufrechter Haltung erkundest. Du kannst dich entscheiden, nicht länger zu fliehen, dich nicht länger zu verstecken oder zu betäuben, sondern zu sagen: Hier bin ich und jetzt nur her damit!

Dieses Handbuch ist nicht als ausgeklügeltes spirituelles Schwergewicht gedacht. Auch nicht als Ersatz für einen gut sortierten Bücherschrank. Mein Bücherregal ist gefüllt mit Lebensratgebern sowie den Klassikern spiritueller Literatur, und ich verschlinge sie bis auf den letzten Buchstaben. Dieses Handbuch ist vielmehr eine Sammlung meiner Notizen zu miesen Tagen, die ich mir in den letzten Jahren über Unvollkommenheiten, Schwachstellen und Resilienz gemacht habe, und eine Zusammenstellung der simplen Dinge, die ich an miesen Tagen tue, um sie erträglicher zu machen. Ein Überblick über meine »Shortcuts« zu einem leichteren Leben, die du einfach von zu Hause aus, im Hier und Jetzt anwenden kannst, um dich an Tagen, an denen es nicht gut läuft, ein bisschen besser entspannen zu können.

Es wird nie der Moment eintreten, an dem du keine miesen Tage mehr haben wirst. Es kann jedoch der Moment kommen, von dem an du deine miesen Tage mit Abstand betrachten kannst, du dich dem, was ist, hingeben kannst und nicht länger als nötig darin verweilen musst. Das weiß ich sicher, weil ich es durch hinfallen und wieder aufstehen gelernt habe.

Ich will es nicht verheimlichen, das Leben ist manchmal geradezu unerbittlich und scheußlich. Mag sein, dass ich »Glück« zu meinem Beruf gemacht habe, das Leben jedoch kann herzerschütternd und extrem schwierig sein. Es kann ein Kampf sein. Ich bin mir dessen sehr bewusst. In den Augen anderer bin ich nicht selten die strahlende Chefredakteurin, eine liebevolle Freundin, eine kreative Denkerin, ein spritziger Spaßvogel. Gleichzeitig bin ich aber auch eine geschiedene, alleinerziehende Mutter mit einem chaotischen Liebesleben und einer jung an Demenz erkrankten Mutter, die nicht mehr zu Hause wohnen kann. Ich habe einen mehr als fordernden Vollzeitjob und zu Hause zwei springlebendige Jungs, ich bin streitlustig, rede oft schneller, als ich denke (was manchmal unliebsame Konsequenzen zur Folge hat), mache unpassende Witze, mir ist oft etwas peinlich, ich empfinde eine Hassliebe zu Fitnessstudios, esse Oreos zum Abendbrot und liege wegen jeder Kleinigkeit wach. Auch zwei Jahre nach meinem Umzug hängt noch keine einzige Lampe in meinem Haus, und genau genommen bin ich immerzu unruhig.

Auch mein Herz ist mehr als einmal in tausend Scherben zerbrochen. Ich habe schlechte Tage, an denen ich weine und jammere, mir speiübel ist, ich apathisch, mürrisch oder müde bin und so weiter. Nur weiß ich inzwischen, dass diese schlechten Tage wirklich nicht das Ende der Welt bedeuten. Irgendwann fing ich an, mich diesem Geschehen anzupassen, wie ein Surfer, der eine riesige Welle bezwingt. Das Geheimnis ist eine Eins-zu-eins-Mischung aus Hingabe und Kontrolle. Wenn du einen Sport daraus machst, in alltäglichen, scheinbar blöden Situationen oder Stimmungen etwas Bedeutungsvolles oder Nützliches zu finden, bekommst du den Kopf immer wieder über Wasser. Wenn du bereit bist, dein Leben als All-Inclusive zu leben, kannst du die Dämme zwischen »glücklich« und »unglücklich« in deinem Kopf und Herzen sprengen. Du wirst eine Urenergie freisetzen. Die Energie des Seins wird dann frei fließen. Deshalb ist Surfen so schön: Wenn man es schafft, die Welle zu bezwingen, schenkt einem das ein besonderes Gefühl der Freiheit.

An miesen Tagen bekommt man manchmal als Trost zu hören: »Alles wird wieder gut!«, weil es für andere manchmal schwierig ist, den inneren Zustand des Gegenübers von außen abzuschätzen. So nett es auch gemeint ist, es ist selten das, was mir weiterhilft. Ich weiß selbst, dass letztendlich alles wieder gut wird. Und wenn es eine Weile dauert, ist das auch in Ordnung. Ich habe Vertrauen.

Gelegentlich wird das als »aus dem Herzen leben« bezeichnet. Eine Phase meines Lebens, in der ich mich regelmäßig mit schlechten Tagen konfrontiert sah, brachte mir ein tiefes Verständnis dafür, was es bedeutet, »aus dem Herzen zu leben«. *Unser Herz sagt uns nicht, was angenehm ist, es sagt uns, was wahr ist. So erfährst du das, was nur du selbst in der Tiefe deines Herzens unumstößlich weißt. Deine Wahrheit. Aus dem Herzen zu leben ist keine schnelle Lösung für ein langes und glückliches Leben, es ist vielmehr ein Rezept für ein aufrichtiges und reines Leben.* Entscheidend ist das Vertrauen auf deinen inneren Kompass. Durch einen dichten Wald von Gefühlen, Gewohnheiten, Gedanken und Erwartungen weist er dir den Weg zu den Lichtungen.

// ÜBER NEGATIVE GEFÜHLE

Es gibt unendlich viele Wörter und Hashtags für glückliche Momente und Erlebnisse. Wir teilen nur zu gern alles, was Spaß macht, heiter, lustig und leicht ist – und im Gegenzug erwarten wir auch von anderen nur auf Hochglanz polierte Geschichten. Wenn jemand fragt, wie es uns geht, sagen wir »gut«, das ist die sozial erwünschte Antwort. Viel schlechter hingegen ist es um die »Öffentlichkeitsarbeit« für miese Tage bestellt. Wenn wir überhaupt zugeben, einen weniger guten Tag zu haben, tun wir es ab mit vagen Qualifikationen wie »na ja«, »nicht ganz mein Tag« oder »nicht so«. Wir geben im Allgemeinen keine weitere Erklärung ab und nennen schon gar keine Details. Wir reden lieber nicht über das Hässliche oder Zerknautschte unter der Oberfläche, in unserem Inneren, und das ist auch verständlich. Wenn du auf die Frage, wie es dir geht, mit »eigentlich ziemlich mies« antworten würdest, wäre jede Party sofort gelaufen. Dein Gesprächspartner fühlt sich unbehaglich, die heitere Stimmung ist schlagartig verschwunden. Niemand will das auf dem Gewissen haben, und so murmeln wir »ganz gut«! Und alle können weitermachen.

Die Tatsache, dass wir so selten über schlechte Tage sprechen, bedeutet letztendlich, dass wir in der Regel gar nicht genau benennen können, was eigentlich los ist. Das ist sehr schade, denn je genauer wir artikulieren können, was wir meinen, desto überschaubarer wird das Leben. Das ist wirklich eine universelle Wahrheit: Erkläre, was du meinst! Sage, was du denkst. Ein Arzt hört gern, wo genau es wehtut und ein Friseurbesuch verläuft viel angenehmer, wenn man deutlich machen kann, was mit »ein bisschen kürzer« gemeint ist – und genauso kann dir ein größerer Wortschatz dabei helfen, an weniger guten Tagen schneller auf das Wesentliche zu sprechen zu kommen.

Was macht einen schlechten Tag zu einem schlechten Tag? Wo genau drückt der Schuh? Es ist schon viel gewonnen, wenn du wenigstens weißt, was du fühlst, das

★

SOGAR
AFFEN
fallen mal
vom Baum

kann immerhin der erste Schritt Richtung Leichtigkeit sein. Der weise Mystiker Rumi schrieb hierzu treffend: »Die Kunst des Wissens ist es, zu wissen, was es zu ignorieren gilt.« Ich interpretiere diese Worte so: Indem man reduziert, kommt man zum Kern. Wenn du weißt, was dich stört, weißt du auch, was du genauer betrachten und loslassen möchtest. Deshalb werden wir uns, bevor ich dir mehr über die Shortcuts zu einem leichteren Leben erzähle, noch ein wenig mit der Sprache für miese Tage beschäftigen.

Beim Gedanken an solche üblen Tage habe ich schnell das Bild eines dunklen Waldes im Kopf. An diesen Tagen fühlt es sich manchmal so an, als ob ich mich in einem dichten und dunklen Wald verlaufen hätte. Ich gehe nahezu gedankenlos hinein, ich werde von einem unangenehmen Gefühl oder einem negativen Gedanken mitgezogen. Jemand sagt etwas Blödes, oder ich bemerke, wie sich ein undefinierbares Gefühl in mir breitmacht. Der Weg geht immer weiter. Langsam, aber sicher verirre ich mich. Jeder neue Gedanke führt mich weiter in den Wald hinein, ich bin abgelenkt, passe nicht auf. Die Vegetation wird dichter, der Weg schmaler, es gibt immer mehr Moos, mehr Äste, weniger Licht, bis ich an einem Punkt angelangt bin, an dem ich so viele Abzweigungen genommen habe, dass ich den Weg zurück nicht mehr weiß und es kalt und dunkel wird. Es ist ganz leicht, sich im Wald der negativen Gefühle zu verirren. Umso schwerer ist es, wieder den Weg heraus zu finden.

Mein Bruder Matthijs und ich haben diesem Gefühl des Verlorenseins, wenn plötzlich ein kalter Nebel aufzieht und man den Wald vor lauter Bäumen nicht mehr sieht, vor langer Zeit einen Namen gegeben. Wir nennen es »boeboebui«, man könnte sagen, eine »Buhbuh-Stimmung«.

Wenn ich ihn anrufe oder er mich, und ich sage, »Pfff, Thijs … Ich habe boeboebui …« Dann weiß er gleich Bescheid. Ich bin aus Versehen in den Wald gegangen. Oft genug bin ich grübelnd oder in Gedanken versunken nicht dort herausgekommen, von wo ich losgegangen war. Manchmal lief ich sogar in einen ganz anderen Wald. Ich wusste nicht einmal mehr, was Ursache oder Wirkung oder wie ich überhaupt zu diesem Punkt gelangt war. Hin und wieder bin ich weinerlich und denke dann beispielsweise, ich sei traurig, in Wirklichkeit bin ich jedoch sehr wütend. Manchmal bin ich auch enorm genervt, in Wirklichkeit trauere ich jedoch um etwas, was mir abhandengekommen ist. Dieser Zustand des »den Wald vor lauter Bäumen nicht mehr Sehens« trifft häufig auf Gefühle zu, die wir lieber nicht wahrhaben möchten.

Die richtigen Worte finden für das, was einen stört, bedeutet leider noch lange nicht, dass es weniger wehtun oder sich weniger unangenehm anfühlen würde. Mit weiterhin ziellos umherirren leugnet oder ignoriert man den Schmerz jedoch nur, und das führt im Allgemeinen bloß zu noch mehr Schmerz. Erkennen, was ist, schafft Klarheit und bewirkt, dass der Weg zurück wieder sichtbar wird.

27

In sich hineinzuhören und zu wissen, worum es wirklich geht, sind kleine Schritte zu einem leichteren Leben. Beschäftige dich mit deinem Wald der negativen Gefühle. Lerne den Weg kennen. So sorgst du dafür, dass du dich nicht jedes Mal aufs Neue verläufst.

In der Psychologie wird naturgemäß viel über menschliche Emotionen und Gefühle geforscht. Das führt zu unzähligen Schlussfolgerungen und Fakten, die wiederum einhergehen mit Diagrammen und Modellen. Keine Sorge, ich bin keine Psychologin, und ich werde dich nicht mit allzu vielen Details langweilen, die Quintessenz jedoch lautet: Wir haben sechs bis sieben Basisemotionen, außerdem gibt es eine reiche Palette verwandter Emotionen, plus ein komplexes Gehirn, das bis heute noch nicht vollständig von der Wissenschaft dechiffriert werden konnte.

Die negativen Gefühle, die ich in diesem Handbuch behandle, habe ich nicht mit wissenschaftlichen Modellen untermauert. Ich habe sie genau genommen auf eher unkonventionelle Weise gesammelt: Jedes Mal, wenn ich ein solches Gefühl hatte, davon hörte oder es irgendwo wahrnahm, schrieb ich die Worte dafür einfach in ein Notizbuch. Man könnte es als kleine Feldstudie bezeichnen. *Jedes Mal, wenn jemand in einer vertrackten Situation nach Worten suchte, um zu beschreiben, wie er oder sie sich fühlte, griff ich schnell zum Stift und schrieb interessiert mit. Diese Wörter handeln nicht von dem, was wir wissen. An miesen Tagen wollte ich vor allem erfahren, wie es sich anfühlt, egal wie unangemessen oder diffus es sein mochte.*

Und was zeigte sich? Es gibt jede Menge Wörter für negative Gefühle! Betrachte die Liste auf der nächsten Seite als Werkzeug, als kleines Nachschlagewerk. Vielleicht kannst du sie, im Falle eines miesen Tages, mit dem Finger durchgehen, um zu schauen, ob etwas dort steht, das in etwa zu deinem aktuellen Gefühlszustand passt. Es ist kein Test, daher gibt es kein Richtig oder Falsch. Denk nicht zu viel darüber nach – verwende die Liste intuitiv, einfach für dich. Vielleicht trifft genau ein einziges Wort zu, was du an diesem Tag fühlst, vielleicht ist es eine Mischung aus mehreren Wörtern. Häufig genug verschwimmen negative Gefühle wie die Tinte auf einem nass geregneten Brief. Einige Wörter sind synonym. Dennoch ist die Liste ein guter Ausgangspunkt. Diese Methode ermöglicht es dir, besser zu verstehen, was deinem schlechten Tag zugrunde liegt. Zugegeben, es ist keine inspirierende Liste, die man sich gern neben den Spiegel hängt. Aber übe mit ihr, mache sie dir zu eigen. Nenne die negativen Emotionen beim Namen. So gibst du ihnen den Platz in deinem Leben, den sie verdienen: im Licht, in aller Offenheit. Sie sind eben inklusive – sie gehören dazu. Aber denke daran: Es sind nur Worte. Du fühlst sie zwar, aber du bist sie nicht.

// DIE DINGE BEIM NAMEN NENNEN

Fünf große Emotionen
- **Wut** (wenn sich etwas ungerecht anfühlt)
- **Traurigkeit** (wenn uns das Leben enttäuscht)
- **Schuld** (wenn es anders hätte sein können, als es jetzt ist)
- **Angst** (wenn wir uns etwas oder dem Leben nicht gewachsen fühlen)
- **Scham** (wenn wir nicht gut genug zu sein scheinen)

Ich fühle … oder ich fühle mich … oder ich bin …
Scham // Traurigkeit // Melancholie // Wut // rachsüchtig // Armut // Bitterkeit // wehmütig // grausam // chaotisch // beobachtet // unterschätzt // manipuliert // unkontrollierbar // mürrisch // kleingemacht // besessen // launisch // verlegen // lächerlich gemacht // zynisch // Bedauern // eifersüchtig // gelangweilt // zu kurz gekommen // unzumutbar // reuig // argwöhnisch // verwirrt // betäubt // unsichtbar // unsicher // angewidert // Trübsal // Panik // beengt // ausgeschlossen // desillusioniert // ignoriert // traurig // empört // leer // ohnmächtig // gebrochen // verletzt // einsam // nervös // gehetzt // unzufrieden // aus dem Gleichgewicht // zerrissen// hysterisch // gelähmt // verantwortungslos // überverantwortlich // gedemütigt // ausgeknockt // missverstanden // gescheitert // ungerecht behandelt // verloren // instabil // hässlich // ungeliebt // ängstlich // aggressiv // außer Atem // als ob ich wieder bei Null anfangen müsste // verraten // schutzlos // verzagt // wackelig // nervös // erniedrigt // apathisch // verärgert // überwältigt // ungeduldig // erstarrt // gestresst // ausgeliefert // nackt // vereinnahmt // erwischt // entmutigt // besorgt // übermüdet // ausgehöhlt // Verdruss // mickrig // widersprüchlich // eingeschränkt // unkomfortabel // enttäuscht // weinerlich // Hass // aufbrausend // ausgelaugt // verletzlich // unzureichend // gefühllos // total leer // versteinert // unbehaglich // anonym // bedrückt // genervt // mich in etwas hineingezogen // gereizt // zurückgewiesen // uninspiriert // abserviert // getäuscht // abgestumpft // schwach // in die Irre geführt // unlogisch // missbraucht // entwurzelt // kraftlos // betrogen // antriebslos // schuldig // im Stich gelassen // ratlos // untalentiert // dumm // verpflichtet // blockiert // bedeutungslos // genötigt // unschlüssig // bestürzt // aufgestachelt // erschöpft // fuchsteufelswild // zerbrechlich // verzweifelt // aufgeschmissen // entfremdet // hoffnungslos // verstimmt // wehrlos

// KEIN GURU IST SO HEILIG, DASS ER NICHT DOCH EINEN MAKEL HÄTTE

Niemand hat eine Freikarte für ein sorgloses Leben. Dennoch verleihen wir inspirierenden Persönlichkeiten gern einen Heiligenstatus. Es ist so beruhigend, zu jemandem aufschauen zu können: Wir selbst wissen nicht, wie dieses komplizierte Leben funktioniert, aber er oder sie, so kontrolliert, so ruhig, solch reine Quelle der Weisheit … Es ist schön, wenn uns jemand genau die Antworten liefert, die sich wie fehlende Puzzleteile in unser Bewusstsein fügen. Spirituelle Lehrer, die über diese Fähigkeit verfügen, werden von Fans und Anhängern wie Stars verehrt. Sie strahlen in den sozialen Medien, verzaubern ganze Konzertsäle voller Menschen oder schreiben Bücher, die einem den Atem rauben.

Wir können aus den Geschichten anderer lernen. Das Teilen von Einsichten und Inspirationen über den Sinn des Lebens ist so alt wie die Menschheit. Die Menschen versammelten sich zu früheren Zeiten an Lagerfeuern und Wasserquellen, um alte Geschichten über Liebe und Abschied, Schmerz und Trost, oder Gut und Böse auszutauschen. Heute leben wir glücklicherweise in einer Zeit, in der wir für unser persönliches Wachstum nicht länger von den Geschichten unserer Vorfahren oder den Weisheiten eines vorbeiziehenden Spielmanns abhängig sind: Es gibt unzählige weise Menschen, die nur einen Mausklick entfernt sind. Die Welt steht uns offen. Und mit großer Wahrscheinlichkeit ist irgendwo jemand, der dir genau diese eine fehlende Einsicht für dein geistiges Wohlbefinden geben kann.
Dank meiner Arbeit und meines persönlichen Interesses bin ich schon vielen weisen Menschen begegnet. Ich durfte zum Dalai Lama und zu Eckhart Tolle in den Backstage-Bereich, ich führte Gespräche mit Byron Katie, Esther Perel und Sharon Salzberg, ich begleitete Elizabeth Lesser, Thupten Jinpa und Mark Nepo auf Festivals. So führt mich mein Job recht häufig in die Nähe der interessantesten Denker unserer Zeit. Für mich war das immer lehrreich, gleichzeitig hat es eine relativierende Wirkung. »Kein Guru ist so heilig, dass er nicht doch einen Makel hätte«, lautet ein geflügelter Spruch meiner Kollegin Adrienne, der regelmäßig in der Redaktion von *Happinez* zu hören ist.
Und es stimmt: Jeder Mensch hat Fehler. Wirklich jeder. Egal wie makellos die Robe, wie gelassen der Blick oder wie weise die Worte: Sie sind alle nur Menschen. Inklusive persönlicher Macken und Abgründe. So auch die verrückte Yogalehrerin mit ihrer grenzenlosen Energie, der inspirierende Held mit seiner exzellenten Selbsthilfemethode, der Influencer mit einem Instagram-Feed zum Niederknien und sogar der bezaubernde Autor mit seinen poetischen Einzeilern. Egal wie charismatisch oder inspirierend sie in der Praxis sind, hinter den Kulissen sind auch sie manchmal unsicher, traurig, prätentiös, unvernünftig, müde oder genervt. Selbst

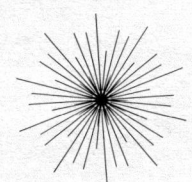

Ich hatte das Glück,

bereits am Tiefpunkt gewesen zu sein.

Ich weiß daher,

dass der Tiefpunkt immer

der Beginn von etwas Neuem ist.

Es verletzt einen, und es ist schmerzhaft,

und dann ist da noch das Warten

während dessen du nicht weißt,

was zum Teufel los ist

und du denkst, nichts von alledem

ergibt einen Sinn,

und dann erlebst du den Sonnenaufgang.

Glennon Doyle Melton

31

im Epizentrum der Glücks-, Erfolgs- und Liebeslektionen ist das Leben nicht sorglos und auf Hochglanz poliert.

Auf einige Menschen hat diese Erkenntnis eine desillusionierende Wirkung, ihnen fällt dazu nur etwas ein wie »entlarvt«, »jaja, erleuchtet« oder »Nepp«. Wie schade. Für mich birgt sie viel Relativierungsvermögen, darüber hinaus hat sie eine tröstliche Bedeutung. Die Inspiration, die von diesen Menschen ausgeht, wird dadurch nicht weniger interessant oder gar unglaubwürdig. Sie strahlen vielmehr etwas Hoffnungsvolles aus: Wer auch immer du bist, du kannst zu tiefer Weisheit gelangen. *Kein Lehrer, Schriftsteller, Weiser, Gelehrter oder Guru hat eine Freikarte für ein blühendes Innenleben bekommen, das für andere nicht auch erreichbar wäre. Sondern das Gegenteil ist der Fall.* Genau genommen wurden die großen Lehrer der Gegenwart von miesen Tagen sogar ziemlich erschüttert und heimgesucht: Gabrielle Bernstein und Glennon Doyle Melton waren suchtkrank. Byron Katie und Eckhart Tolle litten an Depressionen. Elizabeth Gilbert und Cheryl Strayed mussten schmerzhafte Verluste verkraften. Sie haben ihre große innere Freiheit nicht nur trotz alledem, sondern dank dessen gefunden. Sie wachen morgens nicht einfach so voller Lebensweisheit und tiefer Einsichten auf. Genauso wenig, wie du einfach so erleuchtet aufwachen wirst. Es ist ein Arbeitsprozess. Elizabeth Gilbert teilte auf ihrem Instagram-Account mit: »Die Frauen, die ich liebe und deren Kraft und Anmut ich bewundere, sind nicht die, die sie jetzt sind, weil alles gut geklappt hat. Sie wurden so, gerade weil es nicht gut lief und sie sich damit auseinandersetzten. Sie haben sich auf tausend verschiedene Arten an tausend verschiedenen Tagen damit beschäftigt, sie haben einfach nicht aufgegeben. Diese Frauen sind meine Superhelden.«

Lass dich nicht von spirituellem Glanz und Gloria blenden oder gar lähmen. Es ist in Ordnung, von Zeit zu Zeit nicht glücklich zu sein. Mache dich an miesen Tagen niemals selbst klein, du brauchst dich nicht mit anderen zu vergleichen. Richte deine Aufmerksamkeit auf deine eigene Kraft, in deinem tiefsten Inneren. Letztendlich schlafen wir alle unter demselben dunklen, aber funkelnden Himmel.

// WAS DIR NEGATIVE GEFÜHLE SAGEN WOLLEN

Negative Gefühle haben eine schöne Eigenschaft, für die sie selten die Wertschätzung bekommen, die sie verdienen: Sie sind wichtige Ratgeber. Dieser ganze Mist wie Angst, Wut und Trauer nährt uns. »Mist ist der Dünger der Zukunft«, sagte *Happinez*-Gründerin Inez van Oord, und so ist es nun mal. Genau genommen hätte die Menschheit ohne miese Tage nicht mal überleben können. Es scheint, dass eine gewisse Unzufriedenheit und das Gefühl von Unvollkommenheit und Ungleichgewicht in unserer DNA verankert sind. So überleben wir als Spezies, denn gerade wegen dieser Gefühle werden wir Menschen ständig dazu gezwungen, intelligentere Lösungen zu finden. Neue Methoden, um uns zu verbessern, um Wünsche zu erfüllen, um uns zu verändern und um zu kämpfen. Das menschliche Gehirn ist so konzipiert, dass Veränderungen den Überlebensinstinkt stimulieren. Wenn es zu unangenehm wird, ist es höchste Zeit, die Richtung zu ändern. Wenn es wehtut, ist das geradezu eine Warnung vor Gefahren. Das Erleben von körperlichem und geistigem Widerstand ermöglicht es, einen vorwärts gerichteten Weg durch dieses irdische Dasein zu finden. Angenommen, wir müssten mit verbundenen Augen durch einen Raum navigieren, dann würden wir beim Ertasten von scharfen oder spitzen Gegenständen ausweichen, bei nachgiebigeren oder weicheren Formen würden wir uns weitertrauen. So kommt man voran.
Da wir uns heutzutage über unsere grundlegende Sicherheit im Alltag kaum Sorgen machen müssen, glauben wir manchmal, diese weniger angenehmen Erfahrungen und Gefühle nicht mehr zu brauchen. Nichts könnte weiter von der Wahrheit entfernt sein. Sie bestimmen noch immer zu einem großen Teil unseren inneren Kompass, dieses empfindliche Instrument, das wir jeden Tag nutzen, um uns und unseren Platz in dieser Welt besser zu verstehen. *Miese Tage oder negative Gefühle zu ignorieren, stört den inneren Kompass. Es bringt uns aus der Balance dieses mysteriösen kosmischen Gleichgewichts, in dem alles seinen Platz in einem größeren Ganzen hat.* Man könnte das Ignorieren dieser Alarmsignale mit dem Unter-Wasser-Drücken eines Balls vergleichen: Es kostet viel Energie, und in dem Augenblick, in dem du den Ball loslässt, schießt er mit viel zu viel Kraft unkontrolliert nach oben. Zum Beispiel dir direkt ins Gesicht.

Wenn es mehr
als ein mieser Tag ist

SIEBENMAL HINFALLEN
achtmal AUFSTEHEN

34

// WENN ES MEHR ALS EIN MIESER TAG IST

Es gibt miese Tage und es gibt längere Phasen von miesen Tagen, darüber hinaus gibt es aber auch noch so etwas wie Depression oder Burn-out. Wenn du über einen längeren Zeitraum niedergeschlagen bist, du alles nicht mehr mit Abstand betrachten, dich über nichts mehr freuen und keinen einzigen Lichtblick entdecken, wenn du nicht mal einen Moment über irgendetwas in diesem Handbuch grinsen kannst, wenn du das Gefühl hast, auf Treibsand zu stehen, wende dich bitte an einen Spezialisten, um auszuschließen, dass es nicht etwas Schlimmeres als ein mieser Tag ist. Achte auch auf Hinweise deines Körpers wie Gewichtsveränderung, anhaltendes niedriges Energieniveau, Konzentrationsstörungen, Schlafstörungen sowie auf niedergedrückte Stimmung und dunkle Gedanken, die du in dieser Form nicht von dir kennst... In solchen Fällen ist es Zeit, Alarm zu schlagen. Nimm diese Signale unbedingt ernst und suche dir professionelle Unterstützung.

Auf YouTube gibt es ein Interview mit Jim Carrey, in dem er verständlich erklärt, wie sich unser Körper während einer Depression zur Wehr setzt. Sei wachsam, wenn dein Körper mit den Worten von Carrey Folgendes sagt: »Ich will nicht mehr du sein, ich will nicht das Fahrzeug für diesen Avatar sein, den du in dieser Welt erschaffen hast, es ist mir zu viel.« Carrey: »Du solltest dir das Wort ›depressed‹ (depressiv) als »deep-rest« (also tiefe Ruhe) vorstellen. Dein Körper muss depressiv sein. Er braucht eine lange Pause von der Kunstfigur, die du spielen wolltest.«

// WARUM ES SO WICHTIG IST, SICH SELBST GUT ZU KENNEN

Natürlich denkt niemand an einem schlechten Tag »Oh, wie wunderbar ist das denn?« Die Erkenntnis, dass uns ein mieser Tag auch etwas Interessantes bescheren kann, kommt meistens erst hinterher. Es verlangt dir auch einiges ab, an schlechten Tagen mit deiner Aufmerksamkeit ganz bei dir und den ganzen unangenehmen Umständen zu bleiben. Dich deinem eigenen Leben zu stellen, wenn alles nur blöd und dein Inneres in Aufruhr ist. *Versuch dir klarzumachen, dass persönliches Wachstum nie ein Kampf mit dir selbst ist. Es ist eher eine Umarmung deiner selbst.* Wenn du dir die Mühe machst, deine dunklen Seiten und Unvollkommenheiten zu untersuchen, nimmst du dich selbst ernst. Schlechte Tage bewusst zu erleben, ist eine Form der Selbstliebe, so widersprüchlich das auch klingen mag. Versuche herauszufinden, was du brauchst, um gelassen und stark sein zu können, um präsent zu sein bei dem, was ist.

35

Auf die Frage, was der Schlüssel zum Glück sei, antworte ich so gut wie immer: Selbsterkenntnis. Ich bin davon überzeugt, dass sich selbst voll und ganz zu verstehen, dahinterzukommen, was einen interessiert und was einen nicht weiterbringt, zu spüren, was für einen gut ist, sich der eigenen Schwächen bewusst zu sein, der einzige Weg ist, um in der Flut von Selbsthilfebüchern, dem Übermaß an Schulungen, Methoden und der Vielzahl an Workshops herauszufinden, was für einen selbst funktioniert und was nicht. Ein leichteres Leben ist keineswegs etwas von der Stange, so ein *one size fits all*, nein, es ist tatsächlich maßgeschneidert. Wenn du den Schlüssel zum Glück suchst, musst du von dir selbst eine Karte anfertigen. Entdecke deinen eigenen Weg!

Viele Wege führen in unser Inneres und jeder von uns reist auf individuelle Weise. Ich möchte an dieser Stelle den spirituellen Lehrer William Bloom zitieren, der in seinem Haus in Glastonbury ein Interview zu moderner Spiritualität gab: »Versuche, nicht an Überzeugungen darüber festzuhalten, was spirituell oder nicht spirituell ist. Jeder von uns öffnet sich auf seine Weise dem Wunder der Schöpfung. Reflektiere deine Überzeugungen und sei offen für das, was dir unterwegs begegnet. Das Leben ist ein Lernprozess, und es gibt viele Möglichkeiten, seinen Sinn und das Wunder des Seins zu erforschen.« Amen. Mehr gibt es dazu nicht zu sagen. Für mich sind dies die Zauberwörter für ein leichteres Leben: Selbsterkenntnis, Selbstbesinnung, Selbstbewusstsein, Selbstvertrauen. »Ähm, es gibt doch überhaupt kein Selbst, oder?«, werden jetzt einige spirituelle Lehrer protestieren. Nun. Das »Selbst« ist ein interessantes Thema, in das man sich vertiefen kann, einschließlich der Frage, ob ein solches Selbst, ob das Ego uns dient oder uns eher im Weg steht. Aber weißt du was? Wir lassen das Thema an dieser Stelle ruhen. Egal, wie spirituell oder nüchtern du das »Selbst« betrachten möchtest, für dieses Handbuch ist das nicht wirklich von Bedeutung. Wie man es auch dreht und wendet, an miesen Tagen hast du das Selbst einfach am Hals.

Es ist eine der größten Aufgaben in unserem Leben, herauszufinden, wer wir sind und was zum Himmel wir hier machen. Um zu unserem Inneren zu gelangen, müssen wir uns den Weg freihacken, durch Ängste, Vermutungen, Zweifel, Vorurteile und Überzeugungen. ***Du wirst immer mal wieder verdammt ehrlich zu dir selbst sein müssen, wenn du wirklich ein leichteres Leben führen möchtest. Alles, was nicht wahr ist, nicht rein, nicht liebevoll und nicht dienend, ist wie Giersch in der Seele: ein hartnäckiges Unkraut mit weitverzweigten Wurzeln.*** Innere Einkehr im Sinne einer Selbstbesinnung erfordert Commitment, anders gesagt, eine Art engagierte Übernahme von Selbstverantwortung, dafür wer du bist, wer du sein und wie du leben möchtest. Denn nur du allein kannst die Verantwortung dafür übernehmen, wie du dich selbst behandelst, wie du zu den Menschen in deiner Nähe bist und wie du damit umgehst, wie dir die Welt begegnet. Nur du weißt, in deinem tiefsten Inneren, was du mit dir herumträgst, was du fühlst und woher du kommst. Betrachte Selbstbesinnung als Aufräumaktion im Kopf:

36

Du sorgst dafür, dass die Schubladen wieder übersichtlich und gut organisiert sind, weg mit all dem Staub, Chaos und weggestopftem Zeug. Selbsterkenntnis bildet letztendlich deinen Eichpunkt, dein Zentrum. Es gibt einen Ort in dir, an dem alles im Gleichgewicht ist und zu dem alles immer zurückkehrt. Das Herz des Labyrinths, zu dem alle Um- und Irrwege führen. Das Auge des Sturms, wo kein Wind weht. Vielleicht erinnerst du dich noch an das Purzelmännchen von früher? Auch wenn man dem Stehaufmännchen einen kräftigen Schubs gab, das Püppchen landete früher oder später doch immer aufrecht. Genau wie du. Das Geheimnis ist zu lernen, dieser Fähigkeit zu vertrauen. Ich nenne es das Gesetz der Schwerkraft der Seele. Letztendlich wirst du inneren Frieden im Gleichgewicht finden, das zwischen allem herrscht. Zwischen Himmel und Erde, zwischen Glück und … miesen Tagen.

◇◇

// »ICH WILL KEINEN KOMFORT«

Wer hat als Jugendlicher in der Schule nicht *Schöne neue Welt* im Englischunterricht gelesen? Der Science-Fiction-Roman von Aldous Huxley aus dem Jahr 1932 beschreibt eine perfekte Gesellschaft, die mittels Technologie und Wissenschaft optimiert wurde. Alle sind total glücklich. Kunst, Liebe, Religion und monogame Liebesbeziehungen sind verboten. Die gesamte Bevölkerung nimmt Soma, eine Droge, die dafür sorgt, dass man sich entspannt und glücklich fühlt. Schließlich führen Frustration und Negativität nur zu Instabilität, und die wiederum führt nie zu etwas Gutem, so die Überzeugung der Führer dieser neuen Welt. Ihre Ideologie bekommt Risse, als die Hauptfiguren des Buchs spüren, dass etwas nicht stimmt und diesem Verdacht nachgehen. Letztendlich wirft die Geschichte folgende Frage auf: Was ist besser – glücklich oder frei zu sein? Ist ein Leben ohne Gefühle oder Emotionen wirklich lebenswert? Stell dir vor, du müsstest die Garantie auf ein schmerzloses Leben mit Freiheit und Authentizität bezahlen … Was würdest du wählen? Ich habe die Thematik dieses Handbuchs mit meiner 17-jährigen Nichte Roos besprochen. Es hat mich sehr berührt, als sie auf die Frage nach dem Wesentlichen diese Passage aus *Schöne neue Welt* zitierte:

»Ich brauche keine Bequemlichkeiten. Ich will Gott, ich will Poesie, ich will wirkliche Gefahren und Freiheit und Tugend. Ich will Sünde.«
»Kurzum«, sagte Mustafa Mannesmann, »Sie fordern das Recht auf Unglück.«
»Gut dann«, erwiderte der Wilde trotzig, »ich fordere das Recht auf Unglück.«

37

// MAN KÖNNTE ES »SOUL-HACKING« NENNEN

Eine Nylonstrumpfhose über den Staubsaugerschlauch ziehen, um einen goldenen Ohrring unter der Couch zu finden. Eine Büroklammer am Ende des Klebebands befestigen, damit man nie mehr endlos daran herumknibbeln muss. Die Füße unter der Bettdecke herausstrecken, um besser zu schlafen. Apps installieren, die einem eine Pause auferlegen. Seit ein paar Jahren ist das Phänomen des »Life-Hacking« allgegenwärtig. Wahrscheinlich kennst du diesen Begriff schon. Einfach ausgedrückt, sind Life-Hacks eine Sammlung von Funktionen, Tricks, pfiffigen Ideen und Möglichkeiten, um das Leben effizienter zu gestalten, damit man so wenig Zeit wie möglich verschwendet und so viel Zeit wie möglich für das übrig hat, was man wirklich will. Es ist eine Kombination aus Zeit- und Stressmanagement: Es geht darum, das Leben so optimal, logisch, bequem und schnell zu organisieren, dass die daraus resultierende Entspannung und Zufriedenheit immer mehr Raum bekommen. Ursprünglich war Life-Hacking etwas für Nerds, die sich allerlei Arten von Software einfallen ließen, um ihre Arbeit schneller und effektiver zu erledigen. Life-Hacking ist zudem eine Möglichkeit, mit der unglaublichen Flut an Informationen und Möglichkeiten umzugehen, denen wir ausgesetzt sind. Life-Hacking ist – möglicherweise, weil es seinen Ursprung in einem Knäuel aus Kabeln und Steckern hat, oder weil in diesem Zusammenhang immer das Wort »effektiv« verwendet wird – in erster Linie eine Party, auf der sich die linke Gehirnhälfte vergnügt, also die, in der Logik und Vernunft ansässig sind. Die rechte Gehirnhälfte, Heimat der Intuition und des Gefühls, wurde zwar eingeladen, steht aber irgendwie ein bisschen jämmerlich am Rand.

Ja, viele Life-Hacks können das Leben übersichtlicher, weniger energieaufwendig, logischer und vielleicht sogar einfacher machen. In der Regel sind sie aber auch etwas trocken und emotionslos. Machen sie das Leben begreiflicher? Oder leichter? Ich habe noch keinen einzigen Life-Hack gefunden, der mir erklärt, wie man mit einer Büroklammer ein gebrochenes Herz zusammenhält. Niemand kann mir sagen, wie ich mithilfe einer Strumpfhose negative Energie aufsaugen kann. Ist Zeitersparnis das Gleiche, wie sich Raum zu schaffen? Ist logisch das Gleiche wie sinnvoll? Ist effektiv das Gleiche, wie etwas durchlebt zu haben?

Ich würde die Abkürzungen, meine Shortcuts, in diesem Handbuch lieber nicht als »Life-Hacks« bezeichnen, da es bei ihnen nicht um Effektivität, Logik oder Zweckmäßigkeit geht. Mir gefällt die Bezeichnung »Soul-Hacks« besser. Bei Soul-Hacks geht es um Hingabe, Flexibilität und Selbsterkenntnis. Vielleicht ist das der Unterschied: Life-Hacking ist effizientes Leben, Soul-Hacking ist Leben aus dem Vollen. Soul-Hacking bietet Abkürzungen zu den Aspekten, die wirklich wichtig

GLÜCK

kann man
NICHT ZÄHMEN

39

sind: ein ganzheitliches Leben, Flow, akzeptieren, was ist, Selbstliebe und Authentizität. Es ist ein Weg, um an miesen Tagen schneller und tiefer zu einem Ort zu gelangen, an dem alles ruhiger, klarer und reiner ist. Ein »Soul-Hack« ist eine Art Wanderroute zu weniger Unannehmlichkeiten.

Soul-Hacks können uns die Anknüpfungspunkte dafür liefern, wie wir uns nicht länger von Rückschlägen und allgemeinem Mürrischsein überwältigen lassen, sondern mit den Wolken über unserem Kopf und den Stürmen, die in uns toben, zurechtkommen. Sie helfen, etwas mit Abstand zu betrachten, sie trösten und wirken lindernd. Sie zeigen dir, wie viel Resilienz du bereits in dir trägst.

Wer du bist, lässt sich letztendlich nicht mit von außen kommenden Tipps und Tricks klären. In dieser Hinsicht gibt es keinen besseren Lehrer als deine eigene Seele, die das anzieht, was sie braucht und das abstößt, was nicht passt. Nur sie kann dir sagen, was bei dir funktioniert und was nicht, was dir Energie gibt oder dich Energie kostet, was deins ist. Sie ist dein innerer Kompass, der deinen Lebensweg genau und verlässlich anzeigt. Du musst ausprobieren und selbst herausfinden, was aus dem Angebot an Abkürzungen in diesem Buch deine miesen Tage leichter macht und was nicht. Ich sage dir, dass du dich langweilen sollst, ich sage dir, dass du etwas tun sollst. Ich sage dir, dass du etwas loslassen oder etwas festhalten sollst. Die Shortcuts zeigen dir auf zugängliche Weise, wie du der Sensibilität deiner Seele Tribut zollen kannst. Du bist nicht nur auf der Yogamatte mit deiner Seele in Kontakt oder wenn du meditierst, durch den Wald spazierst oder Liebe machst. Du bist mit ihr durchaus auch dann in Kontakt, wenn du wütend, verletzt oder gereizt bist. Dann, wenn du fluchst und schreist, wenn du weinst und missmutig bist. Besonders an miesen Tagen hast du direkten, klaren Kontakt zu dir, zu deinem wahren Inneren.

◇◇◇

// DIE GROSSE FRAGE

Bin ich wichtig?
Diese drei kleinen Worte bewirken bei jedem und jeder von uns ziemlich viel: unseren Drang etwas zu erschaffen, etwas leisten zu wollen, Beziehungen einzugehen, zu wachsen, uns zu entwickeln, zu suchen und zu erforschen. Genau diese Frage, die uns zu Wachstum und Selbstentwicklung anspornt, quält uns an den weniger guten Tagen: Ich gehöre nirgendwohin, niemand liebt mich, niemand versteht mich, ich bin bedeutungslos, und ich habe keinen Einfluss auf mein Leben. Und doch lautet die Antwort: Du bist wichtig. Dein Leben hat Bedeutung.

// ZWÖLF FÄHIGKEITEN, DIE MIESE TAGE LEICHTER MACHEN

INTUITION	die Fähigkeit, das subtile Flüstern und die verborgenen Gesetzmäßigkeiten deiner Seele wahrzunehmen
SELBSTERKENNTNIS	durch sie erfährst du bis in den hintersten Winkel deiner Seele, wer du bist und was dir etwas bedeutet
ACHTSAMKEIT	im Hier und Jetzt sein, so, wie es eben gerade ist
LIEBE	die Erfahrung von bedingungsloser Verbundenheit und Einheit
HINGABE	die Kunst, sich dem Strom des eigensinnigen Lebens nicht zu widersetzen
RESILIENZ	die Strickleiter heraus aus tiefen Löchern und schlammigen Tälern
KRAFT	bietet gesunde Wurzeln, die zum einen für deine Erdung sorgen und dich zum anderen nähren
MITGEFÜHL	Liebe als etwas, das man nicht nur fühlt, sondern auch tut – praktisch umgesetzte Liebe
GLEICHGEWICHT	deine Mitte, dein Kern, von dort kommt alles und dorthin kehrt alles zurück
INNERER FRIEDEN	ein ruhiges Inneres, auch in stürmischen Zelten
MUT	die Zutat, um durch Versuch sowie Irrtum rein und aufrichtig zu leben
HUMOR	die Fähigkeit, sich selbst und das Leben nicht so ernst zu nehmen

41

// EIN KLEINER EXKURS ZUR »SEELE«

Ich hatte versprochen, hier kein spirituelles Schwergewicht abzuliefern, dennoch möchte ich zumindest kurz auf das Konzept der Seele eingehen. Um die Begriffe in diesem Buch einigermaßen überschaubar zu halten, könnten wir uns auf das Folgende einigen: Die Seele ist dein Ich – so wie du bist, ohne Maskerade, ohne Schauspielerei, ohne Äußerlichkeiten. Miese Tage können uns tief in der Seele treffen, die Seele ist jedoch eine ziemlich komplizierte Angelegenheit. Das Ganze ist komplex: Seit Menschengedenken versuchen wir, sie zu enträtseln, entsprechend viel wurde über sie geschrieben. Ich kann dir aus erster Hand verraten, dass man ganze Abende in der Bibliothek verbringen kann, um am Ende mit einem großen Fragezeichen im Kopf nach Hause zu radeln. Sprache erweist sich gelegentlich als unzureichend: Je fanatischer man die Seele ein für alle Mal mit Worten definieren will, desto mehr flutscht sie einem wie ein nasses Stück Seife aus den Händen. Man kann so lange zu diesem Thema lesen oder auch Beiträgen lauschen, bis man schwarz wird, und doch wird man am meisten in Stille über die Seele erfahren. Dann, wenn man einfach nur ist. Worte, die sich dem annähern, was Seele für mich bedeutet, stammen von Maya Angelou, deren ganzes Leben der Unvollkommenheit, dem Hinnehmen von Schicksalsschlägen und der Ergründung von Liebe gewidmet war. Die Dichterin antwortete in einer Folge von Oprah Winfreys SuperSoulSunday auf die Frage, was die Seele ist, ganz schlicht: »Die Seele ist der Geist, der sich nach allem sehnt« (Aha, auch Oprah weiß die Antwort nicht). *Angelou betrachtet die Seele als das, was tief in uns wohnt und unaufhörlich voller Sehnsucht nach Einheit und Freiheit strebt. Sie definiert Seele als unser Verlangen, uns von all dem zu befreien, was uns von anderen trennt, und dem daraus resultierenden Leiden.*

Die Seele ist unsere spirituelle Seite, rein, direkt und intuitiv. Unser innerster Kern, der uns mit dem großen Ganzen verbindet. Unsere wahre Natur.

Die Seele ist weise, sie trägt das Bewusstsein in sich von allem, was ist, sie hat kein Interesse an Konditionierung, Maskerade oder Schauspielerei. Sie ist der Gegenpol zum Verstand, der argumentiert, untersucht und der Inbegriff des Hashtags #wiegehtdas ist. An schlechten Tagen will man nicht bloß mit dem Intellekt unterwegs sein, die Seele muss auf jeden Fall dabei sein. Für mich bedeutet Seelenfrieden: Eine gelassene Gewissheit, dass alles gut ist, und zwar genau so, wie es gerade ist.

Unter Umständen macht dich das Wort Seele ein bisschen kribbelig. Möglicherweise ist dir auch ein Begriff wie Weltall zu abstrakt. Wenn man aber bedenkt, dass die Materie, aus der jeder Mensch besteht, vor Millionen von Jahren im Universum entstanden ist und immer wieder in neuer Form zusammenfindet (es ist wissenschaftlich erwiesen, dass sich diese Materie selbst recycelt und nichts hinzukommt), ist die Ausrichtung am All gar nicht so ein »Esoquatsch« oder weit hergeholt. Wir alle sind buchstäblich Teil einer unvorstellbar unendlichen Zeit und eines unbegrenzten Raums. Das Universum ist wahrhaftig und manifestiert sich immer wieder aufs Neue. Dinge verbinden sich und fallen in einem unendlichen Zyklus wieder auseinander. Wir sind Teil eines sich unaufhörlich in Bewegung befindlichen Kosmos. Wir sind wirklich aus Sternenstaub gemacht.

Das Verlangen nach Einheit, nach Gleichgewicht zwischen Körper, Geist und dem großen Ganzen, das uns hervorbringt und mit dem wir wieder verschmelzen, verändert die Perspektive auf unseren alltäglichen Lebensstreit.

// APROPOS: DEN KÖRPER NICHT VERGESSEN

Es gibt einen Dritten im Bunde, der für ein leichteres Leben unverzichtbar ist, und das ist unser Körper. Er vervollständigt das Trio: Geist-Seele-Körper. Zur Lagebestimmung konsultiere ich an miesen Tagen immer alle drei: Was sagen meine Gedanken, was flüstert meine Seele und was teilt mir mein Körper mit?

Am liebsten würde ich auf ein kleines Podest steigen und dir zurufen »Kenne deinen Körper«. Denn wir alle betrachten unseren Körper leider viel zu oft als Selbstverständlichkeit und ignorieren äußerst geschickt, was er uns zu sagen hat. Wir lassen ihn für uns schuften und machen alles Mögliche mit ihm: trainieren, ernähren, anziehen, herausputzen. Wir verbiegen ihn und pressen ihn in Form und zugegebenermaßen sind wir recht oft unzufrieden mit ihm. Aber mal ehrlich, machst du wirklich gemeinsame Sache mit deinem Körper? Seid ihr ein gleichberechtigtes Team?

Vielen Leuten ist das Konzept »Körperarbeit« zu esoterisch, es besteht jedoch ein himmelweiter Unterschied zwischen nackt im Kreis tanzen und dem bloßen Erkennen der Signale, die uns unserer Körper sendet. Unser Körper ist im Grunde alles in einem, ein großer Radar, ein großer Touchscreen und ein großes Fortbewegungsmittel. Es existieren alle möglichen Sprichwörter, die auf die Beziehung zwischen unserem Körper und unserem Wohlbefinden hinweisen. Zum Beispiel »Das liegt mir schwer im Magen«, »Ich trage eine Last auf den Schultern« oder »Mir fällt ein Stein vom Herzen«. Es gibt jede Menge physische Alarmsignale, die uns auf etwas hinweisen wollen: Ein nervöses Gefühl im Bauch; Wut, die unter der Haut brennt; Traurigkeit, die das Herz schwer macht. Als Kind reagieren wir natürlich und selbstverständlich auf Reize: Wir weinen, wenn wir fallen, wir bedecken unsere Augen, wenn wir Angst haben, und wenn etwas vorbei ist, ist es vorbei. Erst später, als Erwachsene, ignorieren wir diese physischen Reize oder lassen unsere Gedanken darauf los. Gerade Letzteres ist besonders unpraktisch, denn solange wir darüber nachdenken, bleiben wir auch endlos in den Gefühlen verhaftet. Es entsteht ein großes Durcheinander, bei dem Ursache und Wirkung völlig aus dem Blick geraten, und das sich anschließend nur schwer entwirren lässt. Denke ich, was ich fühle, oder fühle ich, was ich denke?

Wenn wir auf unseren Körper hören, kann dies miese Tage nicht nur leichter machen, sondern sie in einigen Fällen sogar ganz verhindern. Möglicherweise kennst du den Spruch »Töte das Monster, solange es noch klein ist«? Er bedeutet, dass wir die Monster erledigen müssen, solange sie noch unschuldig und klein sind, anstatt sie zu füttern und zu pflegen, bis sie groß, unheimlich und widerspenstig geworden sind. Ein Stechen im Rücken? Vielleicht solltest du genauer hinsehen. Ein undefinierbares Gefühl? Schenke ihm besser etwas Aufmerksamkeit. Das erspart dir viel Ärger.

Wenn man jemanden fragt, wo sich der Verstand befindet, werden die meisten Menschen auf ihren Kopf deuten. Es ist der Ort, den wir mit Weisheit verbinden, und das nicht ohne Grund: Wir können unser Gehirn wirklich mit tausend durcheinanderschießenden Gedanken malträtieren. Stress und Unbehagen manifestiert sich oft in unserem Kopf: Ein Kopf wie in Watte gepackt, wie von einem engen Band eingeschnürt oder voller pochendem Unbehagen. Um deinen Kopf zur Ruhe zu bringen, solltest du deine Schultern bewusst sinken lassen und den Kopf sanft hin und her drehen.

Es gibt jedoch noch einen anderen Ort im Körper, an dem typischerweise Spannungen zum Ausdruck kommen: der Bauch. »Das macht mir Bauchschmerzen« oder »Es fühlt sich nicht richtig an«, sagen wir und legen die Hände auf den Bauch, um anzugeben, woher dieses vage und doch deutliche Wissen kommt. Es ist ein anderes, ein intuitiveres Wissen. Häufig kündigen sich auch miese Tage mit leisen Alarmsignalen in der Bauchregion an.

Es scheint Neuronen in unserem Darm zu geben, die wie die Neuronen im Gehirn Eindrücke empfangen, verarbeiten und darauf reagieren. Ist das nicht eine interessante Vorstellung, der Bauch als eine Art zweites Gehirn? Außerdem gilt der Bauch auch als Epizentrum der schöpferischen Kraft, der Lebensenergie und der Kreativität… Gib deinem Bauch also eine Stimme, es wird dir dabei helfen, dich auch an miesen Tagen zurechtzufinden. Bauchgefühle sind nicht per se als heiliger Gral zu betrachten, sie können auf veralteten oder falschen Informationen beruhen, dennoch verdienen sie deine ganze Aufmerksamkeit.

Und nein, dein Körper hat nicht immer recht. Oder besser gesagt: Du musst deinem Körper nicht jederzeit recht geben. Manchmal spürt man etwas, untersucht es und entscheidet sich für etwas anderes. Möglicherweise handelt es sich nur um eine alte Unsicherheit, die dich daran erinnern will, dass du dich einem gewissen Risiko aussetzt, oder ein alter Schmerz macht sich bemerkbar, weil er auch noch einmal gehört werden will. Gelegentlich trete ich mit meinem Körper in einen regelrechten Dialog: »Danke, Unsicherheit, ich fühle dich, und ja, es besteht die Möglichkeit des Scheiterns, aber ich wage es, das Risiko einzugehen.« oder »Hallo alter Schmerz, ja, ich weiß, wir haben an dieser Stelle schon mal einen Fehler gemacht, nicht wahr? Diesmal versuche ich etwas anderes – aber nett, mich darauf hinzuweisen.«

◇◇◇

//HILF MIR

Sicher, ich habe weiter oben geschrieben, dass es an dir liegt, herauszufinden, was dir die miesen Tage zu sagen haben. Das bedeutet aber nicht, dass du einsam und allein in uferlosen Pfützen voller Elend versinken musst. Ich bin aus Schaden klug geworden: Es ist in Ordnung, um Hilfe zu bitten. Und natürlich weiß ich, dass es nicht einfach ist, eine ausgestreckte Hand anzunehmen, geschweige denn, selbst darum zu bitten – wir sind alle müde, haben viel zu tun und sind ausgelaugt. Trotzdem hat es mir viel gebracht, meine »Ich-schaffe-es-schon«-Rüstung von Zeit zu Zeit fallen zu lassen. Und nein, auch meine Hilfstruppen stehen nicht rund um die Uhr neben mir. Sie sind nicht zur Stelle, wenn ich eine Pfanne voll Nudelsoße auf den Boden verschütte, sie sitzen nicht auf dem Beifahrersitz, wenn ich drei Stunden im Stau stehe, und sie liegen auch nicht neben mir, wenn ich an einem grauen Sonntagmorgen aufwache und der Regen gegen das Fenster trommelt. Aber hin und wieder braucht man jemanden. Sage dann einfach Folgendes: »Hilf mir.« Es gibt immer Hilfe, in der einen oder anderen Form. Suche danach, bitte darum. Nimm sie an. Und denke daran, dass du der anderen Person möglicherweise sogar einen Gefallen tust, indem du dich verwundbar zeigst. Er oder sie lernt auf diese Weise womöglich ebenfalls, um Hilfe zu bitten.

45

46

// Vergiss, was mental starke Menschen tun

Sieben Lebensratschläge, die du ab jetzt vergessen kannst

Das Leben unterzieht uns ständig Prüfungen. Egal, wie gut du alles im Griff hast, es wird immer einen Punkt geben, an dem du Gegenwind bekommst. Auf der Arbeitsstelle gibt es unliebsame Veränderungen, die Liebe entpuppt sich plötzlich als nicht nur eitel Sonnenschein, in einer Freundschaft rumort es, der Körper kommt mit Zipperlein, das Universum scheint seinen eigenen Fahrplan zu haben.

Im Internet gibt es massenhaft Listen, die uns erklären, wie wir damit umgehen sollten. Besonders beliebt sind die Auflistungen dessen, was »mental starke« Menschen tun. Wenn man die Ratschläge dieser Listen befolgt, wird man wendig wie ein Ninja den Hindernislauf des Lebens bewältigen. Das ist anscheinend das, was diese Menschen tun: Sie besiegen das Leben in Rüstungen, die sie vor jedem

Schmerz und Angriff schützen müssen. Nur stellen die miesen Tage des Lebens nicht deine mentale Stärke auf die Probe. Sie beanspruchen den ganzen Laden, fordern dich als Ganzes. Sie verlangen nicht nur deiner mentalen Disziplin etwas ab, sondern auch deiner physischen Energie und der Kraft deiner Seele. Es heißt nicht umsonst Geist, Körper und Seele. Die Fokussierung auf mentale Fähigkeiten allein bringt uns aus dem Gleichgewicht. Ein Hocker auf drei Beinen ist nur dann standfest, wenn alle drei Beine gleich lang sind. Die Listen für »mental starke« Personen stützen sich auf lediglich ein Bein: nämlich auf das der Kontrolle, Stärke, Beherrschung und Disziplin. Dabei ignorieren sie Chaos, Schwäche, Loslassen und Hingabe vollständig. Was »sie«, also die mental starken Menschen, tun: Vergiss es einfach.

SIEBEN RATSCHLÄGE ZUM VERGESSEN

1.

Sie machen weiter und verschwenden keine Zeit mit Selbstmitleid, Sorgen oder Zweifeln.

Und weiter geht's: Vor allem keine wertvolle Zeit damit vergeuden, das zu fühlen, was gefühlt werden muss. Nun ja, ich denke, man darf von Zeit zu Zeit ruhig mal den Mond anheulen. Enttäuschung hat schließlich eine Funktion: Du wolltest etwas sehr gern, du hast es ausprobiert, und es hat nicht funktioniert. Dennoch ist es dir immer noch wichtig. Wenn man weiterkommen möchte, sollte man zuerst zurückblicken, um sich drüber klar zu werden, was man mit sich herumschleppt. Und manchmal braucht es Zeit, sich davon zu befreien und das zu fühlen, was da ist. Manchmal ist es Selbstmitleid. Weil man sich selbst etwas anderes gegönnt hätte. Weil man sein Bestes gegeben hat oder weil man das vielleicht nicht aufbringen konnte. Nimm dir also die Zeit, um den Knoten zu entwirren. Passe deine Ziele an. Atme ein. Dann erst ist es Zeit, weiterzumachen.

2.

Sie haben die Kontrolle, behalten den Überblick und geben beides nicht aus der Hand.

Es ist ratsam, die Zügel für das eigene Leben in Händen zu haben. Die Hände mental starker Menschen dürften jedoch ziemlich verkrampft sein, wenn sie nie lockerlassen. Das muss wehtun. Jeder von uns wird irgendwann in seinem Leben die Kontrolle verlieren oder loslassen müssen. Wenn man krank wird, wenn einen die (große) Liebe verlässt oder wenn ein geliebter Mensch stirbt. Sogar über die alltäglichsten Dinge haben wir nur selten wirklich Kontrolle: Es regnet in Strömen, wenn man zelten will, der Zug fällt aus, wenn man pünktlich sein muss, die Avocados sind nie reif, wenn man sie essen möchte. Das Leben ist eine große Übung darin, das Kontrollstreben loszulassen. Menschen, die niemals die Zügel aus der Hand geben, sind im Allgemeinen nicht die sympathischsten Zeitgenossen. Wer seine Kraft oder Stärke nicht teilen oder damit spielen kann, verkrampft. Die Kunst besteht gerade nicht darin, die Kontrolle zu behalten, sondern darin, die Kontrolle zu erlangen. Wenn man eine Handvoll feinen Sandes greift, rieselt der Sand durch die Finger. Wenn man die Handfläche entspannt geöffnet hält, bleibt der Sand auf der Hand liegen.

3.

Sie umarmen Veränderungen und begrüßen Herausforderungen.

Der Mensch an sich mag keine Veränderungen. So sind wir nun mal nicht gestrickt, das ist eine uralte, hartnäckige Eigenschaft der Menschheit. Sie machen uns Angst, sie verunsichern uns. Vielleicht denkst du jetzt: »Sicher, aber ich bin sehr wohl imstande, mit Veränderungen umzugehen! Ich reise um die ganze Welt, kann überall schlafen und arbeite jede Woche für einen anderen Auftraggeber!« Natürlich, an Veränderung kann man sich gewöhnen, man kann lernen, mit ihr umzugehen, und man kann sich sogar nach ihr sehnen. Trotzdem macht Veränderung nicht unbedingt Spaß, ist nicht jederzeit aufregend oder gar ein willkommener Gast. Veränderungen können auch Unsicherheit mit sich bringen oder Schmerz und Unbehagen verursachen. Veränderungen zu akzeptieren, kann einem in vielen Fällen ein ziemliches Dehnungsvermögen abverlangen. Das Gleiche gilt für das Begrüßen von Herausforderungen. Du darfst »umarmen« und »begrüßen« durch Worte wie »akzeptieren« und »mitmachen« ersetzen – das ist schon ziemlich viel, erst recht an miesen Tagen. Wir sind nicht verpflichtet, für jede unerwünschte Änderung im Leben Tee und Kekse bereitzuhalten.

4.

Sie bleiben vergnügt und jammern nicht.

Wunderbar. Einfach den Entschluss fassen: Ich bin und bleibe happy, basta. Aber nun ja, das Leben ist ein Spielverderber. Ich habe es versucht: Mit unverwüstlichem Lächeln durch den strömenden Regen radeln, auch bei schlechten Nachrichten weiterhin freundlich nicken und fröhlich lachend Deadlines in letzter Sekunde schaffen – nur leider fing mein Gesicht auf Dauer an zu schmerzen.

Niemand ist jederzeit fröhlich. Kein Mensch schafft es ein Leben lang, nicht zu jammern. Und jeder von uns verschwendet Energie an Dinge, die er oder sie nicht unter Kontrolle hat. So ist das Leben! Man kann die Kontrolle höchstens für eine Weile haben beziehungsweise die Illusion von Kontrolle, bis einen das Leben liebenswürdig daran erinnert, wie es wirklich läuft. Sich darüber zu beschweren (siehe Seiten 124–125 zur Kunst des Meckerns und Moserns) ist kein Zeichen von Schwäche, es ist funktional: Es erleichtert, schafft Abstand und bringt Klarheit. Es zeigt uns, wo es hakt. Es ist schon seltsam, mit Jammern und Motzen können wir manchmal besser und ehrlicher ausdrücken, was uns bewegt und umtreibt, als mit all den sozial erwünschten Äußerungen zusammen.

5.

Sie sind nett und ehrlich, vertreten unerschrocken ihre Position und Meinung. Sie wollen es nicht allen recht machen.

Nett, ehrlich und unerschrocken in ihren Äußerungen. Wenn ich meine ideale Persönlichkeit aus einer langen Liste von Eigenschaften zusammenstellen sollte, würden diese drei mit Sicherheit in die engere Wahl kommen. Es ist vor allem der zweite Satz, den ich problematisch finde: Mental starke Menschen machen sich keine Gedanken darum, wie sie anderen Menschen gefallen. Es ist ein absolut richtiger Ansatz, nicht die Erwartungen und Bedürfnisse anderer mit sich herumschleppen zu wollen, während man als Seiltänzer auf der eigenen Lebenslinie balanciert. Es gibt aber noch eine andere Möglichkeit, nämlich diese fremden Erwartungen und Bedürfnisse mit unseren eigenen ins Gleichgewicht zu bringen. Ich kann mir keinen spirituellen Weg vorstellen, bei dem der andere per Definition aus den Überlegungen, die wir anstellen, ausgeschlossen ist. »In Lak'ech Ala K'in«, so lautet eine alte Weisheit der Mayas: Ich bin du, und du bist ich. Es drückt das Bewusstsein aus, dass wir Teil eines großen Ganzen sind, und dass wir alle eins sind. Alle unsere Handlungen betreffen alles, was lebt. Vor diesem Hintergrund ist es keine Schwäche, sondern eher ein Zeichen von Stärke, wenn man bei den Entscheidungen, die einen selbst betreffen, das Wohlbefinden anderer berücksichtigt. Die Kunst dabei ist zu unterscheiden, wann einem diese Rücksichtnahme hilft zu wachsen, und wann es einen eher dabei beeinträchtigt. Wann man damit in der Balance ist und wann es einen vielmehr aus dem Gleichgewicht bringt.

6.

Sie bewerten Risiken und Vorteile, bevor sie Maßnahmen ergreifen.

Ich kann mit voller Überzeugung sagen, die besten Entscheidungen meines Lebens ohne kalkulierte Risiken, Bewertungen und Kosten-Nutzen-Analysen getroffen zu haben. Sie kamen mithilfe eines tiefen Wissens, mit einem Mut, der nicht mit Worten zu begründen ist, zustande. Ich sage nicht, dass das Abwägen von Risiken schlecht oder unnütz ist, im Gegenteil: Es ist eine hervorragende Methode, um generell zu überleben. Aber es ist nun einmal so: Einschätzen, begründen, analysieren, abwägen – all das tun wir mit dem Verstand. Die Werkzeugkiste des Lebens hält so viel mehr für uns bereit, zum Beispiel unseren Körper und nicht zu vergessen unsere Intuition. Das bloße Erstellen von Listen mit Vor- und Nachteilen führt nicht unbedingt zu den besten Entscheidungen. Wer kauft heute noch ein Eigenheim, das auf dem Papier zwar eine gute Investition darstellt, sich aber nicht gut anfühlt? Wer heiratet einen stinklangweiligen Partner, nur weil das Sicherheit bietet? Ich verdanke meinen

Job bei *Happinez* einer Frau, die sich nicht nur von Zahlen leiten ließ. Wenn es an den Verlagen gelegen hätte, denen das Konzept als Erstes vorgestellt wurde, gäbe es *Happinez* nicht. In ihrem Buch *Wo stehst du, wenn dein Leben ein Kreis ist?* schreibt Inez van Oord: »Warum soll ich mich diesem Zweifel aussetzen, während alles in mir weiß, dass ich dieses Magazin einfach machen muss?! Die Idee dazu war direkt aus der Mitte des Kreises gekommen. Mitten aus dem Herzen, aus der Seele, vielleicht direkt von Himmel und Erde. Erst an diesem Tag war ich mir ganz sicher: Ich mache das, ich überwinde meine Angst, ich springe!«

Die Ratio ist nützlich, denn sie basiert auf Erfahrung. Die Intuition aber gibt dir den Mut zum Durchhalten. Beziehe also alles mit ein, was dir zur Verfügung steht, bei dem, was du tust oder wie du dich entscheidest. Berücksichtige nicht nur, was du weißt, sondern auch, was du fühlst. Lass dich vor allem nicht lähmen, bleib in Bewegung. Manchmal muss man einfach mit etwas anfangen, um nach und nach herauszufinden, was gut ist und was nicht. In einem thailändischen Kloster flüsterte mir einmal ein Mönch ins Ohr: Keine Erwartungen, keine Ängste.

7.

Sie feiern den Erfolg anderer und sind nicht neidisch.

Wer kennt das nicht? Man sieht jemand im Rampenlicht des Erfolgs stehen und wünscht sich, man selbst stünde dort. Und anschließend fühlt man sich ein bisschen mies. Im Allgemeinen gilt Neid nicht als positives Gefühl, schon gar nicht, wenn man auch noch Eifersucht und Missgunst obendrauf packt. Die reine Emotion jedoch, der Neid, verdeutlicht uns lediglich, wo wir uns gerade in unserem Leben befinden und wo wir eigentlich hin möchten. Er hilft uns, unsere Ziele zu definieren. Auf dem Weg von »vom Neid übermannt werden« bis zum »Feiern des Erfolgs anderer« gilt es ein paar kantige Stolpersteine zu überwinden. Das Wissen um sozial erwünschtes Verhalten und das Bewusstsein über die tatsächlich vorhandenen Gefühle kann uns in einen ziemlich großen inneren Konflikt bringen. Vielleicht ist es dir irgendwann möglich, es auszusprechen: Ich freue mich für dich, und gleichzeitig fühle ich, dass mir das, was du erreicht oder bekommen hast, auch gefallen hätte. In so einem Moment bist du verwundbar. Zugleich bist du authentisch. Zudem kann uns Neid auch noch auf etwas anderes hinweisen: Nehme ich deutlich genug wahr, was ich selbst erreicht habe? Feiere ich, wie weit ich selbst gekommen bin? Je mehr wir hin und wieder ungeniert stolz auf uns selbst sind, desto aufrichtiger können wir uns für andere freuen. Feiere daher regelmäßig deinen eigenen Erfolg!

51

Die Pforten zur Welt der Wilden Frau sind rar,
aber von hohem Wert.
Wenn du eine tiefe Narbe zurückbehalten hast,
dann ist das eine Pforte.

Wenn du eine ururalte Geschichte kennst,
dann ist das eine Pforte.
Wenn du den Himmel und den Ozean so sehr
liebst, dass es dir das Herz auseinandersprengt,
dann ist das eine Pforte.
Wenn du dich nach einem tieferen Leben,
nach einem vor Fülle berstenden Leben sehnst,
dann ist das eine Pforte.

Clarissa Pinkola Estés

SHORTCUTS

53

// DAS GRÜBELN PLANEN

Es macht keinen Sinn,
sich im Gedankenkarussell zu drehen

»Lass das Grübeln!«, ist ein klassisches Beispiel für das Rosa-Elefant-Denkverbot. In dem Moment, in dem man dir verbietet, an einen rosa Elefanten zu denken, kannst du an nichts anderes mehr denken. Gleiches gilt fürs Grübeln. Grübeln ist im Übrigen wie weinen oder sich ärgern: Wenn wir es verdrängen, ist vorprogrammiert, dass es sich früher oder später, oft weniger charmant und in ungewollten Momenten, seinen Weg bahnt.

Ich hasse Grübeln, dennoch tue ich es regelmäßig. Grübeln ist ein heimtückischer Energiefresser. Selbst wenn man eigentlich etwas anderes tut, das Grübeln ist im Hintergrund ununterbrochen anwesend, wie nervtötende Panflötenmusik im Fahrstuhl. An miesen Tagen kann einen dieses immerwährende Rauschen unbemerkt völlig auslaugen, dieses ungerichtete Denken bringt einen absolut nicht weiter, die Endlosschleife führt selten zu einer Lösung. Die meisten grüblerischen Gedanken sind eher uninteressant, sie sind unrealistisch und unwichtig, oder drehen sich um etwas, das außerhalb der eigenen Reichweite oder Kontrolle liegt. Nur muss man erst einmal dahinterkommen.

Das Liebevollste, was du für dich in einer solchen Situation tun kannst, ist, deinen grüblerischen Gedanken die volle Aufmerksamkeit zu schenken – so als würdest du vor einem quengeligen Kind in die Hocke gehen. Wenn du das Gedankenkarussell bemerkst, wenn da ständig ein Grundrauschen im Kopf ist, plane deine persönliche Grübelzeit. Reserviere dafür Zeit in deinem Terminkalender. Es mag zwar kindisch klingen, dennoch ist es extrem effektiv.

Man braucht sich dafür nicht gleich im Lotussitz auf ein Sitzkissen zu begeben. Grübelzeit muss kein großes Ritual sein. Einfach auf der Couch sitzen, den Abwasch erledigen oder eine langweilige Autofahrt eignen sich genauso gut. Wichtig ist dabei nur, dass du deine Gedanken für eine Weile ungestört und ungehindert kommen und gehen lassen kannst. Fünfzehn Minuten, eine halbe Stunde, vielleicht länger. Stell dir einen Timer. Und dann? Mach dir eine Tasse Tee, leg deine Füße – real oder im übertragenen Sinne – auf den Tisch und lade deine Grübelei, dein Sorgenmachen ein: »Los, erzähl mal«. Unter Umständen weißt du nicht einmal mehr, worüber du grübeln oder dir Sorgen machen wolltest. Wenn doch: einfach loslegen. Alles, was du tun musst, ist deine Aufmerksamkeit voll und ganz auf das Grübeln zu richten. Ansonsten darfst du ungerecht sein, übertreiben, alles verdrehen, dich (haltlosen) Vermutungen hingeben, deiner Fantasie freien Lauf lassen. Wie bei einem guten Brainstorming gibt es keinerlei Regeln: Du brauchst dich nicht für den einen oder anderen Gedanken zu entscheiden, es gibt kein »Ja, aber«, keine Werturteile oder praktischen Einwände. Grüble einfach drauflos!

Lass deine Gedanken herumgaloppieren wie wilde Pferde, verschwitzt und unge-zähmt. Suhle dich in deinem eigenen Elend wie nie zuvor. Vielleicht schenkt dir die Grübelei eine Einsicht oder eine Idee für eine Lösung, vielleicht auch nicht. Nur wenn der Wecker klingelt, hörst du auf. Falls du dich gedanklich weiter austoben möchtest, planst du einfach für später ein neues Zeitfenster ein.

Dir werden mindestens zwei Dinge klar werden. Erstens: *Sorgenvolle Gedanken verlieren schnell an Intensität, wenn du ihnen volle Aufmerksamkeit und Zeit schenkst. Du stichst quasi eine Blase an.* Irgendwann bist du mit ihnen fertig. Grübeln und Sorgenmachen werden langweilig. Du wirst, wenn du genau hinhörst, feststellen, dass du oft dasselbe denkst. Wenn du die Sorgen ignorierst, fordern sie weiterhin Aufmerksamkeit von dir, wenn du ihnen aber zuhörst, denkst du frü-her oder später: »Ja, ich weiß. Wie langweilig!« Zweitens: Durch die Planung von Grübelzeit schonst du deine Energiereserven. Wenn du auf einem Festival tanzt, bringt es dir gar nichts, dich wegen dieses einen unerfreulichen Gesprächs verrückt zu machen. Du solltest dir vorzugsweise auch nicht das Hirn zermartern, ob jemand vielleicht sauer auf dich ist, während du deine Fahrradschlüssel suchst. Kannst du jetzt etwas in dieser Sache unternehmen oder etwas daran ändern? Nein. Dann verlege deine Grübelei auf einen besseren Moment. Darüber hinaus: Unser Gehirn unterliegt ständiger Veränderung, es ist eine Art Baustelle. Wir können neue Ge-dankenwege bahnen und andere vernachlässigen oder aufgeben. Je mehr du die üblichen Auslöser für das Gedankenmachen loslassen und aus deinem Leben entfernen kannst, desto größer ist die Wahrscheinlichkeit, dass du die Grübelei verlernst beziehungsweise aufgeben kannst. Alltägliche Auslöser können aus den sozialen Medien kommen, es können die Nachrichten deines beziehungsweise dei-ner Ex sein oder die Hosen, die dir nicht mehr passen. Tu dir das selbst nicht an, darauf kannst du getrost verzichten.

◇◇

//STELL DIR SELBST DIE FRAGE

Wenn ich bei mir selbst einen aktiven Grübelmodus bemerke, während ich eigentlich gerade mit etwas anderem beschäftigt bin, zum Beispiel an der Kasse in der Warteschlange zu stehen oder einen Film anzusehen, stelle ich mir die Frage: »Was kann ich JETZT dagegen tun?« Wenn die Antwort lautet »Nun ja, eigentlich gar nichts«, bedeutet das für mich: Handbremse ziehen! Allenfalls mache ich mir eine Notiz in meinem Smartphone, heute Abend die-sem oder jener eine E-Mail zu schreiben, nächste Woche dieses oder jenes zu tun und so weiter. Ganz oft verspüre ich bereits Erleichterung, nachdem ich mir die Frage gestellt habe. Das ist in etwa so, als ob du aus der Vogelpers-pektive die Infrastruktur deiner eigenen Gedanken siehst und den Knoten in einem Handstreich lösen kannst. Diese Kraft hat jeder von uns, auch du.

// ALLE BLUMEN VON MORGEN SCHLUMMERN IN DEN SAMEN DER GEGENWART

Sei dir deiner Angewohnheiten und Muster bewusst

Ruhe, Reinheit, Regelmäßigkeit – staub diese drei ab, denn sie sind Balsam an miesen Tagen. Routine verleiht unseren Tagen einen Rhythmus und stellt sicher, dass wir keine Zeit damit verschwenden, jeden Tag dieselben Entscheidungen treffen zu müssen. Unser Alltag steckt glücklicherweise voller Muster und Gewohnheiten, es wäre ziemlich anstrengend ohne sie. Wusstest du, dass unser Maß an Selbstkontrolle und die Anzahl der Entscheidungen, die wir täglich treffen, einem natürlichen Limit unterliegen? Irgendwann sind sie aufgebraucht. *Unser Gehirn freut sich daher über jede Routinetätigkeit. Der Fallstrick hierbei ist, dass du mit Festlegungen über »Was« und »Wie« zwar routinemäßig durch die Tage gleitest, dabei aber unter Umständen das »Warum« vergessen hast.*

Routinen können uns etwas bringen, gleichzeitig können sie uns aber auch etwas nehmen. Bist du dir dessen bewusst, welche Muster oder Gewohnheiten dir dienen und welche dich im Prinzip Energie kosten? Es kann sehr interessant sein, sich einmal genauer anzusehen, wie das Wurzelwerk unter unseren täglichen Routinen aussieht und woher es seine Nahrung bezieht. Welche Routinen tragen zu dem bei, wie du leben und wer du sein möchtest? Welche Routinen bewirken unbemerkt genau das Gegenteil? Welche Gewohnheiten haben ihren Ursprung in Selbstsorge und Liebe beziehungsweise dienen Effizienz oder einem höheren Ziel? Und welche Gewohnheiten sind aus einer Angst heraus geboren, zum Beispiel vor Mangel, Ablehnung, Kontrollverlust oder Leere?

Bei mir hat sich, wie bei jedem anderen auch, das eine oder andere eingeschliffen. Automatismen, die mein Handeln bestimmen, alte Muster, in die ich leicht verfalle, und Gewohnheiten, die mir nicht einmal mehr bewusst sind. So bin ich zum Beispiel schon mein Leben lang in Personalunion Vorsitzende, Schatzmeister und Sekretärin im Orden der Harmoniebehüter. Wenn irgendwo Unbehagen besteht oder sich eine Dysbalance bemerkbar macht, bin ich diejenige, die sich ins Zeug legt, um die Harmonie wiederherzustellen. Dieses Musters bin ich mir inzwischen sehr bewusst, daher bin ich in der Lage, einzugreifen und kann mir selbst sagen: »Hey, das liegt nicht in deiner Verantwortung, lass es los.«

Darüber hinaus habe ich eine nette Sammlung von Gewohnheiten, die mir nicht unbedingt schaden, mich aber auch nicht weiterbringen: Die Schlummertaste drücken, Aufschieberitis und ein robuster Sammeltrieb, um nur einige zu nennen.

Sie führen zu nichts Besonderem, bedauerlicherweise dienen sie auch nicht der Entspannung. Aber was soll's: Es ist eben bequem, nicht darüber nachzudenken, was man tut, und alles, was seinen Gang gehen kann, bedeutet weniger Anstrengung für das Gehirn. Das Denken auf null, den Blick auf unendlich stellen. Eigentlich bedauerlich, denn Muster (wie wir reagieren) und Gewohnheiten (was wir tun) sind häufig so alltäglich und tief verwurzelt, dass sie unser reales Leben weitgehend bestimmen. Die Gesamtheit all dieser kleinen und großen Handlungen erzeugt die Welt um dich herum. Die Amerikanerin Gretchen Rubin hat ein interessantes Buch geschrieben über die Beziehung zwischen Glück und Gewohnheiten, es heißt: *Erfinde dich neu. Verändere deine Verhaltensmuster und werde glücklicher, produktiver und besser als je zuvor.* Sie geht davon aus, dass vierzig Prozent des Tages von unseren Gewohnheiten bestimmt werden und dass viele dieser Gewohnheiten vor langer Zeit entstanden sind. So führen wir beispielsweise die Routine, morgens zur Arbeit zu gehen oder sonntags unsere Eltern zu besuchen, einfach aus, ohne sie weiter zu hinterfragen. Rubins Buch ist ein Plädoyer dafür, sorgfältig darüber nachzudenken, welche Gewohnheiten man in seinem Leben möchte, sowie sich bewusster für Routinen zu entscheiden, anstatt mehr oder weniger zufällig in sie hineinzustolpern oder sie von Menschen zu kopieren, von denen man glaubt, sie hätten das Leben im Griff. Laut Rubin macht es uns weder kreativer noch produktiver, die Gepflogenheit anderer Menschen zu imitieren, selbst wenn es die Sitten von Genies sein sollten. Vielmehr kommt es darauf an, unser Wesen und die dazu passenden Gewohnheiten kennenzulernen. Das Entwickeln einer Reihe von Routinen, die wirklich zu dir passen und im positiven Sinne etwas für dich bewirken, bewirken so viel mehr als intelligentes Kopieren.

Eine Angewohnheit zu ändern, ist nicht einfach. Und wenn du noch so viele praktische Tipps und To-Do-Listen im Internet findest, zwischen Wissen und Handeln liegt in der Praxis ein himmelweiter Unterschied. Wie oft habe ich mir, zutiefst inspiriert von einem Vortrag oder einem Buch, vorgenommen, etwas von JETZT an anders zu machen, um dann, fast unbemerkt, aber unerbittlich, doch auf die ausgetretenen Pfade in meinem Kopf und in meinem Leben zurückzukehren. Bis heute habe ich nicht mein supergesundes Abendessen für den nächsten Tag einen Tag im Voraus zubereitet, ich dusche immer noch nicht kalt, und ich treibe auch immer noch nicht morgens Sport, obwohl ich es dann schon mal erledigt hätte. Es gibt jedoch einige interessante Erkenntnisse, die uns helfen können. Zunächst einmal: Willenskraft kann wie ein Muskel trainiert werden. Die Disziplin für Veränderungen lässt sich aufbauen und durch Üben stärken – es ist also wirklich sinnvoll, irgendwo anzufangen.

An miesen Tagen ist es außerdem hilfreich zu verstehen, warum man das tut, was man tut. Eine nicht (mehr) nützliche Gewohnheit oder ein nicht (länger) zweckmäßiges Muster abzulegen oder zu durchbrechen, braucht nicht sofort und schon gar nicht auf eine dramatische Weise zu geschehen. Manchmal ist es klüger, über eine

57

Ich werde meine Gedanken nicht gegen mich einsetzen

58

Gewohnheit eine Weile nachzudenken, etwas darüber aufzuschreiben, sie zu untersuchen und zu verstehen, statt sie sofort ändern zu wollen. Lerne dich zunächst kennen. Auf diese Weise bekämpfst du nicht nur die Symptome, sondern entschlüsselst auch die Ursache.

Gewohnheiten und Muster können dein Leben blockieren, das Einführen einer Routine hingegen kann das Gegenteil bewirken: Es kann dich in Bewegung bringen. Wenn ich eine neue Gewohnheit in meinen Alltag integrieren möchte, dann hilft es mir, sie in einen Zusammenhang zu stellen, sie Teil einer Geschichte werden zu lassen. Was ist größer als dieser bloße Augenblick? Was ist die zugrundeliegende Wertvorstellung, der Traum für die Zukunft, der Silberstreifen am Horizont? Alle Blumen von morgen schlummern in den Samen der Gegenwart.

Sport treiben, meditieren, andere Essgewohnheiten annehmen oder die Tage neu gestalten, weil »man« sagt, es sei gut für dich, ist kontraproduktiv. Mit den Worten des weisen hinduistischen Mönchs und Yogis Vivekananda: »Dein Weg ist gut für dich, aber nicht für mich. Mein Weg ist gut für mich, aber nicht für dich.« Die manifestierende Energie, sich wirklich zu verändern, kommt immer von innen. Den Samen pflanzt du tief in dein Inneres.

Es gibt unterschiedliche Meinungen darüber, wie lang es dauert, sich eine neue Gewohnheit anzueignen. Es heißt ungefähr 21 Tage. Oder 30 Tage. Des Öfteren hört man auch 90 Tage. Ich würde sagen, es dauert so lange, wie es dauert. Mache dich nicht mit Fristen verrückt, das frustriert bloß. Du möchtest etwas ändern oder eben nicht. Eins von beiden wird dir auf Dauer Energie bringen oder dich Energie kosten. Ich persönlich visualisiere gern den Fortschritt. Gelegentlich hänge ich ein Maßband an meinen Kühlschrank. Jeden Tag, an dem es mir gelingt, eine Absicht zu verwirklichen, schneide ich einen Zentimeter ab.

Damit bin ich ungefähr 150 Tage, wenn nicht länger, beschäftigt. Der Abgabetermin für dieses Buch hatte auch die Form eines solchen Maßbandes: Es erinnerte mich daran, weiterzuarbeiten und nicht endlos zu zweifeln. Zentimeter für Zentimeter, Tag für Tag. Und so ist das Handbuch fertig geworden. Wenn du heute anfängst, Sport zu machen, erwarte nicht, dass du morgen ein #fitgirl sein wirst. Räume eine Schublade auf, es muss nicht gleich der gesamte Schrank sein. Nicht vergessen: Eine Schildkröte ist langsam, aber auch sie kommt ans Ziel.

//DIE KUNST DES KAIZEN

Es gibt eine japanische Philosophie, Kaizen, in der die Wege zu Veränderungen aus winzigen Schritten bestehen. Meditiere für eine Minute. Stehe fünf Minuten früher auf. Ein halbes Glas Cola weniger. Ganz gleich was, entscheidend ist, dass du es mit Liebe und Hingabe tust. Das Ergebnis ist die Folge aus etwas und kein Selbstzweck. Es geht um den Prozess, es handelt sich nicht um ein Projekt. Die Kunst dabei ist, aus dem Freude zu ziehen, was dir wichtig ist und geduldig zu bleiben. Manchmal ist die bloße Visualisierung dessen, was du erreichen möchtest, schon ein erster Schritt in die richtige Richtung. Schließlich sollte man nie die Kraft guter Vorsätze unterschätzen. Kaizen light ist ideal für miese Tage. Insbesondere das Konzept, dass eine kleine Veränderung besser ist als keine Veränderung. Immerhin ist es bedeutend besser, nur zwei Stunden lang Staffeln auf Netflix zu schauen, als den ganzen Tag hinter dem Bildschirm zu verbringen. Und ein Glas Wein ist immerhin weniger als eine ganze Flasche. Minischritte!

// LASS UNS ÜBER BEYONCÉ SPRECHEN

Erkunden, wer man ist

»Ich bin nun einmal so, wie ich bin.« Es fiel mir immer schwer, mich mit diesem Satz zu arrangieren. Es klingt so festgelegt, so starr, wie in Stein gemeißelt. Mein gegenwärtiges »Ich« ist nicht dasselbe wie gestern oder vor fünf Jahren, geschweige denn vor zehn Jahren.

In Grunde genommen gibt es nicht einmal ein klar umrissenes Ich: Alles, was du bist, ist ständig in Bewegung und ändert sich bis hin zu deinen Zellen. Und dann das »Selbst«. Gelehrte Philosophen, spirituelle Lehrer und Künstler, sie alle sind sich mehr oder weniger einig, dass dieses Selbst eine harte Nuss ist. Es scheint da zu sein, und doch ist es, sobald man es festhalten, definieren oder greifbar machen möchte, nicht greifbar. Wenn man alles studieren wollte, was jemals über das »Ich« und das »Selbst« geschrieben und gesagt wurde, könnte man sich jahrzehntelang zu Hause einschließen.

Wer sich auf einem spirituellen Weg befindet, wird irgendwann zu dem Punkt gelangen, dass alles Denken eine Illusion ist, eine Konstruktion von Erfahrungen, Gefühlen und Gedanken, an die wir nur glauben. Film, Projektor und Licht sind eine Metapher für diese Konstruktion. Der Film auf der Leinwand ist unsere Geschichte. Als Zuschauer sitzen wir auf dem roten Sofa und tauchen ganz in das Geschehen auf der großen weißen Leinwand ein. Es wirkt so echt! Es ist so mitreißend!

Wenn du dich von der Leinwand trennen kannst, stellst du fest, dass der Film eine Projektion ist. Meditation ist unter anderem eine Möglichkeit, sich dessen bewusst zu werden: Der Film, den wir sehen, ist das Filmmaterial unserer eigenen Erfahrungen, Muster, Wünsche und Ängste.

Kommen wir zum Ich. Das Ego ist nicht die Leinwand, nicht das Filmmaterial, noch nicht einmal der Projektor: Das Selbst ist das helle Licht, das durch den Projektor scheint. Eine schöne Metapher: Dein wahres Ich ist die Quelle, aus der alles hervorgeht. Das »Ich« können wir daher auch »Licht« oder »Liebe« nennen. Andere bezeichnen es als »Bewusstsein«, »das wahre Selbst« oder »deine persönliche, einzigartige Frequenz«. An miesen Tagen guckt man eigentlich nur einen mittelmäßigen Film, mehr nicht. Dieses Bild relativiert das Ganze ein wenig, nicht wahr?

Apropos: Lass uns über Beyoncé sprechen. Oder vielmehr über Sasha Fierce. Sasha war etliche Jahre Beyoncés Alter Ego auf der Bühne. 2008 veröffentlichte sie ein Doppelalbum: Eine CD hieß »I am« und enthielt hauptsächlich Balladen, die andere trug den Namen »Sasha Fierce«. Auf dieser CD hörte man ihre Power-Songs, einschließlich des megabekannten »Single Ladies«. Es gibt eine selbstbewusste, sinnliche und strahlende Beyoncé und eine ruhige, weiche Beyoncé, so lautete die Botschaft, und diese beiden Seiten bekamen jeweils ihren Moment des Ruhmes.

61

Sasha Fierce war die Figur, mit der Beyoncé auftrat: Diese Seite gab ihr Energie, es war eine Rolle, mit all dem Glamour und den Federn, in der sie voll und ganz aufgehen konnte. Gleichzeitig wollte Beyoncé aber auch reife, introvertiertere Musik machen. Nicht immer nur kraftvoll, sondern auch verletzlich. Sie wollte beides. Und warum auch nicht? Ich erinnere mich noch daran, wie das Album veröffentlicht wurde und ich die ganze Idee brillant fand: Offensichtliche Gegensätzlichkeit nicht als unerwünscht, unklar oder verwirrend betrachten, sondern diese gerade erkennen und mit ihnen spielen! Sich selbst so gut zu kennen und auszudrücken – für mich ist das eines der größten Geschenke, das man sich selbst machen kann.

Zu wissen, wer man ist, macht alles einfacher. Wenn man nicht weiß, wer man ist, ist alles nur kompliziert. So einfach ist es. Dieses unerschütterliche »Ich bin so, wie ich bin« ist dann keine Rüstung mehr, sondern etwas, das man fließen lassen und loslassen kann, ein Konzept, mit dem man etwas anfangen kann. In dieser Hinsicht sind wir wie geschliffene Diamanten: Welche Facette aufleuchtet, hängt vom Lichteinfall ab. Im Sommer 2018 war die Systemtherapeutin Esther Perel zu Gast bei der niederländischen Talkshow *Zomergasten*. Da sie nur mit zwei Personen stattfindet, ist sie eigentlich eher eine »Dialogshow«. Eine von Perels Aussagen war: »Manchmal braucht man viele Leute, um eine Person kennenzulernen.« Sie meinte damit, dass wir in verschiedenen Situationen immer verschiedene Seiten desselben Ichs zeigen. So sind wir. Wir sind alle ein Doppelalbum. Wenn nicht noch mehr.

Kennst du dich selbst? Als ich zum ersten Mal eine leitende Position als Chefredakteurin bekam, war ich noch sehr jung. Ich absolvierte ein intensives Führungstraining, zu dem auch das Enträtseln der eigenen »Ichs« gehörte. Eine der Übungen bestand darin, auf einem großen Blatt mit leeren Ovalen möglichst viele Seiten meiner Selbst darzustellen. Um einen Anfang zu finden, begann ich brav zu skizzieren: Tochter, Freundin, Journalistin, Chefredakteurin und so weiter. Mir fiel ziemlich viel ein. Und dann habe ich einfach weitergemacht. Die Übung ist so simpel und gleichzeitig sehr aufschlussreich. Ich zeichnete mein bekümmertes Ich und den Spaßvogel, die Tröstende, die Kratzbürste, die Ehrgeizige, die Verbinderin, den Faulpelz, die Frau mit dem offenen Ohr, die Introvertierte, die Ruhige, die Extrovertierte, die Tagträumerin, die Dickköpfige, die Melancholische, die Verführerin, den Hippie, die Realistin, die Nachdenkliche und die Romantikerin.

Kommt dir das bekannt vor? Manchmal will man tanzen, dann wieder auf der Couch liegen. Manchmal flucht man laut, ein andermal sagt man beherrscht: du liebe Güte. Das eine Mal muss es der rote Lippenstift sein, das andere Mal will man nicht auffallen. Manchmal ist man Sasha, dann wieder Beyoncé. Du darfst jede Menge »Ichs« sein. Spiele mit deiner Identität, lass dich nicht von anderen einschränken. Mach dir eine Liste deiner Ichs. Du musst diese Liste niemandem zeigen, sie ist nur für dich. Das hilft dir zu erkennen, welches Ich in welcher Situation nach vorne tritt.

Außerdem kannst du dir so darüber klar werden, ob du jenes Ich in diesem Moment überhaupt brauchst.

Und denke immer daran: Alle deine Seiten, die schönen und die weniger schönen, kommen letztendlich aus ein und derselben Quelle. Dein mürrisches, kratzbürstiges oder ungerechtes Ich – auch sie gehören dazu. Nicht selten haben sie sogar gute Absichten. Sie wollen dich lediglich vor Enttäuschung oder Schmerz bewahren, auch wenn sie das etwas ungeschickt oder sogar unwissentlich tun. Wenn du dir all deiner Ichs bewusst bist, wird es von ganz allein einfacher, einen Schritt zurückzutreten und einem anderen Ich den Vortritt zu lassen. Gerade an miesen Tagen kann das viel bewirken. »Ach, da ist mein melodramatisches Ich. Vielleicht sollte es einfach meinem optimistischen Ich Platz machen.« Du hast sie alle in dir. Oder wie Thich Nhat Hanh sagt: »Du erkennst es, du lächelst es an, und du lädst etwas Freundlicheres ein, nach vorne zu treten und seinen Platz einzunehmen.« *Sich selbst treu zu sein, ist nicht dasselbe wie unveränderlich oder unangreifbar zu sein. Sich selbst treu zu bleiben bedeutet, sich als ein Instrument mit großer Klangvielfalt zu betrachten.*

Und hin und wieder muss man all diese Ichs verstummen lassen. Das Instrument zum Schweigen bringen. Tief in deinem Inneren, ohne Maskerade und ohne Schauspielerei, weißt du oft ziemlich genau, was du brauchst.

63

MIST

muss nicht unbedingt
SINN ERGEBEN

◇◇◇◇◇◇◇◇◇◇◇◇

64

// DARÜBER LACHEN

Humor als Rettungsring

Im Frühjahr 2018 konnte meine Mutter trotz Pflege und Unterstützung aus dem Familien- und Freundeskreis nicht länger zu Hause bleiben. Sie wurde dauerhaft in einem Heim für junge Demenzkranke untergebracht, in dem sie jetzt lebt. In den Tagen davor waren meine Brüder und ich damit beschäftigt, ihr Zimmer so schön wie möglich einzurichten. Für ein paar letzte Besorgungen fuhr ich zusammen mit meinem Bruder Matthijs zu Ikea. Normalerweise würden wir an einem solchen Ort den größten Spaß haben – Betten ausprobieren, im Einkaufswagen durch das Lager rasen –, wenn man aber für die kranke Mutter für ein Haus, das nicht ihr Zuhause ist, Kissen aussucht, ist Ikea mit einem Mal ein seltsamer Ort. Demenz ist eine scheußliche Krankheit. Man vergisst, wer und wo man ist. Als wir schließlich an der Kasse standen und einpackten, tippte mir mein Bruder auf die Schulter und deutete auf einen Text in Großbuchstaben an der Wand. »Jeder vergisst manch-mal etwas«, hieß es über den Schrauben und anderen Kleinteilen. Jeder vergisst manchmal etwas … Eine tröstliche Botschaft von Ikea. Wir mussten laut losprusten. *Ich kann es wirklich nicht anders sagen, Humor ist eine super Methode, um in Situationen, die sich undurchdringlich anfühlen beziehungsweise zentnerschwer auf der Seele lasten, Luft zu schnappen.* Im wahrsten Sinne des Wortes sogar: Lachen lässt uns tief durchatmen. Lachen trifft dann vielleicht nicht jedermanns Geschmack: Ich kann mich an Situationen erinnern, in denen mein Gekicher etwas daneben war, aber ich konnte nicht anders. Ganz gleich wie schwer, wie traurig, wie hoffnungslos manche Situationen sind: Früher oder später ergibt sich ein witzi-ger Moment. Lachen relativiert alles.

Auch dein Körper freut sich über Lachen: Die Anzahl der Antikörper im Speichel steigt, die Muskeln entspannen sich, der Blutdruck sinkt, es regt die Produktion schmerzlindernder Endorphine an. Das alles können wir an miesen Tagen besonders gut gebrauchen. Selbst bei einem gestellten Lächeln, wie auf einem zum Scheitern verurteilten Selfie, ist es nahezu unmöglich, negative Gedanken zu haben. Vorgetäuschtes Lachen hat auf den Körper fast die gleiche Wirkung wie echtes Lachen. Es gibt sogar Workshops, in denen man Lachen üben und die biologischen Vorteile des Vergnügens kennenlernen kann. Was in Bezug auf die medizinische Wirkung noch besser funktioniert, ist natürlich echtes Lachen. Am besten über gelungene Witze.

Manche Menschen sind der Meinung, ernsthafte spirituelle Praxis und Humor passen weniger gut zusammen: Man sollte schon ernsthaft gucken, wenn man meditiert oder sich auf magische Frequenzen einstellt. Wir sind der Überzeugung, dass ein ernstes Gesicht zu ernsthaften Einsichten führt, die unser Leben auch ernsthaft verbessern. Ein ganzheitliches Leben setzt jedoch das Bewusstsein voraus, dass

65

es auch Dinge gibt, die wir nicht allzu ernst nehmen sollten. Beispielsweise die eigenen Gedanken. Selbstironie ist gerade eine Form großer Selbstlosigkeit und Selbstrelativierung. In den östlichen Religionen widerfährt Humor im Allgemeinen eine größere Wertschätzung: Auf der Meditationsmatte und im Unterricht gilt Lachen als geradezu perfekte Möglichkeit, aus dem Kopf in das Jetzt zu kommen. Es gibt viele buddhistische Witze, Rätsel und Gleichnisse, die das Ego auf die Schippe nehmen.

In dem Augenblick, in dem wir uns selbst zu ernst nehmen, verlieren wir die Fähigkeit zu echter Verbindung. Meiner Meinung nach ist die Fähigkeit, sich von außen zu betrachten, unerlässlich für das persönliche Wachstum. Mit Humor sind wir in der Lage, unseren eigenen Radius zu verlassen, eine andere Perspektive einzunehmen und Dinge zu relativieren. Spirituelle Unterweisungen oder Yoga-Kurse, bei denen Gelächter den Raum erfüllt, lassen uns erleben, wie die Energie den Raum öffnet, wie sich Entspannung breitmacht. Es gibt eine Zeit für Stille und Achtsamkeit, genauso gibt es eine Zeit für Befreiung und Ausdruck. In der modernen Spiritualität, in einer Zeit, in der Humor ohnehin ein sensibles Thema ist, ist es besonders wichtig, sich der Macht des Humors zu erinnern.

Leichtigkeit ins Leben zu bringen, ist keineswegs banal: Es ist eine Autobahn in Richtung Licht und Luft. Ein aufrichtiges Lächeln ist etwas sehr Wahres. Alles ernst zu nehmen, ist im Grunde genommen ein Ego-Ding, weil es die Tatsache ignoriert, dass wir uns eine eigene Realität erschaffen. Das Leben ist ein einziger großer kosmischer Witz. Um den Dichter Robert Frost zu zitieren: »Vergib mir, oh Herr, meine kleinen Witze über dich, und ich werde dir deinen großen Witz über mich verzeihen.«

Der amerikanische Psychologe Harvey Mindess beschreibt das Wesen des Humors so: Er nimmt all die äußeren Schichten um unsere Seele, mit denen wir uns häufig identifizieren, auf die Schippe, beispielsweise Status, Aussehen und Besitz. Es schält all diese Schichten ab und bringt uns in Kontakt mit dem, was dann zum Vorschein kommt: die Seele. Wenn wir die Fähigkeit erlangen, über das Leben und über uns selbst zu lachen, eröffnet sich uns die großartige Möglichkeit, all das abzulegen, was doch nur Äußerlichkeit oder Brimborium ist. Darüber hinaus profitiert das Ego von etwas Widerspruch. Etwas mit Humor zu betrachten, kann uns eine neue Einsicht, eine unerwartete Lösung oder eine andere Richtung in einem Gespräch bescheren.

66

// WARUM DU RUHIG »JA, ABER« SAGEN DARFST

»Ja, aber« kann ein Leibwächter für die Seele sein

Ein guter Freund erzählte mir einmal eine Szene aus seinem Lieblingsfilm Star Wars. Yoda fordert Luke auf, sein Raumschiff mit Gedankenkraft anzuheben, der beklagt sich, dass es sehr schwer sei, und diese Aufgabe doch etwas anderes sei als das Bewegen eines Steins. Yoda sagt daraufhin: »Nein, nichts anderes. In deiner Vorstellung nur. Vergessen musst du das, was früher du gelernt.«

»Also gut, ich wird's versuchen«, antwortet Luke. Yoda erwidert: »Nein, nicht versuchen. Tue es oder tue es nicht. Es gibt kein Versuchen.«

Kein »Ja, aber« für Luke. Ja oder nein, nichts dazwischen. Ich fand die Szene seltsam. Kein »Ja, aber«-Gejammer! Es ist beliebt, dem Leben so zu begegnen. Zweifeln ist nicht sexy. Du weißt doch wohl, was du willst? Wenn du Zweifel hast, wird es garantiert nicht funktionieren! Genau genommen ist es schon merkwürdig, wenn man keine Einwände gegen eigene oder die Gedanken anderer haben darf. Wenn dein »Ja, aber« für die Angst vor dem Scheitern steht, könnte dieser Yoda sogar ein bisschen recht haben. Ein »Ja, aber«, das aus Angst entsteht, steht zwischen dir und dem Leben. Du kennst bestimmt dieses Gefühl: Du willst jemanden überholen, und derjenige tritt spaßeshalber einen Schritt zur Seite, um dir den Weg zu versperren. Wenn du dann einen Schritt nach rechts machst, tritt die andere Person nach links – ein Spielchen, das schnell nervt. »Ja, abers« können den gleichen Effekt haben: Sie blockieren dich immer wieder aufs Neue, und du kommst nicht voran. »Ja, aber ich kann das nicht« oder »Ja, aber es ist nicht der richtige Zeitpunkt« – du kannst hier ruhig deine häufig verwendeten »Ja, aber«-Antworten einfügen. Diese Art von »Ja, aber« wirkt wie eine Handbremse auf deine Kreativität, deinen Freiraum und dein Wachstum. Dennoch wäre es ein Fehler, ausnahmslos alle »Ja, abers« als sinnlos oder als Schwäche abzutun. Sie halten dir den Spiegel vor: Du kannst dich glasklar darin sehen. Es gibt Einwände, die du wie ein Schild einsetzen kannst, an dem alles abprallt: »ja, aber du« oder »ja, aber das Leben.«

Es gibt jedoch auch nützliche »Ja, abers«. Sie können dich auf die Schritte hinweisen, die du unterwegs vergessen hast und dich vor Naivität, Quengelei oder schlicht Nachlässigkeit warnen. »Ja, aber vielleicht brauche ich das jetzt gar nicht.« oder »Ja, aber du schiebst mir gerade etwas zu, das gar nicht meins ist.« Es gibt unglaublich viele sympathische »Ja, aber«-Stimmen, die uns überhaupt nicht blockieren, sondern uns eher davor bewahren wollen, in die Falle zu tappen. Diese »Ja-abers« sind wie Leibwächter. Man könnte sie Seelenwächter nennen. Es ist also nicht unbedingt ein Zeichen von Schwäche, wenn du an miesen Tagen alle »Ja-aber«-Register ziehst. Mach ruhig, »ja-abere« einfach drauflos.

// DANKBARKEIT IST EIN GUTES GEFÜHL

Keine schlechte Idee:
Üben mit dem gehypten #gratitude

Das, was zartes Pink auf Instagram oder Latte Macchiato in einem Café ist, ist Dankbarkeit auf dem Gebiet des leichteren Lebens: Das Einstiegsmodell für Jung und Alt, es kann gar nicht schief gehen. Die aufgehende Sonne, eine heiße Tasse Tee, man kann das alles für selbstverständlich halten, genauso gut kann man dafür aber auch dankbar sein.

Innehalten bei dem, was man erhalten hat, gibt einem ein gutes Gefühl. Plus: ein etwas besseres Gefühl an einem miesen Tag. Ganz gleich wie launisch man ist, egal wie grau sich der Tag anfühlt, es gibt immer irgendetwas, wofür man dankbar sein kann. Dass warmes und kaltes Wasser aus dem Wasserhahn kommt. Dass es immer wieder Frühling wird, ob man Lust dazu hat oder nicht. Dass es so etwas wie Mitfahrgemeinschafts-Karaoke gibt. Es muss nicht unbedingt gleich etwas Großes sein, wie die Liebe oder das Leben: Ein Einhorn-Kaffeebecher, eine gefundene Feder oder zufällig 22:22 auf der Smartphone-Uhr aufleuchten sehen, können in unserem miesepetrigen Hirn diese eine positive Nanosekunde bewirken von »Hey, das war gerade ein kleines bisschen nett/witzig/schön.«

Interessanterweise steht Dankbarkeit gerade bei Männern zurzeit hoch im Kurs. Selbst die nüchternsten, pragmatischsten Männer scheinen Dankbarkeit als Werkzeug für ein leichteres Leben für sich entdeckt zu haben: Sie schreiben Bücher darüber und wenden das Konzept in weniger naheliegenden Orten wie Sitzungssälen an. Vielleicht liegt es daran, dass Dankbarkeit zwar »soft« klingt, aber alles andere ist: Es ist wissenschaftlich erwiesen, dass sich eine dankbare Lebenseinstellung positiv auswirkt. *Menschen, die auf das achten, was in ihrem Leben passiert und über das nachdenken, was ihnen wichtig ist, sparen Bonuspunkte für viele interessante Vorteile, wie ein stärkeres Immunsystem, das Erleben von positiven Gefühlen, mehr Selbstvertrauen, mehr Sinnhaftigkeit, mehr Energie und einen besseren Schlafzyklus, um nur einige zu nennen.*

Wenn du dir selbst beibringst, das festzuhalten, wofür du dankbar bist, beeinflusst das die Qualität deiner alltäglichen Erfahrungen. Alles fühlt sich gleich viel weniger selbstverständlich oder weniger zufällig an. Dankbarkeit eignet sich darüber hinaus nicht nur für Tage, an denen alles gut läuft, da sie deine Aufmerksamkeit auf das Wesentliche lenkt, sondern eignet sich auch hervorragend für schlechte Tage. Gerade dann, wenn du glaubst, es gäbe so gut wie nichts, für das du dankbar sein könntest, wirst du feststellen, dass es immer einen Lichtblick gibt – du musst nur genau hinsehen.

Der Begriff »Dankbarkeit« hat wegen unseres Umgangs mit ihm in der Vergangenheit gelitten. Ganze Generationen sind mit obligatorischer Dankbarkeit aufgewachsen. Sie mussten dankbar sein, weil sie den Krieg nicht erlebt hatten. Weil Gott es wollte. Weil es in Afrika Kinder gab, die nichts zu essen hatten. Aus diesem Grund fühlt sich für uns ein Hashtag wie #gratitude besser an, er ist nicht so beladen. Nun stellt sich folgende Frage: Wie genau funktioniert das mit dem Dankbarsein? Das hängt unter anderem von dir ab, aber ich möchte einen Vorschlag machen.

Auch wenn es in diesem Leben weder Gott noch eine höhere Macht gibt, kannst du dankbar sein, zum Beispiel dafür, dass dir das Leben etwas gibt. Wir sind mit unserem Leben vollkommen abhängig, von der Erde und voneinander: Von den Pflanzen, die uns mit Sauerstoff versorgen, über Wasser, das alles Leben überhaupt erst ermöglicht, bis hin zu unserer Mutter, die uns in ihrem Bauch getragen hat. »Das Leben ist ein Nehmen und Geben«, diesen Satz hast du bestimmt auch schon mal irgendwo gehört. Diese Redewendung enthält viel Wahrheit. Weil wir geben und empfangen. Von Gott oder vom Universum oder vom Schicksal. Entweder von allen drei oder nur von einem. Von wem oder was, macht das einen Unterschied?

Dankbarkeit ist ein gutes Gefühl. Ich liebe es, wenn es nur so da ist, dieses anschwellende, warme Gefühl in meiner Brust, das mich manchmal überkommt. Ich nenne es »Glutherz«. Es kann aber auch ein Kloß in meiner Kehle sein oder ein Aussetzer des Herzens für einen Bruchteil einer Sekunde. Dankbare Momente sind wie Glühwürmchen: Gerade im Dunkeln wirken sie besonders magisch.

Dankbarkeit üben

69

An einem miesen Tag mit einem Dankbarkeitstagebuch beginnen

- Zermartere dir nicht das Hirn über diesen perfekten ersten Satz in diesem wunderschönen goldbedruckten Notizbuch aus handgeschöpftem Papier. Setze einfach deinen Stift aufs Papier. Setze dich über das Weiß hinweg. Sollte dich ein schönes Notizbuch mit seinen unbeschriebenen Seiten vom Schreiben abhalten, nimm einfach ein Blatt Papier oder kritzle etwas auf die Rückseite eines alten Umschlags (siehe auch Seiten 176–179).

- Es gibt keine Jury. Schreibe nicht das auf, wofür du meinst dankbar sein zu müssen, sondern das, wofür du dich dankbar fühlst. Ohne zu werten. Konzentriere dich auf das, was da ist und nicht auf das, was sozial oder spirituell erwünscht ist. Manchmal bist du dankbar für einen wunderschönen Sonnenuntergang oder eine gelungene Yoga-Stunde, ein andermal ist es vielleicht eine Süßigkeit, die du zufällig unter dem Autositz entdeckst.

- Du kannst für Dankbarkeit eine Art Bauchmuskel-Trainingsplan anwenden: Du beginnst mit drei Dankbarkeit-Crunches pro Tag, steigerst auf fünf und dann zehn. Üben und langsam aufbauen. Qualität statt Quantität: Fällt dir wirklich nur eine Sache ein? Dann ist es eben sie für diesen Augenblick.

- Es müssen nicht unbedingt Wörter oder Sätze sein. Bilder, Konzertkarten, Zeichnungen, Striche für jedes Mal, als du ein Gefühl von Dankbarkeit gefühlt hast, sind auch prima. Augenblicke lassen sich auf unterschiedlichste Weise festhalten.

- Konzentriere dich nicht nur auf Materielles. Es ist naheliegend, zuerst das zu betrachten, was du im wahrsten Sinne des Wortes bekommen hast: ein Geschenk, ein Bett, ein Haus. Du kannst aber beispielsweise auch für Erfahrungen, die du machen durftest, Chancen, die sich dir boten oder etwas Sinnliches, wie einen Duft, ein Geräusch oder einen Geschmack dankbar sein. Last but not least: die Menschen in deiner Nähe. Was zwischen dir und ihnen passiert, kann ebenfalls von Wert sein, etwa ein Ratschlag, ein Tipp, eine Erkenntnis oder ein guter Witz.

- Schreibe nicht nur »Was«, sondern auch »Warum« auf. Warum bist du für etwas dankbar?

- Wähle einen festen Zeitpunkt zum Experimentieren und zum Üben, dadurch nimmt die Wahrscheinlichkeit zu, dass es zur Routine wird. Vor dem Zubettgehen ist eine geeignete Zeit, man könnte es als das »Herunterladen« der Körper-, Geist- und Seelendaten dieses Tages betrachten.

- Sei nicht nur dankbar für das, was von außen nach innen strömt, also das, was zu dir kommt, sondern auch für das, was nach außen geht: Das, was du beigetragen hast, gemacht oder erreicht hast.

Kleine Wellen

können

GROSSE WELLEN
VERURSACHEN

71

// ES LEBE DIE LANGEWEILE

Sich langweilen muss nichts Schlimmes sein

Als Kind habe ich unzählige Stunden damit verbracht, der großen Uhr in unserem Wohnzimmer zuzuhören. Im wahrsten Sinne des Wortes hörte ich die Zeit verstreichen. Ich konnte mich gut selbst unterhalten, gleichzeitig konnte ich mich extrem langweilen. Ich erinnere mich, wie ich die Schatten an der Wand und die Maserung im Holz des Couchtisches betrachtete und wie heimelig der Sofabezug roch. Ich lauschte den Geräuschen im Haus und in der Umgebung: das Rascheln einer Zeitungsseite, das Geräusch der klappernden Skateboards meines Bruders und seiner Freunde auf der Straße vor dem Haus.

Ich hätte etwas unternehmen oder machen können, tat es aber nicht. Vielleicht habe ich intuitiv gespürt, dass Langeweile als Aktivität an sich durchaus angenehme Seiten hat. Es gab nichts, was getan werden musste, keinen Ort, der meine Anwesenheit erforderte, und das Ganze hatte auch noch eine natürliche Selbstverständlichkeit. Heute beneide ich das Mädchen mit scheinbar endlos viel Zeit, um völlig darin aufzugehen. Ich muss immer etwas tun und immer irgendwo sein. Natürlich ist das »Müssen« irgendwo auch meine Entscheidung, dennoch: Manchmal vermisse ich das Nichtstun.

Ich kann mich auch nicht mehr so gut wie damals langweilen. *Als Erwachsene haben wir viel weniger »Zwischenzeit«. Das Leben quetscht sich in die Tage, Stunden und Minuten wie Bauschaum. Es gibt kaum Momente, in denen wir wirklich nichts zu tun haben.* Ein verspäteter Flug, das Wartezimmer des Zahnarztes, ein Paketbote, der nicht auftaucht: Ich liebe diese Zwischenzeiten. Das Niemandsland zwischen gerade eben und gleich ist ein Geschenk. Man könnte es »Leben im Jetzt« nennen, aber ich nenne es »umständehalber entstandene Achtsamkeit«. Als ob man zufällig über das Jetzt stolpert.

Langeweile ist etwas anders als Meditation oder Ruhe, denn dafür nehmen wir uns Zeit und richten unsere Aufmerksamkeit darauf. Wenn wir uns langweilen, ist da eher nichts, das unsere Aufmerksamkeit verdient, nichts, das uns Energie gibt. Wir leben von einer Erfahrung zur nächsten. Langeweile bedeutet Stillstand. Wir möchten, dass etwas Aufregendes passiert, etwas, das uns stimuliert – aber nein, das Leben ist langatmig und uninteressant.

Langeweile ist nicht unbedingt eine schöne Empfindung, manchmal fühlt sie sich eher wie eine staubige Wüste an, in der die Sonne unerbittlich alles versengt: Angenehmes und Unangenehmes. Ohne Ablenkung, ohne frischen Brunnen oder einen Schatten, in den man sich flüchten könnte, es gibt nur das, was da ist. Das ist manchmal ziemlich unangenehm.

Aber gerade weil wir ein Leben mit einer Flut von Reizen führen, kann Langeweile absolut nicht schaden. Denn was leer ist, kann sich, mit etwas Geduld, füllen.

Mit Reflektion, Tagträumen, Kreativität oder einfach Akzeptanz, dass es nichts gibt außer dem, was da ist. Wie oft spürst du das wirklich, eine solche Leere?

In der Vergangenheit war Zeit ohne konkreten Zweck ein normaler Bestandteil des Lebens. Kennst du den Begriff »Dämmerung«? Alte Leute machen es zuweilen noch: Sie setzen sich auf einen Stuhl und am Ende des Tages warten sie, dass der Abend kommt. Nichtstun und warten. Nicht sofort die Lampen anmachen, sondern ein paar Gedanken nachhängend wahrnehmen, wie es langsam dunkel wird.

Langeweile ist eine Übung. Eine Übung darin, mit dem zu sein, was da ist, sich nur mit den eigenen Gedanken, Wünschen und Fantasien zu zerstreuen. Unser Gehirn möchte stimuliert werden, damit es in Bewegung bleibt und ständig neue Zellen entstehen. So sind wir von Natur aus neugierig. Und kreativ. Wenn wir Langeweile zulassen, öffnen sich die Schleusen zwischen Bewusstsein und Unterbewusstsein, du kannst dann deine innere Stimme klarer hören, als wenn du ständig auf äußere Reize eingehst, um Langeweile zu vermeiden. Eine vierstündige Zugverspätung kann zum Beispiel genauso interessant sein wie eine tiefe zehnminütige Meditation: Insbesondere dann, wenn wir auf »aus« stehen, geschieht etwas auf einer tieferen Ebene.

Wenn du einen miesen Tag hast, lass Langeweile zu. Du wirst sehen, dass sich etwas verändert, wenn du dich einfach entspannst, und sei es nur etwas Kleines. So entsteht Raum für ursprüngliche Gedanken, du kommst dir selbst näher. Manchmal ist es schön, dieses Gefühl herbeizuführen. Setze dich einmal ohne Ablenkung (lass das Telefon zu Hause!) auf eine beliebige Bank irgendwo in einer beliebigen Straße in einem beliebigen Viertel. Nicht in diesem angesagten Café mit der inspirierenden Aussicht, sondern an einem Ort, der keinen besonderen Reiz auf dich ausübt. Fahr eine willkürliche Strecke mit dem Stadtbus. Nothing to do, nowhere to be, a simple little kind of free, heißt es in einem Song von John Mayer. Genau, das ist schön gesagt.

Über »Bore-out«

73

// DER BORE-OUT

Seltsam, aber wahr: Es kann sein, dass man nicht merkt, dass man sich langweilt. Genauso wie es sein kann, dass man sich zu wenig langweilt, gibt es den Zustand, dass man sich zu sehr langweilt. Vielleicht hast du gar keinen schlechten Tag, weil ETWAS passiert ist, sondern weil über einen langen Zeitraum NICHTS passiert ist. Ein »Bore-out« kann genauso problematisch sein wie ein Burn-out. Belastende oder krankmachende Langeweile kann man anhand folgender Punkte erkennen:

- Das, was du tust, gibt dir weniger oder keine Energie mehr.
- Termine, Aufgaben, Routinen: Sie fühlen sich schwerer und immer mehr als »Muss« an, ohne dass du ihre Notwendigkeit oder ihren Sinn erkennen kannst.
- Du suchst nach Ausflüchten für das, was du eigentlich tun wolltest.
- Deine Aufmerksamkeit geht in alle Richtungen, du schwebst ein bisschen über der Realität.
- Du schläfst länger, als nötig wäre.
- Dein Körper fühlt sich schwer und träge an, du bist antriebslos.

Das kommt dir bekannt vor? Dann nimm es bitte ernst. Diese Art von Langeweile ist Treibsand, und es ist an der Zeit, die Dinge selbst in die Hand zu nehmen und herauszufinden, was du brauchst, um deine Energie zurückzugewinnen. Unternimm etwas gegen die Symptome (spazieren gehen, ins Kino gehen, andere Stimulanzen), verliere gleichzeitig die Ursache nicht aus dem Auge. Versuche herauszufinden, wo und warum du deine Energie verlierst und was du brauchst, um wieder Interesse an Dingen zu entwickeln.

// ÜBE SAVASANA

Die einzige Yoga-Übung in diesem Buch

Ich sage kurz und schmerzlos, wie es ist: Mit Savasana übt man, tot zu sein. Diese Körperhaltung wird auch Totenstellung genannt, weil man tatsächlich daliegt wie ein Toter. Auf dem Rücken, ohne jegliche Muskelspannungen, und man macht rein gar nichts. Mit Ausnahme von Atmen. Man braucht nicht einmal Yoga-Kleidung anzuziehen oder einen Sport-BH aus dem Schrank zu holen. Das Einzige, was man braucht, ist Achtsamkeit, den eigenen Körper und einen Ort, an dem man sich für eine Weile auf den Boden legen kann. Hört sich einfach an, oder?

Äh, vielleicht ist folgender Warnhinweis sinnvoll: Einfach muss nicht unbedingt zutreffen. Es mag vielleicht nicht schwierig sein, die Haltung einzunehmen, dennoch bezeichnen Experten und treue Yoga-Praktizierende diese Pose als eine der schwierigsten Yoga-Übungen überhaupt. Denn obwohl man nur auf dem Rücken liegt und nichts tut, fühlt es sich manchmal – vor allem an einem miesen Tag – so an, als müsste man den Kilimandscharo erklimmen. Totale Hingabe und tiefe Entspannung sind alles andere als einfach.

Die Übung startet im Körper: Die Atmung ruhig werden lassen, die Muskeln tief entspannen, bis du bequem liegst und die Unruhe nachlässt, leicht schaukeln oder noch mal etwas verrücken, die Augen nicht zukneifen, sondern sanft schließen … das ist Schritt eins. *Savasana ist eine Wohltat für den gestressten Körper: Die Herzfrequenz sinkt, die Verkrampfungen in den Muskeln lösen sich, und der Körper kann sich auf seine primären Aufgaben konzentrieren, wie Nähren, Entgiften und Heilen.* Wenn es dir gelingt, dich ganz tief zu entspannen, fühlt es sich an, als würde dich die Erde tragen.

Savasana ist jedoch auch und vielleicht sogar vor allem eine mentale Übung. Und zwar in Hingabe und Entspannung zu sein und das ewige Geplapper unseres Geistes zu beruhigen. Es ist jetzt nicht die Zeit, um den Tag noch einmal durchzugehen oder Einkaufslisten zu machen. Nicht die Zeit, um an Gedanken und Eindrücken festzuhalten, im Gegenteil lass sie los, lass sie davonschweben, ohne eine aktive Rolle dabei zu haben. Gerade an miesen Tagen ist dies besonders angenehm.

Dieses Buch enthält keine weiteren Yoga-Übungen, weil ich selbst keine Yogini bin. Yoga kann dir viel bringen, sowohl die ruhigeren, in sich gekehrten Yin-Varianten als auch die aktiveren Yang-Strömungen. Es lohnt sich, es auszuprobieren. Für Savasana habe ich hier eine Ausnahme gemacht, weil diese Übung mir mehr als einmal sehr geholfen hat, als ich nicht mehr wusste, was ich mit mir anfangen sollte. Es erfordert wahrscheinlich eine intensive Yoga-Praxis, um in dieser Asana Meisterschaft zu erlangen, das ändert aber nichts an der Tatsache, dass auch Nicht-Yogis in hohem Maße von dieser Haltung profitieren. Ignoriere also strenge Yogis und probiere es einfach selbst aus.

75

Als Cheerleaderin in Sachen Emotionen zulassen und bewusst spüren, was gerade da ist, suchte ich in der Zeit nach meiner Scheidung besonders beharrlich nach Methoden, wie ich das am besten umsetzen konnte. Unter meiner Haut brodelte es, aber es wollte mir einfach nicht gelingen, meine Selbsterhaltungsrüstung zu durchbrechen. Wie ein Pickel, der bereits unter der Haut drückt und bohrt, sich aber nicht ausdrücken lässt – bitte entschuldige diesen Vergleich. Wenn ich mich dann aber hingebungsvoll auf den Rücken legte, in die Savasana-Haltung und sich meine verkrampften Muskeln entspannten, sah etwas tief in mir seine Chance, und die Tränen liefen mir über die Wangen. Ich ließ dies in Ruhe geschehen, ohne zu werten, und ergab mich dem, was offenbar in Bewegung kommen musste. Es war wie eine Entladung negativer Energie. So konnte ich loslassen.

Pema Chödrön, die ich am Anfang dieses Handbuchs bereits zitierte, sagt oft und zu Recht, dass wir in einer Kultur aufwachsen, die den Tod fürchtet und versteckt. Der Tod ist jedoch konstant um uns herum (siehe auch Seite 129–132).

Chödrön schreibt über das alltägliche Sterben: »Wir erleben es in Form von Enttäuschung, wenn etwas nicht das Ergebnis hat, das wir uns wünschen. Wir erleben es, weil sich alles fortwährend im Wandel befindet. Wenn der Tag endet, wenn die Sekunden wechseln, wenn wir ausatmen: Das ist der Tod im Alltag.«

Savasana wird nicht umsonst Totenstellung genannt: Jedes Mal, wenn wir eine irdische Sorge loslassen, sterben wir ein kleines bisschen. Alles, was lebt, entsteht aus dem, was zuvor gestorben ist – Leben und Tod sind untrennbar miteinander verbunden. Wenn du etwas loslässt, tritt etwas Neues an seine Stelle. Vertraue diesem Prozess. Du stirbst ein bisschen, indem du deinem Ego eine Auszeit gibst. Du stirbst ein bisschen, weil du die Welt vorübergehend hinter dir lässt. Es ist ein Abschied. Und dann? Was kommt dann? Ein Neustart. Ein Reset. Ist es nicht das, was wir an miesen Tagen brauchen? Eine Chance, leichter und sorgloser von vorne zu beginnen, und sei es auch nur um ein Sandkorn leichter?

Wie übt man Savasana?

An einem schlechten Tag machst du die Übung genauso wie du möchtest, bloß nicht kompliziert. Wenn du Lust dazu hast, ziehst du Yogakleidung an und nimmst eine Matte und eine Decke, zur Not kannst du dich auch einfach mit dem, was du gerade anhast, zum Beispiel auf den Boden des Kopierraums legen – das ist völlig egal.

1. Am besten baust du dir eine Art Kokon: gedämpftes Licht, Wärme in Form einer Decke oder eines warmen Raumes, vielleicht etwas leise Musik. Dies ist jedoch keine Voraussetzung. Leuchtstofflampen? Es ist, was es ist.
2. Stelle sicher, dass du dich wohlfühlst. Vielleicht möchtest du etwas unter den Kopf oder unter die Knie legen: Wenn du kein Kissen zur Hand hast, tut es auch eine aufgerollte Strickjacke oder deine Handtasche.
3. Lege die Füße hüftbreit auseinander, die Fersen locker auf dem Boden und entspanne die Füße – in der Regel fallen sie leicht mit den Zehen nach außen. Lege die Arme mit den Handflächen nach oben neben dich.
4. Atme tief ein und aus. Wenn nötig, mache es schön theatralisch: tief einatmen und mit einem langen fffffffff-Klang ausatmen. Versuche mit jedem Atemzug die Spannung in deinem Körper gehen zu lassen. Wenn du meinst, es nicht zu können, tu einfach als ob, nur atme natürlich. Das Erzwingen einer langsameren Atmung funktioniert nicht, lass mit Hingabe nach und nach los.
5. Konzentriere dich auf deinen Körper. Wandere in Gedanken von den Zehen bis zur Schädeldecke, ohne dabei Bereiche zu überspringen. Alle Zehen, die Fußsohlen, die Fersen, die Knöchel und so weiter. Versuche mit dem Atem dorthin zu gehen, wo du dich unwohl oder unruhig fühlst.
6. Beobachte ganz ruhig deine Gedanken. »Völlig aufhören zu denken« gibt es nicht, wenn du keine Gedanken mehr hast, bist du nicht mehr unter den Lebenden. Du kannst dich aber über deine Gedanken erheben, indem du zu einem Zentrum, einem Punkt der Achtsamkeit, zurückkehrst. Stell dir beispielsweise einen angenehmen Ort vor, eine Art Bildschirmschoner für die Seele, zu dem du jederzeit zurückkehren kannst.
7. Lass Emotionen zu, ohne von ihnen mitgerissen zu werden. Beobachte sie. Bleibe ruhig und versuche kontinuierlich das Zentrum zu finden, indem du dich von deinem Atem leiten lässt.
8. Nach etwa zwanzig Minuten kommst du langsam wieder in Bewegung, indem du leicht schaukelst, dich sanft bewegst und wieder aktiv wirst. Du kannst auch noch ein bisschen länger liegen bleiben, es ist deine Übung. Wenn du jedoch feststellst, dass die Unruhe immer mehr zunimmt, beende die Übung früher und versuche es später erneut.

DIE SEELE
WEISS ES AM BESTEN

78

// NIMM DIR ZEIT FÜR DICH

Die Kunst, allein zu sein

Man könnte mich problemlos für einen Monat in meinem Haus einsperren, ich wäre vollkommen zufrieden. Insgeheim bin ich eine Einsiedlerin: Ich bin wirklich gerne allein. Wenn ich etwas zu lesen habe, wenn es etwas zum Hören gibt, wenn etwas zu essen da ist, dann geht es mir prima – zuweilen bin ich sogar glücklich. »Ja, leicht gesagt, du hast ja auch ein reiches Sozialleben«, kommentierte eine Freundin kritisch. Ihrer Meinung nach sind es zwei Paar Schuhe, ob man aus freien Stücken allein ist oder aufgrund widriger Umstände. Das stimmt. Und einsam zu sein ist auch etwas anderes als allein zu sein. Einsamkeit hat kein Gegengewicht, es ist etwas aus dem Gleichgewicht geraten. Allein zu sein ist etwas anderes, es hat mit Yin und Yang zu tun. *Durch Energie und Reize, die ausschließlich von außen kommen, geraten wir aus dem Gleichgewicht. Wir brauchen zuweilen auch Raum, um die Stimulanz von innen wahrzunehmen.* Ungleichgewicht ist ein fruchtbarer Boden für miese Tage.

Häufig wird von mir mehr Aufmerksamkeit gefordert, als mein persönliches Aufmerksamkeitskonto zur Verfügung stellt. Ich arbeite Vollzeit in einer vielbeschäftigten Redaktion, ich habe Presseveranstaltungen und Vorträge und Fristen und Freunde und Familie und Kinder und Zahnarzttermine, Fußballtrainings, Friseurtermine, Verabredungen zum Abendessen, Jahrestage, Elternabende, Sport, Überstunden – es nimmt kein Ende. Wenn ich mich nicht bewusst dafür entscheiden würde, ab und zu allein zu sein, fände es mit großer Wahrscheinlichkeit nicht statt. Sich Zeit für sich selbst zu nehmen, kommt im sozialen Umfeld nicht immer gut an. Meine Freundinnen beispielsweise schleppen mich gerne aus dem Haus, nehmen mich mit nach draußen. Tja, was mache ich dann? Eine Verabredung ablehnen, weil man einen Termin mit sich selbst gemacht hat, ist mitunter schwer zu erklären – du musst wohl kurz vor einem Burn-out stehen, wenn du dich mit der Begründung »Ich-Zeit« oder »Zeit-für-mich-allein« zurückziehst. Meine Empfehlung: Mache es trotzdem.

Clarissa Pinkola Estés schreibt in ihrem Buch *Die Wolfsfrau:* »In früheren Zeiten wurde das Wort »allein« ausschließlich im Sinne von »all eins« verstanden. ›All eins‹ zu sein bedeutete, ganz zu sein, eins mit dem All, sowohl zeitweilig als auch essentiell. Genau darum geht es beim gesuchten Alleinsein: All-Einssein zu empfinden.« Sich hin und wieder zurückzuziehen, kann eine heilsame Wirkung haben. Das Grundrauschen des Alltags fällt weg, und du kannst dich dir selbst nähern. Du kannst dir selbst beim Denken zuhören. Es gibt nichts Schöneres, als allein durch eine andere Stadt zu streunen oder an einem unbekannten Strand entlangzulaufen, anonym und losgelöst vom Alltag. Mir gibt es Raum, meine Gedanken zu ordnen, mich auf meine wahren Sehnsüchte und Bedürfnisse einzulassen und mir der leisen Signale meines Körpers oder Geistes bewusst zu werden. Manchmal verliere ich mich auf diese Weise in tiefen philosophischen Gedankengängen – ein andermal passiert, von dem tiefen Gefühl der Freiheit mal abgesehen, nichts Besonderes. *Die Zeit, die du mit dir selbst verbringst, lädt deine Batterie auf. Wenn du dir täglich fünfzehn Minuten Zeit nur für dich nimmst, beispielsweise für einen kleinen Spaziergang oder um irgendwo in Ruhe zu sitzen, wirst du feststellen, dass du näher zu deinem Kern, zu deinem Ursprung kommst.* Ich beginne auch meine Arbeitstage gern alleine. Am liebsten bin ich die erste halbe oder ganze Stunde zu Hause, ich erledige dann das, was mir besonders wichtig ist, und überlege mir, worauf ich mich an diesem Tag konzentrieren werde, bevor ich mich »ausliefere« und mit anderen verbinde. Eine andere Lieblingsbeschäftigung: allein ins Kino zu gehen. In der Dunkelheit, in der Stille ist Gesellschaft gar nicht nötig. Nichts ist so schön, wie sich in eine Geschichte zu vertiefen und dann versunken in die eigenen Gedanken nach Hause zu radeln, ohne die Meinungen und das Drumherum von anderen. Für persönliches Wachstum und ein Leben voller Erfüllung finde ich es wichtig, dass ich mich wohl mit mir selbst fühle und mich in gleichem Maße mit anderen wohlfühle. Spiritualität handelt häufig davon, Energie zu empfangen, es ist aber genauso wichtig, in der Lage zu sein, sich gegen Energie abzuschotten. Ich reagiere beispielsweise extrem sensibel auf den externen Reiz von Geräuschen. Ich verfolge in einem Restaurant zehn Gespräche gleichzeitig, höre Ticken, Murmeln und Piepen durch jede Geräuschkulisse hindurch. Ich erinnere mich noch, wie ich in Los Angeles zum ersten Mal einen Kopfhörer mit aktiver Rauschunterdrückung aufgesetzt habe. Es war eine Offenbarung, ich fand es großartig. »Ich brauche nie wieder andere Leute zu hören!«, sagte ich euphorisch zu dem jungen Verkäufer im Apple-Shirt, der bloß die Stirn runzelte. Aber so meinte ich es gar nicht: Ich fand und finde es wunderbar, die Wahl zu haben, meinen eigenen Gedanken nachzugehen, auch wenn ich mich im wahrsten Sinne des Wortes gerade nicht zurückziehen kann.

Zum Schluss, und offiziell ist dies kein echter »Shortcut«, weil deine Situation es vermutlich nicht zulässt, dass du jetzt sofort in einen Zug oder ein Flugzeug einsteigst: Ich empfehle dir von ganzem Herzen, einmal allein zu reisen. Eine fremde Umgebung erleben, als Radar nur deine eigenen Sinne, Überzeugungen, Gefühle und Gedanken. Mir zumindest hat das die Sicherheit gegeben, sozusagen ein stabiles Fundament, dass ich mir ausgezeichnet selbst Gesellschaft leisten kann. Es stärkt das Vertrauen in die eigene Stimme, führt zu einer tieferen Selbsterkenntnis und einen durch nichts beeinträchtigten Kontakt mit der eigenen Intuition – gerade durch die Konfrontation mit einer fremden Umgebung scheint das schneller und intensiver möglich. Ob das nun eine Woche in Melbourne mit Mitte zwanzig oder eine Reise durch Island war. Oder in den letzten Jahren: allein durch Tokio zu streifen oder für eine Weile in Los Angeles zum Schreiben zu sein – für mich waren all diese Erfahrungen inspirierend, reinigend und klärend. Und ja, alleine reisen kann unangenehm sein. Es ist mit einer Art sozialem Stigma behaftet:

Hast du niemanden, der dich begleitet? Ach je, sie ist allein in einem Restaurant … Damit muss man umgehen können. Wie ich am Anfang dieses Kapitels schrieb, liegt das hauptsächlich an der Verwechslung von Alleinsein und Einsamsein. Dem Unterschied zwischen Gleichgewicht und Ungleichgewicht – in deinem Inneren. Ich bin auch gern mit anderen unterwegs, was superviel Spaß macht und eine andere Dynamik besitzt. Diese beiden Arten des Reisens miteinander zu vergleichen, trifft jedoch nicht das, was ich in diesem Abschnitt vermitteln möchte. Hier einige wertvolle Aspekte des Alleinreisens: Man lernt neue Menschen kennen, denen man sich so zeigen kann, wie man ist, frei von jeglichen Annahmen und Projektionen anderer. Das befreit dich von der »sozialen Staubschicht«, die jeder von uns im Laufe der Zeit ansammelt, gewollt oder ungewollt. *Es funktioniert wie eine Art Seelenreinigung, ein solches Treffen an einem unbekannten Ort und in einem neuen Kontext, es putzt dein ursprüngliches Selbst sauber.*

Es ist ein wahres Geschenk zu merken, dass du dich selbst unterhalten, trösten, unterstützen und führen kannst. Wenn man nicht in Gedanken versunken den Reisebegleitern hinterherschlendern kann, muss man zwangsläufig wachsamer und aufmerksamer sein. Die Sinne sind einfach »wacher«. Wenn du nicht von einem Gespräch abgelenkt wirst, schmeckst du das Essen besser, das Wasser fühlt sich anders an, wenn du dich endlich entschlossen hast, reinzuspringen, du nimmst die Geräusche des Morgens wahr, wenn niemand neben dir schnarcht. Falls dich eine Fernreise nicht anspricht, wie wäre es dann mit einer Übernachtung oder einem Wochenende in einer anderen Stadt? Probiere es einfach mal aus.

<><><><><><><><><><><><><><><><><><><><><><><><><><><><><><><><><><><><><><><>

// ICH HABE EINEN KLEINEN GARTEN IN MEINEM HERZEN

Es gibt ein Zitat von Cheryl Strayed über das Alleinsein, in dem ich mich wiedererkenne. Sie schreibt: »Alleinsein war in meinem Empfinden immer ein realer Ort, als wäre es kein Zustand des Seins, sondern ein Raum, in dem ich mich zurückziehen konnte, um ganz ich selbst zu sein.« Dieser Ort tief in dir, wo es keine Urteile, keine Zeit und keinen Schmerz gibt, hat viele Namen. Einige Lehrer nennen es deinen inneren stillen Raum. Oder: deinen inneren heiligen Raum. Ich selbst bevorzuge folgende Bezeichnung, auch wenn sie kitschig klingen mag, »der kleine Garten in meinem Herzen«. Für mich ist es ein sehr angenehmes Bild, ich stelle mir einen von Mauern gefassten, überwucherten englischen Garten mit wilden Blumen, knorrigen Bäumen und hohem Gras vor, in dem ich liegen kann, um in den klaren blauen Himmel zu schauen. An miesen Tagen ist es hilfreich, solch einen Ort zu visualisieren. Bilder können manchmal helfen, zu einem Ort in unserem Inneren zu gelangen, wo wir allein sein können, auch wenn wir nicht wirklich allein sind.

// DEN SCHMERZ AUSSITZEN

Den Sturm vorbeiziehen lassen
und das Strandgut der Seele sammeln

Manchmal überfällt uns ein mieser Tag wie ein plötzlich aufziehendes Unwetter, mit Blitz und Donner und allem Drum und Dran. Das Leben kann unerwartet gemein wehtun, nahezu unerträglich. Ich habe mir früher durchaus in solch schmerzvollen Augenblicken aus vollem Herzen gewünscht, der Boden möge sich auftun und mich verschlingen, bloß damit es aufhört, und zwar auf der Stelle. Für diese Augenblicke habe ich ein einfaches Mantra mit drei Worten: Den Schmerz aussitzen. Genau wie bei einem Gewitter, wenn man nirgends anders hin kann. Als ob man von den eigenen Gefühlen eingeschneit wurde.

Einfach weiter atmen und die Gefühle zulassen. Das ist alles. Es kommt vor, dass ich das Unwetter in jeder Faser meines Körpers spüre, ich sitze mit dem Schmerz einfach da und atme ruhig weiter, tief ein und wieder aus. Ich habe keine andere Wahl. Und bei jedem Atemzug versuche ich präsent zu sein. Nicht weil sich das komfortabel anfühlt – im Gegenteil, es ist ziemlich unkomfortabel. Dies ist absolut keine schöne Übung. Sie ist jedoch nützlich und heilsam. Und ich weiß, dass es mir später leidtut, wenn ich sie nicht mache. Schmerz zu betäuben oder wegzudrücken, hat keinen Sinn. *Akuten Schmerz nicht rauszulassen, hat die gleiche Wirkung wie einen toten Fisch irgendwo wegzuschließen. Früher oder später merkst du von selbst, wie blöd die Idee war, das Ganze fängt nämlich furchtbar an zu stinken.* Den Schmerz aussitzen – gelegentlich ist das deine Aufgabe, wenn du einen schlechten Tag hast. Und dann ist es erledigt. Vor Kurzem wurde ich von einer Welle aus Wut und Scham überrollt, ein Gefühlscocktail, den ich besonders hasse. Die Welle traf mich hart, marterte meinen Körper: Meine Wangen brannten wie Feuer, es fühlte sich an, als ob Lava in meine Brust strömte. Währenddessen fing ich an abzuwaschen, um mir die Zeit zu vertreiben. Mit einem Schamgefühl bis in die Fingerspitzen steckte ich meine Hände ins Abwaschwasser. Was sollte ich sonst machen? Es ist ja doch da.

Den Sturm vorbeiziehen zu lassen, ist nichts anderes als deine Gefühle ihren Job machen zu lassen. Mittlerweile weiß ich, dass ich mich darauf verlassen kann: Irgendwann lässt der Schmerz nach. Genau wie der Regen vorbeizieht und der Schnee schmilzt. Irgendwann ist der Höhepunkt des Sturms vorbei. Wind und Regen lassen nach. Auf einmal wird es wieder heller. Sicherer. Es sind zwar ein paar Dachziegel weggeflogen und hier und da ein Ast abgebrochen, aber das Haus steht noch, und der Baum ist noch da. Dann ist es an der Zeit zu überlegen, wie es wohl weitergeht, aber das Schlimmste ist vorüber.

// EIN BISSCHEN DISZIPLIN

Du tust es für dich

Traurig, aber wahr: Disziplin wurde mir nicht in die Wiege gelegt. Durchsetzungsvermögen, das habe ich: Wenn mich etwas begeistert, dann arbeite ich dafür unermüdlich, fleißig und hart. Wenn ich aber von etwas nicht auf Anhieb den Nutzen sehe … Tja, dann muss ich mich schon sehr anstrengen, um mit Motivation bei der Sache zu bleiben. Ich beneide Menschen mit eiserner Disziplin. Der Vater meiner Kinder hat reichlich davon: Wenn er sich etwas vorgenommen hat, dann betrachtet er das als Projekt und nimmt es mit Hingabe in Angriff. In dem Jahr, in dem unser erster Sohn geboren wurde, machte er mal eben einen MBA-Abschluss, schloss neben seinem Vollzeitjob eine intensive Yogalehrerausbildung ab und brachte sich mittels YouTube das Gitarrespielen bei. Als wir noch ein Paar waren, haben wir uns manchmal darüber gestritten: Je besessener er morgens seine Yogamatte ausrollte und seine Asanas übte, umso besessener drehte ich mich im Bett noch einmal um. Disziplin kommt dem Wunsch nach einem erfüllten Leben sehr zugute. Meditation, Achtsamkeit, Selbsterkenntnis: Das alles erreicht man nicht von selbst. *Disziplin erfordert Übung. Und Hingabe. Disziplin ist Hingabe. So übernimmst du Verantwortung für dich und das Leben, das du führen möchtest.* Disziplin ist einer der Hauptbestandteile eines leichteren Lebens, darüber hinaus harmoniert sie gut mit einigen anderen Tugenden, die uns an miesen Tagen nützen. Beispielsweise mit Vertrauen: Selbst wenn du noch nicht weißt, was dein höheres Ziel ist und/oder, ob du es je erreichen wirst, Disziplin sorgt dafür, dass du dich vorwärts bewegst. Das geht einher mit dem Vertrauen in das, was du tust, dem Glauben, dass du einen Beitrag zum großen Ganzen leistest, für dich und die Welt. Die Grundlage ist das Vertrauen in die bekannte kleine Lebensweisheit – der Weg ist das Ziel. Oder anders gesagt: »It's not about the destination, it's about the journey.«
Manchmal verschwende ich kostbare Zeit damit, mir die Nägel zu lackieren, Instagram zu checken, Bücher nach Farben zu sortieren oder meine Möbel umzustellen, dabei hätte ich auch etwas Anderes, Größeres, Wichtigeres machen können. Ein Mangel an Disziplin vermittelt einem an miesen Tagen ein schreckliches Gefühl, gerade dann könnte man Willensstärke gebrauchen, um sich wieder zum Licht zu drehen. Das ist einer der Gründe dafür, warum ich dir in diesem Buch so viele verschiedene Shortcuts an die Hand gebe: Sie alle sind niedrigschwellig angelegt und unterstützen dich dabei, in Bewegung zu kommen. Ein bunter Strauß an Möglichkeiten. Das Schöne ist, Willensstärke und Disziplin kann man trainieren, und ich meine es buchstäblich: Der Bereich in unserem Gehirn, der die Willensstärke ansteuert, wird durch Üben stimuliert. Das sind gute Neuigkeiten, denn so lohnt es sich immerhin, es zumindest zu versuchen. Ohne Disziplin handelst du letztendlich auf Basis dessen, was du bereits kennst und kannst. So kommst du natürlich nie weiter.

83

Das Geheimnis einer gesunden Disziplin lautet: Die Energiebilanz muss stimmen, das, was du investierst, muss im Gleichgewicht sein zu dem, was es dich kostet. Wenn dein Antrieb ausschließlich dein Ego ist, beispielsweise weil du dir Gedanken darüber machst, was die anderen von dir denken, wenn du zu wenig Sport machst oder den Termin nicht einhältst, kostet dich Disziplin mehr, als sie dir bringt. Nämlich deine Entspannung, dein Sozialleben und deine geistige Gesundheit, um nur einige Beispiele zu nennen. *Ein durchtrainierter Körper ist schließlich keine Sammeldose für die Anerkennung, Bewunderung und Wertschätzung deiner Umgebung. Eine gesunde Disziplin vermittelt dir vielmehr ein gutes Selbstwertgefühl, ein Ziel und ein Gefühl von Zufriedenheit.*

Bei mir sorgt eine Kombination aus Eigenverantwortung, Selbstmitgefühl, einem höherem Ziel und Vertrauen dafür, dass ich diszipliniert bleibe. Mit anderen Worten: Ich treffe bewusste Entscheidungen und bin bereit. Bereit, dafür zu arbeiten, bereit, etwas dafür aufzugeben. Ich vergebe mir, sollte es nicht klappen, und schaue mir an, warum es nicht geklappt hat. Ich weiß, wofür ich es tue, ich folge einem Punkt am Horizont, ich weiß also, warum Handeln für mich wichtig ist. Ich vertraue darauf, dass ich, falls ich vom Weg abkommen sollte, jederzeit zurückkehren kann, und dass ich dahin komme, wo ich hin möchte, auf eine Weise, die gut für mich ist und zu einem Zeitpunkt, der für mich richtig ist. So brauche ich das alles an miesen Tagen nicht mehr anzuzweifeln.

84

WÄHLE DEINE GEGNER

★

// KEIN KARMA-GEJAMMER MEHR

Ein großes Konzept zugänglich gemacht

Du kennst bestimmt die Redensart »wie man in den Wald hineinruft, so tönt es heraus«. So könnte man Karma beschreiben und irgendwie auch wieder nicht. Es ist nämlich komplizierter und vor allem auch subtiler.

An miesen Tagen wird dem Konzept des Karmas häufig ziemlich Gewalt angetan. Karma wird dann oftmals als Ventil für negative Gefühle missbraucht. In erster Linie geht es dann um Bestrafung, Gerechtigkeit und Vergeltung. Wie eine Karma-Kanone, die negative Schwingungen auf andere feuert mit Aussagen wie »Karma ist eine Schlampe«. Mit anderen Worten »du wirst deinen Lohn noch kriegen« beziehungsweise »Unrecht schlägt den eigenen Herrn«. Beliebt sind Karma-Ausreden aus der Reihe »Karma hat mich dazu gebracht« oder »nun, ich hatte noch eine kosmische Rechnung zu begleichen«. Sehr populär ist auch das klassische Karma-Gejammer: »Womit habe ich das verdient?«

All das verleiht dem Karma zu Unrecht ein mieses Image. *Denn in Sanskrit bedeutet Karma so etwas wie »Aktion« oder »Handlung« und bezieht sich einfach auf das universelle Gesetz von Aktion und Reaktion. Wenn man einen Stein ins Wasser wirft, verändert sich die Wasseroberfläche. Jede Handlung, egal wie groß oder klein, bewirkt etwas.* Negativität zieht Kreise der Negativität, Positivität setzt sich positiv fort. Das ist eine Tatsache, hinter der sich nichts weiter verbirgt. Es ist kein Urteil, keine Strafe und keine Belohnung. Es ist eine reine Beobachtung dessen, was da ist. Im Großen und Ganzen kann man Karma so sehen: Was du heute tust, reicht in die Zukunft. Mit all deinen Worten, Taten und Gedanken säst du, was noch kommen wird. An miesen Tagen reicht folgende Einsicht völlig aus: Du bekommst das zurück, was du aussendest. Das ist eine logische Konsequenz, das Gesetz der Gegenseitigkeit. Nur ist Karma kein Gericht, das urteilt und bestraft.

Du kannst dein Karma die Richtung ändern lassen, das macht Karma zu einem mächtigen Werkzeug. Wenn du es schaffst, deine Gedanken in eine andere Richtung zu lenken, beispielsweise indem du dir selbst oder anderen vergibst, Mitgefühl mit dir selbst oder anderen empfindest, kannst du das sogenannte »negative« Karma wieder ins Gleichgewicht bringen. Wenn all deinen Handlungen die Absicht liebevoller Freundlichkeit zugrunde liegt, kommt das Karma nicht von außen, sondern von innen.

Und nein, das heißt nicht, dass kein Ärger mehr deinen Weg kreuzt oder dass andere dich nie wieder nerven oder verletzen werden. Es bedeutet allenfalls, dass du Resilienz und Flexibilität entwickelst, um immer besser damit umzugehen.

Wir reagieren häufig unbewusst und auf Basis dessen, was wir gelernt haben. Auf diese Weise hat man jedoch keine Kontrolle. Wenn du dir deiner Handlungen und Aktionen hingegen bewusst bist, schaffst du für dich neue Möglichkeiten. Konkret heißt das: Wenn du dir ein anderes Ergebnis wünschst, musst du dementsprechend eine andere Aktion ausführen. So einfach ist das.

Wenn du (noch) nicht in der Stimmung für Selbstreflexion bist und einfach nur wütend oder enttäuscht sein möchtest, leg Karma am besten zur Seite. Karma als Schwert kann schnell sehr gemein sein: Es mag sich gerechtfertigt anfühlen, du kannst dich jedoch fragen, wer letztendlich »eine Lektion lernt«. *Gefühle wollen gefühlt werden, aber dies muss nicht immer mit Konsequenzen oder einer Handlung verbunden sein. So sehr wir es uns auch wünschen, in der Regel haben wir keine Ahnung von der Komplexität des kosmischen Geflechts, zu dem wir gehören.* Tu, was sich richtig anfühlt, und vertraue darauf, dass sich das große Ganze ohne deine persönlichen Eingriffe ausbalanciert.

Der US-amerikanische Bestsellerautor Stephen R. Covey fasste einen Lehrsatz des Psychiaters und Holocaust-Überlebenden Viktor Frankl, von dem wir viel über Resilienz und Gerechtigkeit lernen können, in folgende prägnante Worte: »Zwischen Reiz und Reaktion gibt es einen Raum. In diesem Raum haben wir die Freiheit und die Macht, unsere Reaktion zu wählen. In unserer Reaktion liegen unser Wachstum und unsere Freiheit.«

Karma ist keine Entschuldigung dafür, sich selbst oder anderen Schaden zuzufügen. Lass es gehen. Karma ist eine Sache des Vertrauens: Wenn du auf reine und liebevolle Weise handelst, ohne Erwartungen und ohne Gejammer, wirst du früher oder später die Früchte ernten können.

87

// LOVING KINDNESS

Warum ist liebevolle Güte wichtig?

Weißt du, was wirklich jeden miesen Tag ein bisschen leichter machen kann? Was universell ist und immer und überall funktioniert? Liebevolle Güte. Loving Kindness. Sie ist die Antwort auf alles.

Das Prinzip der liebevollen Güte kommt von Metta, der Bezeichnung für die buddhistische Meditationspraxis der Sanftheit und Freundlichkeit. Die hochverehrte buddhistische Heilige Guanyin – der Name bedeutet so viel wie »sie, die die Töne des Leidens in der Welt wahrnimmt« – ist die Verkörperung dieser Lebenskunst. Wahrscheinlich hast du schon mal ein Bild von ihr gesehen: Sie hat tausend Arme, und diese Arme sind voller Freundschaft, Mitgefühl, Empathie, Vergebung, Gnade und Trost. Guanyin hat so viele Arme, dass sie alle umarmt. Wirklich jeden. Auch die Verlierer, Verbrecher, Gestrauchelten und Versager sowie alle Menschen mit einem miesen Tag.

Liebevolle Güte zu praktizieren, ist nicht einfach. Was auf dem Papier simpel aussieht, ist in der Praxis manchmal schwer, besonders wenn man einen schlechten Tag hat und man jedem, der einen nervt, am liebsten einen Tritt verpassen möchte. An miesen Tagen finde ich es manchmal schon ärgerlich, wenn im Supermarkt jemand gegen meinen Einkaufswagen stößt. Aber zum Glück kann man sich in der Praxis der liebevollen Güte entwickeln, man kann sie lernen, genau wie Radfahren und Schnürsenkelbinden. Wenn sie zu deiner Grundhaltung wird, wird alles im Leben ein wenig leichter. Es ist ein wirksames und heilendes Mittel gegen Groll, Scham und eine ganze Reihe weiterer negativer Gefühle. Indem du liebevolle Güte übst, entwickelst du Mitgefühl und Empathie für dich selbst und für andere und für all die blöden Sachen, die du tust und die sie tun. *Metta beinhaltet nämlich auch: Einzusehen, dass jeder so seine Fehler hat. Die anderen versuchen auch nur, ihr Leben zu leben. Und anstatt sie anzuschnauzen oder wegzuschieben und damit einen Teufelskreis von Missstimmung aufrechtzuerhalten, legst du in Gedanken einen Arm um sie.* Lege auch einen Arm um dich. Mein Metta-Hobby in einem vollen Supermarkt? Wenn jemand ächzend und seufzend in der Schlange hinter mir steht, trete ich anmutig beiseite und lasse ihn vor. Das kostet nur ein paar Minuten, die ich leicht verschmerzen kann. Es bringt mir immer ein Lächeln ein. Ein ganz alltägliches Beispiel für einen simplen, freundlichen Akt, der auch uns selbst die Tage leichter macht.

Metta kann man nicht nur lernen und sich darin weiterentwickeln, es ist uns auch angeboren. Ganz gleich, wie zynisch man über die Menschheit denken mag, wenn man sich die Nachrichten oder sogar die eigene Umgebung ansieht: Im Grunde sind wir alle liebevolle und fürsorgliche Wesen. Wirklich. Wir kümmern uns. Wenn wir sehen, dass jemand Schmerzen hat oder traurig ist, haben wir dann nicht alle die Neigung, spontan Hilfe anzubieten? Das ist ein Urinstinkt.

Aus einem unerfindlichen Grund gibt es gegenwärtig Tendenzen, Freundlichkeit gelegentlich als Schwäche anzusehen: Als würde man sich damit klein machen, untertänig sein, und überhaupt, als ob man nichts Besseres zu tun hätte. Schließlich wären wir alle sehr beschäftigt und verletzt und müde, das sollten die anderen bitte schön auch berücksichtigen. Freundlichkeit und Güte kommen heutzutage immer weniger vor. Wir wollen effizient, ungehindert und ungestört durch den Tag kommen.

Liebevolle Güte verändert die Perspektive: Damit wird nichts schöngeredet oder unter den Tisch gekehrt. Es bedeutet zu sehen, was da ist, wahrzunehmen, ohne gleich ein Urteil oder eine Handlung damit zu verbinden, sondern sich darüber Gedanken zu machen: Was kann ich dazu beitragen, was ist weise, positiv und liebevoll?

Es funktioniert in beide Richtungen: Menschen, die liebevolle Güte praktizieren, können im Allgemeinen besser mit Rückschlägen oder Enttäuschungen umgehen. Sie sind seltener niedergeschlagen oder deprimiert, weil sie spüren, immer eine Wahl zu haben. Immer eine Option, die sich leicht anfühlt.

Gelingt es mir, rund um die Uhr liebevoll und freundlich zu sein? Keineswegs. Ich radle schimpfend durch Amsterdam, wenn vor mir mal wieder unachtsame Touristen auf dem Radweg spazieren gehen. Nach einem anstrengenden Tag höre ich *Killing in the Name Of* von der Band *Rage Against The Machine* – insbesondere die Passage »F*ck you I won't do what you tell me!«. Es wäre ja noch schöner, wenn ich täte, was andere mir vorschreiben wollen. Ja, das gibt es also auch in meinem Leben, und es darf auch da sein. Inzwischen besinne ich mich aber öfter als früher, behalte auch mal etwas für mich. Und ich wende Metta auf mich selbst an: Ich lasse mir selbst liebevolle Güte zuteilwerden.

In einer idealen Welt würden wir über Ärgernissen und Rückschlägen stehen. Doch leider leben wir nicht in einer idealen Welt. Manchmal muss man erst eine negative Energie überwinden, um zu einer liebevollen Handlung zu kommen. Wut, Eifersucht und Angst sind oft Hinweisschilder Richtung Metta. Sie zeigen, wo es noch Reibung gibt und wo Potentiale für Verbesserung und Erleuchtung liegen. Eins weiß ich sicher: Je mehr du liebevolle Güte praktizierst, desto leichter wird es, Mitgefühl zu erlangen. So, als ob du eine Autobahn von deinem Herzen zu deinem Kopf bauen würdest, über die du den Wechsel von mürrisch zu freundlich immer schneller hinbekommst.

89

EINE METTA-ÜBUNG

Setze dich ruhig und entspannt hin. Sorge dafür, dass es warm genug ist und du dich wohlfühlst. Schließe dann die Augen. Stelle dir jetzt jemand anderen oder dich selbst als kleines Kind vor – unbefangen, rein, unwissend und verletzlich. Nimm dieses Kind auf den Schoß und tröste es. Betrachte die andere Person und dich selbst als Lernende, beide mit der euch eigenen natürlichen Ohnmacht und Unfähigkeit. Das wirkt mildernd auf Abneigung oder Gereiztheit. Letztendlich macht es keinen Unterschied, ob du freundlich zu anderen oder zu dir selbst bist. In unserer Menschlichkeit und hinter all unseren Masken sind wir doch alle aus demselben Sternenstaub gemacht. »Möge alles, was lebt, glücklich sein. Mögen meine Gedanken, Worte und Handlungen zu diesem Glück beitragen.« Und ich habe gelernt, hinzuzufügen: »Einschließlich mir.« Der buddhistische Lehrer Jack Kornfield drückte es 2017 in einem Interview mit Melvin McLeod für die Website Lionsroar.com folgendermaßen aus: »Der Kreis des Mitgefühls ist nicht vollständig, wenn eine Person ausgeschlossen wird. Weißt du, wer diese Person ist? Du selbst. Buddha sagte: Du kannst das ganze Universum absuchen, du wirst kein Lebewesen finden, das es mehr verdient, geliebt zu werden, als derjenige in deinem eigenen Haus – du.«

METTA-MEDITATION

Es gibt verschiedene Varianten der Metta-Meditation, daher ist es besonders wichtig, die für dich passende Form zu finden, und diese zu üben. So wie im Werkzeugkasten ein Hammer, in der Küche Besteck und im Bad ein Pümpel nicht fehlen darf, so gehört Metta zur Grundausstattung eines jeden, der leichter leben möchte. Die Sätze auf der gegenüberliegenden Seite sind ein guter Ausgangspunkt. Du kannst sie laut aussprechen, leise vor dich hin murmeln oder aber innerlich klingen lassen. Ich mache das oft, wenn ich einen Raum zwischen einer (negativen) ersten und einer überlegteren zweiten Reaktion schaffen möchte, oder wenn ich Mitgefühl und Hilflosigkeit fühle. Oh, noch etwas zu dem »möge«. Ich empfinde es als eine schöne, passende Übersetzung des englischen »may« – sollte es auf dich zu feierlich oder gehoben wirken, tausche es einfach gegen ein anderes Wort. Die Absicht bleibt die gleiche. Sie ist sehr kraftvoll und wesentlich.

Als Erstes richtest du deinen Blick nach innen. Sage zu dir:
Möge ich glücklich sein.
Möge ich gesund sein.
Möge ich beschützt sein.
Möge ich unbeschwert leben.

Jetzt denkst du an jemanden, der dich zum Lächeln bringt.
Das kann ein geliebter Mensch oder eine Kollegin sein –
jemand, der eine positive Präsenz in deinem Leben hat.
Mögest du glücklich sein.
Mögest du gesund sein.
Mögest du beschützt sein.
Mögest du unbeschwert leben.

Anschließend denkst du an jemanden, dem du neutral gegen-
überstehst, der dich gleichgültig lässt, weil du ihn oder sie nicht
wirklich kennst: Den Zugbegleiter, jemanden, der dich mit dem
Fahrrad überholt, eine Bekannte einer Bekannten.
Mögest du glücklich sein.
Mögest du gesund sein.
Mögest du beschützt sein.
Mögest du unbeschwert leben.

Dann denkst du an jemanden, über den du dich ärgerst, der
etwas Negatives in dir hervorruft. Taste dich heran und denke
nicht gleich an einen Erzfeind, sondern übe zuerst mit jeman-
dem, den du schwierig findest. Du kannst dies später vertiefen.
Mögest du glücklich sein.
Mögest du gesund sein.
Mögest du beschützt sein.
Mögest du unbeschwert leben.

Im letzten Schritt dehnst du deine guten Wünsche auf alles aus,
was lebt: Menschen, Tiere, Natur.
Möge alles und jeder glücklich sein.
Möge alles und jeder gesund sein.
Möge alles und jeder beschützt sein.
Möge alles und jeder unbeschwert leben.

WILDGÄNSE

Du brauchst nicht gut zu sein.
Du brauchst nicht Hunderte von Meilen auf
Knien durch die Wüste zu rutschen,
um Buße zu tun. Du solltest bloß das weiche
Tier deines Körpers lieben lassen, was es liebt.
Erzähl mir von deiner Verzweiflung,
und ich erzähle dir von meiner.
Derweil nimmt die Welt ihren Lauf.
Derweil ziehen die Sonne und die klaren Kiesel
des Regens über die Landschaften,
über die Prärien und die tiefen Wälder,
die Berge und die Flüsse.
Und die Wildgänse ziehen hoch oben in
der klaren blauen Luft wieder heimwärts.
Wer immer du bist, ganz gleich wie einsam,
die Welt öffnet sich dir und deiner Vorstellung,
ruft dich wie die Wildgänse,
rau und aufregend – und verkündet
immer wieder aufs Neue deinen Platz
in der Familie aller Dinge.

DEIN LIEBER KÖRPER
&
DIE MIESEN TAGE

93

// DAS WEICHE TIER IN DIR

Warum Berührung an miesen Tagen so wichtig ist

Ich hatte mal einen Masseur, der erzählte, er habe regelmäßig Kunden ohne bestimmte körperliche Beschwerden. Sie kämen nicht zu ihm, um sich einen Muskelkater wegmassieren zu lassen oder Rückenschmerzen vorzubeugen, es ginge ihnen schlichtweg um die Berührung selbst, um das Gefühl von Haut auf Haut. Es ist bekannt, dass Berührung für Babys und Kinder essentiell ist, berührt werden ist die Voraussetzung für eine stabile Bindung zu den Eltern und eine gesunde emotionale Entwicklung. Doch für Erwachsene ist es ebenso wichtig, berührt zu werden. Nur scheint dies in unserer Kultur etwas in den Hintergrund, ja in Vergessenheit, geraten zu sein. Jemanden bei einem Gespräch die Hand auf den Arm zu legen oder einen Fremden zu umarmen: So etwas ist nicht ohne Weiteres okay.

Wie man berührt werden möchte, ist natürlich eine sehr persönliche Angelegenheit. Du solltest dir aber irgendeine Form des Körperkontakts erlauben, bei der es nur um Verbindung geht. Die Lyrikerin Mary Oliver schreibt in ihrem Gedicht *Wildgänse* über »das weiche Tier in deinem Körper«, dieses Bild finde ich wunderschön und anrührend zugleich. Unser Körper als weiches Tier, instinktiv, ursprünglich, rein, voller Leben, ohne Ego oder sonstiges Brimborium. Der vollständige Satz lautet: »Du solltest bloß das weiche Tier deines Körpers lieben lassen, was es liebt.«

Die Haut ist das größte Organ, das wir haben, und Berühren ist einer unserer Sinne. *Katzen können sich völlig dem Kraulen hingeben, Affen sind stundenlang damit beschäftigt, sich gegenseitig zu lausen, und auch der menschliche Körper entspannt sich durch Berührung. Eine warme Hand auf der Haut, gekämmt zu werden oder eine feste Umarmung sind oft wirksamer als ein Schmerzmittel oder eine andere betäubende Substanz.* Berührung spendet Trost, beruhigt, verbindet, entspannt, gibt uns Energie. Berührung ist eine Urkraft. Ich habe manchmal regelrecht Berührungshunger: In so einem Fall springe ich beispielsweise mitten in der Nacht ins Auto und fahre in eine andere Stadt, um mich an den schlafenden, atmenden Körper meines Freundes zu schmiegen. Es ist ein pures Verlangen, mich manchmal anzukuscheln, ganz ohne weitere Absichten. Ich spiele immer mal wieder mit der Idee, eine Art Tinder-App für Schlafende entwickeln zu lassen, für Leute wie mich, die sich einfach mal anschmiegen möchten und sonst nichts. Berührung macht sich auch in Studien gut: Sie hat zum Beispiel eine blutdrucksenkende Wirkung, setzt Oxytocin frei, auch bekannt als Kuschel-Hormon, und senkt den Cortisolspiegel, also den Gehalt des sogenannten Stresshormons im Blut. Berühren stimuliert das Immunsystem, erhöht das Gefühl von Sicherheit und Geborgenheit, stärkt das Selbstvertrauen und das positive Gefühl sich selbst gegenüber. Außerdem ermöglicht es uns, in unserem Körper anzukommen. Nicht zu vergessen: Berührung ist reiner Balsam für die Seele.

Aber nicht jeder von uns hat ohne Weiteres Zugang zu Berührung. Gerade an miesen Tagen ist es nicht ungewöhnlich, wenn man den Touchscreen des Handys häufiger berührt, als einen anderen Menschen.

Eine Massage ist eine extrem gute Idee, wenn du dich mies fühlst, und sei es nur für dein mentales Wohlbefinden. Oder umarme deine Freunde. Ich gehe im Redaktionsbüro manchmal zu unserer Büroleiterin Simone. Sie hat immer offene Arme für eine feste Umarmung. Das ist einfach nur schön und fühlt sich so vertraut an. Das kommt nicht oft vor, aber manchmal muss es einfach sein. Nach Möglichkeit solltest du ungezwungenem und natürlichem Körperkontakt nicht aus dem Weg gehen, lass ihn unverkrampft zu und genieße ihn. Ein Arm, ein Bein, egal. Sorge dafür, dass du körperliche Intimität auch ohne Sex erleben kannst.

◇◇

// EINE EXTRADOSIS OXYTOCIN FÜR DICH

Hast du an miesen Tagen bisweilen keine Lust auf andere Menschen? Umarme dich selbst, egal wie blöd oder albern das klingt. Einfach die Arme überkreuzen und deine Oberarme reiben. Dein Verstand muss nicht notwendigerweise Zustimmung geben, du darfst dir dabei ruhig lächerlich oder bemitleidenswert vorkommen, dein Körper wird es dir trotzdem danken. Alternativ: Reibe dich von Kopf bis Fuß mit einem schönen Körperöl ein. Lass das weiche Tier deines Körpers wissen, dass alles wieder gut wird.

95

// EINE MANDARINE AUF DEINER BRUST

Wie deine Haltung deine Stimmung verbessern kann

Eine Mandarine auf der Brust, einen 100-Irgendwas-Schein zwischen den Pobacken und ein Faden an der Schädeldecke – so wurde mir einst im Ballettunterricht das Aufrechtstehen beigebracht. Probiere es mal aus: Es ist eine stolze, kraftvolle Haltung. Nicht selten sieht man es anderen ein bisschen an, dass sie einen miesen Tag haben: Hängende Schultern, sie sitzen nach vorne gebeugt, den Blick starr auf einen Bildschirm gerichtet. Oder sie gehen irgendwo mit gesenktem Blick und schleppendem Gang, ihre Arme wirken wie zwei nass gewordene Baguettes. Diese zusammengekauerte Haltung passt irgendwie und ist auch tröstlich, besonders wenn man auf der Couch oder im Bett liegt. Die Embryonalstellung ist einfach super bequem, trotzdem – eine aufrechte Haltung einzunehmen kann deiner Stimmung einen Schubs in die richtige Richtung geben. Gelegentlich fordere ich Freunde, die sich den schweren Mantel der gemeinen Schlappheit umgelegt haben, liebevoll auf: »Los, hoch mit dem Sandsack!« Es hilft, du kannst deinen Körper zu deinem Vorteil arbeiten lassen. Denke nur mal an Sprüche, wie »Kinn hoch« oder »Rücken gerade«. Na, alles klar?

Natürlich musst du nicht den wackeren Soldat geben, wenn du dich überhaupt nicht danach fühlst, dein Körper kann dir jedoch real Unterstützung bieten. Und sei es nur, um buchstäblich leichter und geschmeidiger durch den Tag zu gehen. Es geht hierbei nicht um die Außenwelt, obwohl eine positive Körpersprache die Wirkung mieser Tage drastisch entkräften kann – man strahlt schlichtweg eine andere Energie aus. Sondern es geht um dich und um deine Innenwelt. *Dein Körper als angenehmes, federndes und komfortables Fahrzeug für die Seele macht das Leben leichter, anstatt mit ihm wie auf einem Fahrrad mit hölzernen Reifen über das Kopfsteinpflaster des Lebens zu donnern.*

Es gibt jede Menge Erkenntnisse und Informationen darüber, wie man sich als eher steifer Typ eine bequeme, natürliche Haltung erarbeiten kann. Trotzdem tut es nicht not, sofort an ein rigoroses Fitnessprogramm oder super-intensives Yogatraining zu denken, wenn du deine Körperhaltung verbessern möchtest. Es ist schon ein Schritt in die richtige Richtung, sich der Rolle des Körpers im Körper-Geist-Seele-Trio bewusst zu werden. Erinnerst du dich, dass wir über den dreibeinigen Hocker gesprochen haben, von dem jedes Bein gleich stark sein muss, um dem Leben Gleichgewicht zu verleihen? Geist, Seele, Körper: Der Körper ist eines dieser Beine, die es dir ermöglichen, in Balance zu sein. Darüber hinaus lebt es sich einfach leichter in einem Körper, der an einen gesunden Wechsel von Bewegung und Entspannung gewöhnt ist: Das Blut kann fließen, die Muskeln können das tun, was sie tun sollen, die Knochen sind da, wo sie hingehören, die Organe haben ausreichend Platz und nichts ist verkrampft. Deine Atmung wird natürlicher, leichter. Noch ein Vorteil: Deine Kleidung sitzt besser, wenn du aufrecht stehst, plus dein Körper fühlt sich besser an. Das hat nichts mit Konfektionsgrößen oder mit Schönheitsidealen zu tun. Versuche zu verkörpern, wie du dich innerlich fühlst beziehungsweise fühlen möchtest. Gib deiner Seele ein schönes Zuhause: weich, stark und vertraut.

LIEBE DEINEN KÖRPER

Weißt du, was ich außerdem an der Metapher, den eigenen Körper als »weiches Tier« zu betrachten, wertvoll finde? Es verdeutlicht, warum es so wichtig ist, nett zu ihm zu sein und gut auf ihn aufzupassen. Viel zu oft tun wir unserem Körper regelrecht Gewalt an. Wir zwängen ihn in Formen, strapazieren ihn unter dem Motto »Mind over Body« über, auch wenn er längst mitteilt, nicht mehr weitermachen zu wollen, so manches Mal ignorieren wir seine Signale, bis er schließlich nicht mehr kann. Kümmere dich um deinen Körper, wie du dich um ein kleines, weiches Tier kümmern würdest. Streichle ihn. Ernähre ihn gut. Gib ihm Raum zum Atmen. Hege und pflege ihn. Bürste ihn. Und vor allem urteile nicht über ihn. Ich weiß, wie schwierig das sein kann. Ich war auch nicht immer freundlich zu meinem Körper. Ich habe ihm falsches Essen gegeben oder mir leidenschaftlich gewünscht, er wäre anders, als er ist. Inzwischen kann ich aufrichtig zu ihm sagen: Danke, mein Körper, danke für deine herrliche Unvollkommenheit, für deine Schrullen und für deine Liebe. Ich werde meinem Körper nie wieder Gehorsam abverlangen. An miesen Tagen kann es hilfreich sein, den eigenen Körper mit Würde und Respekt zu behandeln. Körper und Geist gehören zusammen, sie spiegeln einander. Es ist nicht zu viel verlangt, sich zumindest die Haare zu waschen und saubere Kleidung anzuziehen. An miesen Tagen kann es verlockend sein, den Körper zu vernachlässigen oder zu ignorieren. Es spricht auch nichts dagegen, dem Körper Ruhe zu gönnen, sich mit Futter für die Seele zu verwöhnen und es ansonsten entspannt angehen zu lassen. Aber lass es nicht außer Kontrolle geraten. Es kann nämlich sehr schnell sehr bequem werden, den Körper links liegen zu lassen, nur dass diese bequeme Lösung letztendlich gar nichts löst. Im Allgemeinen macht es miese Tage nicht wirklich leichter.

Mach dein Vergnügen

zur

PRIORITÄT

98

// KURZ MAL ÜBER SEX

Der Teil, den meine Brüder vermutlich überspringen möchten

Ich wünschte, ich hätte viel früher so viel und ungehemmt über Sex gesprochen und Sex so erlebt wie in den letzten Jahren. Anscheinend muss man dafür erst dreißig werden, oder es passt zufällig zu meiner persönlichen Entwicklung, wie auch immer: Es hat mir viel Gutes gebracht, mir meine sexuelle Energie mehr zu eigen zu machen. Ich bin in diesem Bereich weder prüde, noch habe ich schlechte Erfahrungen gemacht. Dennoch habe ich angefangen, Sex auf eine andere Art und Weise zu erleben – eine Entwicklung, die ich auch bei zunehmender Übungspraxis in anderen Bereichen sehe.

Sex ist ein sensibles Thema. Ich habe ein gesundes Selbstwertgefühl, doch auch ich habe mich manches Mal gefragt, wie attraktiv ich noch war, sexuell gesehen. Wenn du, wie in meinem Fall, zwei Kinder bekommen hast, mit einem Geburtsgewicht weit über dem nationalen Durchschnitt, dann weißt du, dass man nicht unversehrt davonkommt. Wenn ich mich ausziehe, kann man an meinem Körper buchstäblich den Strichcode meines Lebens ablesen, und es wird keinem persönlichen Trainer oder plastischen Chirurg gelingen, daraus wieder ein unbeschriebenes Blatt zu machen. Ob ich meine Kinder gegen einen Pornokörper eintauschen wollte? Nein, natürlich nicht – ich bin dankbar für alles, was dieser Körper kann und hervorbringt. Intelligente Unterwäsche wirkt Wunder, aufrecht gehen übrigens auch. Trotzdem, wenn ich nackt bin, fühle ich mich sehr nackt, wenn du verstehst, was ich meine. Und so hat jeder Körper seine Geschichte, und hin und wieder meint unser Ego, daran etwas ändern zu müssen.

Mich von der Unsicherheit darüber befreien zu können, war für mich ein wichtiger Schritt in Richtung Dinge so zu akzeptieren, wie sie sind, auch wenn es »nur« eine subtile Verschiebung der Energie betraf. *Sex ist etwas, das zu uns gehört. Wir sind sexuelle Wesen. Männer wie Frauen. Sex ist gut für den Körper, gut für unsere Energie und tut darüber hinaus auch der Seele gut.* Natürlich gibt es dafür einige Spielregeln: Auf keinen Fall solltest du etwas gegen deinen Willen tun, sich gegenseitig verletzen ist ebenso tabu und nie die eigene Gesundheit auf Spiel setzen. Guter Sex betäubt nicht, er erweckt vielmehr etwas zum Leben. Sexuelle Energie ist eine Kraft, die an miesen Tagen die Situation völlig verändern kann. Gerade dann kann es besonders schön sein, jemanden zu lieben, Energie fließen zu lassen, die Kontrolle abzugeben und sich selbst und den eigenen Wünschen sehr nahe zu sein. Und wenn du keinen Liebhaber oder keine Geliebte hast – was soll's, du hast ja noch dich selbst. Sexuelle Energie ist Lebensenergie, kreative Energie, tantrische Energie, und vor allem ist sie auch ein wichtiger Teil unserer Identität. Wir sollten sie uns nicht versagen, denn die Flamme brennt in jedem von

99

uns, und sei sie noch so klein. Sex verursacht dieses Kribbeln im Unterbauch, das dazu angetan ist, etwas Positives in Gang zu setzen.

Wenn du beim Thema Sex unsicher bist oder albern wirst, solltest du erkunden, warum das so ist. Wenn ich mich selbst betrachte, ging der Weg in die Freiheit Hand in Hand mit dem Loslassen dessen, was der andere von mir erwartet hat oder erwarten könnte. *Eins ist sicher, beim Sex geht es nicht um Perfektion: In der Hitze des Augenblicks ist es wirklich egal, ob du vorteilhaft daliegst oder ob die Wimperntusche verläuft. Beim Sex geht es gerade darum, Unvollkommenheiten zuzulassen, also um die Fähigkeit, nackt, verletzlich und authentisch zu sein, mit sich selbst oder mit jemand anderem zusammen.* Sex ist eine spirituelle Übung, die genau darauf abzielt. Sexy sein an schlechten Tagen ist natürlich ein heikles Thema: Mein Körper braucht dann nicht unbedingt »Theater«, geschweige denn, dass ich meine dicken Socken und meine rosa Kuscheljacke »loslassen« möchte. Aber es gibt auch genug Momente, für die ich meinem jeweiligen Lebensabschnittsliebhaber dankbar bin, weil ich mit ihm die Gelegenheit hatte, meine sexuelle Energie fließen zu lassen. Die Endorphine, die beim Sex freigesetzt werden, wirken wie ein natürliches Schmerz- und Beruhigungsmittel. Sex ist einfach eine großartige Möglichkeit, sich zu entspannen und dabei auch noch Spaß zu haben, zumindest, wenn man Lust dazu hat. Mir war es wichtig, dies anzusprechen. Und jetzt erkunde es für dich selbst. Räum deinem Vergnügen Priorität ein!

100

// SCHLAF IST HEILIG

Einer der drei Heiligen an miesen Tagen

Wenn die Shortcuts in diesem Handbuch auf einer Top-wie-viel-auch-immer-Liste stünden, würde es Schlaf zweifellos in die Top Ten schaffen. Der Zusammenhang von weniger guten Tagen und einem schlechten Schlafzyklus ist so unmittelbar, so offensichtlich und so bedeutsam, dass Schlaf einer der wichtigsten Shortcuts zu einem leichteren Leben darstellt. *Wenn ich mich nicht wohlfühle, launisch, lustlos oder deprimiert bin, schaue ich mir so ziemlich als Erstes meinen Schlaf der letzten Tage bezüglich Schlafdauer und -qualität an. Und ich kann darauf wetten, dass die vergangenen Nächte zumindest durchwachsen waren.*

Da ich jahrelang problemlos und tief schlafen konnte, dauerte es eine Weile, bis ich dahinterkam, welche Verbindung zwischen meinem inneren Frieden und meinem Schlafzyklus besteht. Noch vor ungefähr zehn Jahren konnte ich überall und jederzeit schlafen: auf dem Boden eines Flughafens, in lauten Hostels, auf einer durchgesessenen Couch. Alles kein Problem. Aber diese Zeiten sind vorbei. Ich weiß jetzt, was Schlaflosigkeit und Schlafentzug sind. Und welche Wirkung beides darauf hat, wie ich mich fühle. Dieses Wissen bewahrt mich an miesen Tagen manchmal davor, endlos zu grübeln, warum ich mich so elend fühle. Denn ich weiß jetzt: Ich muss nur ein paar Nächte gut schlafen. Wie du schläfst, ist wie du lebst.

»Einfach ein paar Nächte gut schlafen«, ich weiß, das klingt leichter als es ist. Besonders dann, wenn der Kopf sehr beschäftigt oder der Körper voller Unruhe ist, fällt es uns häufig schwer, loszulassen und sich dem Schlaf hinzugeben. Manchmal empfinden wir Schlaf sogar als eine unerwünschte Unterbrechung eines geschäftigen Lebens, man hat schließlich schon genug zu tun. Vielleicht doch lieber noch ein Glas Wein, ein bisschen zappen, oder schon mal ein paar berufliche E-Mails beantworten, als wertvolle Zeit an Schlafen zu verschwenden.

Essen, atmen, schlafen: Dies sind die drei heiligen Hauptbestandteile deines Erste-Hilfe-Koffers für Ungemach. Wenn mich ein Freund voller Panik, mit Trauer oder wegen einer Enttäuschung anruft, ist folgender Ratschlag, außer zuhören natürlich, nahezu das Einzige, was immer Sinn macht: Achte darauf, dass du weiter isst, so ruhig und tief wie möglich atmest und (gut) schläfst. Dies sind unsere Grundbedürfnisse an guten und erst recht an weniger guten Tagen.

Wie viel Schlaf du brauchst, hängt von deinen persönlichen Lebensumständen ab. Im Allgemeinen verteilt man einen Tag jedoch in drei Blöcke von etwa acht Stunden: acht Stunden Arbeit/Aktivität, acht Stunden Entspannung/Ernährung und acht Stunden Ruhe. Schlaf ist ein Teil des natürlichen Tageszyklus, also dann, wenn die Sonne untergeht und der Mond am Himmel steht. Nicht nur Menschen, sondern auch Tiere und Pflanzen schlafen. Sogar die Erde schläft. Es ist der ewige Rhythmus, in dem wir uns bewegen: Auf und Ab, Ebbe und Flut, Tag und Nacht, Anstrengung und Ruhe.

Aus wissenschaftlicher Sicht hängt unser Schlaf stark vom geistigen und körperlichen Wohlbefinden ab. Das hängt mit der Funktionsweise unseres Gehirns und der Selbstheilungskraft unseres Körpers zusammen. Um gesund und belastbar zu sein, müssen wir unserem Körper die Möglichkeit geben zu schlafen, und zwar zusammenhängend sowie mehrere Stunden lang. *Wusstest du, dass auch unsere Seele nachts ruht? Im Islam, in einigen jüdischen Strömungen sowie in anderen spirituellen Kreisen heißt es, die Seele kehre nachts zu ihrer Quelle zurück. Ob man nun vom Schöpfer, einer höheren Macht oder dem Licht spricht, stell dir einmal vor: Die Seele lädt sich über Nacht auf, um am nächsten Morgen »aufgeladen« zu ihrem Körper zurückzukehren.* Deswegen ist in vielen Religionen das Morgengebet ein Dankgebet – die Seele ist zurückgekehrt, und es gibt einen neuen Tag. Ist es nicht eine faszinierende Vorstellung, man würde jede Nacht an ein mystisches Ladegerät angeschlossen?

In diesem Zusammenhang finde ich es interessant, dass man nachts göttliche Eingebungen haben kann. »Eine Nacht darüber schlafen« oder »etwas unter das Kopfkissen legen« sind keine blöden Ausreden. Im Gegenteil, es ist wirklich eine gute Idee, etwas eine Nacht zu überdenken. Unser Unterbewusstsein arbeitet die ganze Nacht weiter, sodass wir tatsächlich mit einer Entscheidung oder einer Lösung aufwachen können. So wie ein Computer nachts seine Updates ausführt, tut dies unser internes System auch. Schlafen ist an miesen Tagen ein besonders wichtiger Beitrag zur Selbstfürsorge.

Du solltest die gleiche Aufmerksamkeit, die du deinem Arbeitsplatz und den Orten, an denen du dich entspannst, zuteilwerden lässt, auch dem Ort widmen, an dem du schläfst. »Den sieht man ja eh nicht«, ist nur ein Teil der Wahrheit: Ein Schlafzimmer, in dem man sich gern aufhält, bietet dir Raum für echte Entspannung und an miesen Tagen einen sicheren Hafen.

- Gönne dir eine gute Matratze und schönes Bettzeug. Als ob du jeden Abend in ein Hotelbett schlüpfst, so angenehm sollten sich das Laken, die Bettwäsche und das Bettzeug anfühlen.
- Mache morgens dein Bett, damit du abends ein Bett vorfindest, das du gern aufschlägst. Ein Bett, das dich einlädt und sich anfühlt, als ob sich jemand (du selbst), um dich gekümmert hätte.
- Sorge dafür, dass dein Schlafzimmer kühl und gelüftet ist. Nichts ist so deprimierend, wie im eigenen Muff zu liegen.
- Lege deine technischen Geräte in einen anderen Raum. Es bringt wirklich etwas.
- Ein Fernseher im Schlafzimmer ist eine ganz schlechte Idee, sowohl wegen der Strahlung als auch wegen der Ablenkung. Auch Bücherschränke beziehungsweise offene Schränke gehören eigentlich nicht ins Schlafzimmer. Das sind »aktive« Elemente, sie haben in einem Schlafzimmer mit eher in sich gekehrter Energie nichts zu suchen.

102

- Die niederländische Feng-Shui-Spezialistin Nina Elshof erzählte mir etwas Interessantes: Wir bevorzugen den größten Raum als Schlafzimmer und die kleineren Räume als Arbeits- oder Kinderzimmer. Dabei sollte man eher das Gegenteil tun: Große Räume können besser als Arbeitsbereich genutzt werden, hier möchte man Platz um sich haben und der Energie Raum geben. Die kleineren Räume wirken eher wie ein Kokon und haben eine klar umrissene Funktion: Ruhe.
- Wenn es dein Tagesrhythmus/Tagesablauf erlaubt, versuche mit dem Lauf der Sonne schlafen zu gehen und aufzustehen.
- Eine halbe Stunde vor dem Schlafengehen sollst du die Reize in deiner Umgebung abmildern. Also zum Beispiel das Licht dimmen und die Musik etwas leiser machen.
- Sorge dafür, dass es nachts wirklich dunkel ist. Ich selbst schlafe mit einer Schlafmaske, unter anderem deswegen, weil sie mich davor bewahrt, bei leichtem Schlaf die Augen zu öffnen.
- Wenn mein Kopf sehr beschäftigt ist, höre ich gerne ruhige Meditations-Musik. So habe ich etwas, auf das ich mich richten kann. Musik, die sogenannte »Delta-Wellen« enthält, ist für mich zum Schlafen am angenehmsten. Diese Schlafklänge haben eine sehr niedrige Frequenz und scheinen das Gehirn irgendwie zu beruhigen. Delta-Wellen werden mit einem besonders erholsamen Tiefschlaf in Zusammenhang gebracht. In Meditations-Apps findest du deinen Soundtrack zum Einschlafen.

// WARUM ES BESSER IST, EINFACH AUFZUSTEHEN

Der Morgen ist freundlicher als du denkst

Ich weiß: An einem miesen Tag aufzuwachen, ist keine Feierstunde. Der Tag liegt wie eine lange, vereiste Pfütze vor dir. Und wieder ein grauer Tag. Zwölf lange Stunden, die man überbrücken muss, bevor man die Bettdecke wieder über den Kopf ziehen und in einen tiefen Schlaf versinken darf. Ich gebe es sofort zu: Auch ich bin kein Morgenmensch. Ich bin Weltmeisterin im Schlummermodus drücken, noch mal umdrehen und rausschieben. Jahrelang habe ich auf diese Weise meine Tage sabotiert und mir selbst die Stimmung vermiest, erst jetzt, wo ich eine (Art) Morgenroutine entwickelt habe, kann ich zurückblicken und feststellen: Was für eine Energieverschwendung.

Ich war davon überzeugt, dass ich mir durch das Liegenbleiben etwas Ruhe gönnte, außerdem war ich davon überzeugt, diese Pause verdient zu haben. In Wahrheit bewirkt es das Gegenteil davon: Man muss sich abhetzen und stolpert in den Tag, wenn man zu lange im Niemandsland zwischen Schlafen und Wachwerden verweilt. Ein bisschen länger im Bett zu bleiben kostet letztendlich mehr Energie, als es bringt. Für mich gab es diesbezüglich übrigens keine Erleuchtung, keinen Augenblick à la »und dann sah ich das Licht«. Die Wahrheit ist: Ich bin mehr oder weniger zufällig zu dieser Einsicht gekommen. Ich bekam Kinder. Als sie klein waren, musste ich wohl oder übel aufstehen, wenn sie riefen. Als das nicht mehr nötig war, konnte ich nicht mehr so richtig lang ausschlafen. Zuerst nannte ich es »verlernt«, inzwischen nenne ich es »gelernt«.

Das Licht des frühen Tages ist äußerst wohltuend für die Seele. Der Morgen trägt das Versprechen »neue Runde, neues Glück« in sich, und wenn man sich darauf einstellen kann, gibt einem das eine besondere Art von Energie für den ganzen Tag. In einigen Büchern wird empfohlen, um fünf oder halb sechs aufzustehen. Für mich persönlich ist das einfach zu früh, und ich bewundere diejenigen, die das können. Es gibt aber auch eine sanftere Variante, die dir gefallen könnte. Der Ausgangspunkt ist: Eine Stunde früher aufstehen, als man aufstehen muss. Oder eine halbe Stunde. Man kann auch probehalber mit fünfzehn Minuten anfangen.

Wofür du diese zusätzliche Zeit nutzen wollen solltest, ist, deine Gedanken zu beruhigen. Sobald wir aufwachen, beginnt unser Gehirn zu arbeiten: »Was muss ich heute tun« oder »Mit wem bin ich verabredet« sowie »Was wird mir begegnen und was erwarte ich?« Indem du eine Morgenroutine dazwischenschaltest, die zu deinen Bedürfnissen passt, ersparst du deinem immerzu arbeitenden Geist viel Denkarbeit. Dein Gehirn kann langsam in Gang kommen.

Wie die ideale Morgenroutine aussieht, hängt von vielen externen Faktoren ab: Mit wie vielen Menschen du diesen Morgen teilen musst, ob du einen Job hast, bei dem man erwartet, dass du pünktlich erscheinst, ob du ein Mittagessen vorbereiten musst und auch davon, ob du morgens einen Lockenstab, einen Puderpinsel oder nur ein wenig Wimperntusche zum Einsatz bringen willst. Den »einen« Morgen gibt es eigentlich nicht, jede Routine ist maßgeschneidert. Ich empfehle, zunächst herauszufinden, was die feststehenden To-Dos sind und wie man da etwas Luft reinbringen kann. Dafür gibt es bereits einige allgemeine Vorschläge. Bei der idealen Morgenroutine für die Seele geht es weder um Zeitersparnis noch um Maximierung, sondern darum, präsent zu sein und um ein gesundes Energiemanagement. Vielleicht möchtest du den einen oder anderen dieser Vorschläge ausprobieren:

- Stelle dich vor ein geöffnetes Fenster. Und wen kümmert's, ob die Nachbarn gucken, strecke ungeniert die Arme weit aus, als wärst du Kate Winslet auf dem Deck der Titanic und atme tief ein. Ein tiefer Atemzug mit frischer Luft verbindet dich mit der erwachenden Welt. Dehne und recke dich ein wenig. Der Körper wird es dir danken.
- Überlege dir deine heutige Intention, oder nenne es Absicht, und sprich sie laut aus. Sie wird dich den Tag über begleiten. Die Botschaft muss nicht unbedingt groß oder erhaben sein, geschweige denn poetisch. Vielleicht so etwas wie »Heute nehme ich mir Zeit für mich« oder auch nur ein einziges Wort wie Dankbarkeit. Es kann hilfreich sein, eine Inspirationskarte zu ziehen, diese Karten sind oft feinsinnig, durchdacht und inspirierend. Falls du aber mürrisch bist, ist »den Tag gut überstehen« auch eine prima Tagesintention.
- Iss etwas, das du wirklich essen möchtest, trinke etwas, das du wirklich trinken möchtest. Denke darüber nach. Einfach und schnell muss nicht in Widerspruch zu Nährwert und Qualität stehen. Guter Kaffee, frischer Tee. Leckeres Müsli, frisches Obst. Für deinen Tag kann es entscheidend sein, ob du bloß Kraftstoff einfüllst, oder ob du dich bewusst nährst.
- Lade deine Gedanken herunter: Notiere, was dir wichtig erscheint. Und versuche, dir anschließend einen Moment der Stille zu gönnen, und wenn es nur fünf Minuten sind: Sitzen und NICHTS tun. Ich schwöre auf meine morgendliche Meditation, auch wenn es nur ein kurzer Moment ist.
- Lass dein Handy und andere elektronische Geräte so lange wie möglich in Ruhe. Auf diese Weise bleibst du länger beim Initiieren statt Reagieren. Gerade am Morgen entpuppt sich das als echtes Zeit- und Energiesparschwein. Entscheide zunächst selbst, was du tun möchtest, bevor das Display die Regie übernimmt.
- Kleide dich mit Achtsamkeit, überlege dabei, was du an diesem Tag brauchst, um dich wohlzufühlen. Ich beispielsweise bin schnell gereizt, wenn ich eilig in irgendwelche Kleidung springen muss. Nicht, weil ich mir Sorgen mache, was

andere darüber denken könnten, sondern weil Kleidung meine Energie beeinflusst. Ich brauche weiche Stoffe und ruhige Farben, wenn ich mich konzentrieren muss, ich liebe luftige, verspielte Kleider, wenn ich etwas zu feiern habe.
An Tagen, an denen ich gedankenlos etwas aus dem Schrank ziehe, bin ich un-
aufgeräumt und weniger konzentriert. Wenn ein Pullover ohne Fleck oder ein
Strumpfhose, die nicht dauernd rutscht, einen schlechten Tag abwenden kann,
sage ich: kleiner Aufwand, große Wirkung. Bring außen und innen in Balance.

DIE DUNKELSTE STUNDE
ist immer die
VOR SONNENAUFGANG

// IMMER WEITERATMEN

Vergiss nicht, zu atmen. Bei einem Shortcut wie diesem denkst du vielleicht: »Echt jetzt?« Schließlich braucht man nicht einmal darüber nachzudenken: Atmen, das passiert automatisch. Oder etwa nicht? Ein, aus, ein, aus – solang das geschieht, ist man am Leben. Atmen ist das Erste, was wir tun, wenn wir auf die Welt kommen, und das Letzte, wenn wir wieder gehen. Es ist eine unserer grundlegendsten Aktivitäten: Einatmen, Ausatmen. Dennoch gibt es Atmung und Atmung. Atmen ist mehr, als nur dafür zu sorgen, dass die Organe mit Sauerstoff versorgt werden. *Wie schon der Lehrer und Yogi Max Strom so schön und treffend sagte: »Die Lunge ist der Motor unserer emotionalen Kommunikation. Wir drücken mit unserer Atmung aus, wie wir uns fühlen: gehetzt, aufgeregt, müde oder wütend.«* Deine Lungen haben viel mehr Potenzial, als du zurzeit vermutlich nutzt. Wusstest du, dass die meisten Menschen nicht einmal die Hälfte ihrer maximalen Lungenkapazität ausschöpfen? Es ist eben nicht selbstverständlich, in der Regel atmen wir schnell und flach. Oft füllen wir unsere Lunge nur zu einem Drittel mit frischem Sauerstoff. Und wenn etwas schiefgeht, atmen wir noch schneller und flacher – wir sind dann quasi in Alarmbereitschaft. Zwar ist dann Luft in unserer Lunge, wir nutzen die Frischluft nur keineswegs optimal. Man könnte die Lungen in diesem Zustand mit einem halb aufgeblasenen Flamingo auf einer Poolparty vergleichen. So wird es bestimmt keine tolle Party.

Hast du schon mal erlebt, dass jemand leicht hysterisch war? Völlig aufgelöst vor Panik, Wut oder Angst? In einer solchen Situation ist es verlockend, diese Person, wie im Film, einfach dramatisch mit der flachen Hand zu ohrfeigen. Dieser Impuls hat nicht notwendigerweise mit einem theatralischen oder aggressiven Naturell zu tun, sie ist vielmehr natürlich: Der Schreck, den solch ein unerwarteter Schlag verursacht, lässt den anderen nach Luft schnappen. Und dieser Atemzug ist genau das, was nötig ist, um den hysterischen Anfall zu beenden. Bewahre dich und andere vor einem roten Abdruck im Gesicht, indem du an miesen Tagen einfach noch ein wenig mehr als normalerweise auf deine Atmung achtest.

Beim Atmen geht es – Überraschung – wieder um Gleichgewicht und Ausgeglichenheit. Eine bewusste Atmung bringt dich aus dem Kopf in den Körper, aus dem Gehetztsein in den Ruhemodus. Atmen: Im Hier und Jetzt ankommen und einen miesen Tag abschütteln, kann so einfach sein.

Einatmen – tief, ruhig – und ausatmen, rauspusten, was du nicht mehr brauchst, im wahrsten Sinne des Wortes und im übertragenen Sinne. Ein ruhiger Atemzug bringt dir viel Gutes, dein Körper bekommt mehr Sauerstoff für das, was er tun muss, dein Stresslevel sinkt, Anspannung verwandelt sich in Entspannung.

Sollte es dir schwerfallen, deine Atmung dafür zu nutzen, zur Ruhe zu kommen oder die Kontrolle wiederzugewinnen, kannst du aus einem breiten Angebot von Kursen und Workshops wählen, um dir eine schöne, passende Technik beibringen zu lassen. Es lohnt sich. Einfache Atemübungen können jedoch überall durchgeführt werden, sogar in der Warteschlange an der Supermarktkasse, draußen vor dem Café oder im Falle eines One-Night-Stands sogar hinter der Badezimmertür. Tipp Nummer eins: Atme durch die Nase ein. Sie ist wie geschaffen dafür: Härchen filtern den Staub aus der Luft, außerdem erkennt sie Gerüche, wodurch du die Umgebung bewusster wahrnimmst und dich somit leichter im Hier und Jetzt verorten kannst. Von den fünf Sinnen, die wir haben, verlassen wir uns besonders gern auf das Sehen, Hören und den Tastsinn, dabei ist der Geruchssinn ebenfalls ein wesentlicher Kompass.

Schritt Nummer zwei: Lass deine Atmung in einem natürlichen Tempo allmählich tiefer werden. Bei einem tiefen Atemzug hebt sich die Brust durch die gut gefüllten Lungen, aber auch der Bauch wölbt sich, und die Seiten und Flanken dehnen sich aus. Und dann lässt du diese Luft wieder ausströmen, sanft und ruhig. Wenn du diese einfache, tiefe Atmung zur Routine machst, wirst du feststellen, dass es sich eigentlich um ein derart universelles Werkzeug handelt, dass es neben Wunderschwämmen und magischen Reiben auf jeder Haushaltsmesse verkauft werden sollte. *Eine ruhige Atmung bewirkt, dass du weniger gereizt, weniger »aktiviert«, weniger unruhig oder nervös bist. Positiv formuliert: Du bist entspannter, eine angenehmere Gesellschaft für andere und für dich selbst, aufmerksamer und produktiver.*

Der US-amerikanische Meditationslehrer Davidji, ein wahrer Meister der zugänglichen Vermittlung von Medientechniken, empfiehlt besonders seine 16-Sekunden-Atmung. Diese Technik ist im Werkzeugkasten für miese Tage Gold wert. Sechzehn Sekunden sind überschaubar und leicht zu merken. Laut Davidji ist diese Atmung der ideale Weg, um aus Gedankenkarussells wie »hätte-würde-sollte« auszusteigen – wie wir wissen, ist das an so manchem miesen Tag durchaus ein Thema. Die Kunst besteht darin, kurze Pausen zwischen Einatmen und Ausatmen einzulegen, eine Technik, die auch andere Atemspezialisten praktizieren. Das sind kurze Momente der Hingabe. Die Atemübung funktioniert wie folgt: Atme vier Sekunden ein, halte den Atem vier Sekunden an, atme vier Sekunden aus und halte wiederum vier Sekunden an. Du kannst dir dabei eine Lemniskate vorstellen, das sogenannte Unendlichkeitszeichen. Von außen nach innen, von innen nach außen. Einfach und effektiv. Probiere es gleich mal aus.

109

BLEIB SITZEN, AUCH WENN ES NOCH SO PIEKT

110

// DIE VORTEILE VON WARMDUSCHEN

Trost aus dem eigenen Wasserhahn

Eines der wirksamsten und gleichzeitig oft unterschätzten Allheilmittel wird an miesen Tagen viel zu oft vergessen: die Dusche. Möglicherweise denkst du, dass du eher einen Saunatag brauchst, um dich entspannen zu können. Zweifelsohne ist es schön, von dampfenden Kabinen und Bädern voll Blumenblättern zu träumen, in der Praxis aber gibt es in jedem Haushalt eine Dusche, und jede Dusche eignet sich hervorragend, einen miesen Tag ein wenig leichter zu machen.

Darüber hinaus: Welcher Ort eignet sich an miesen Tagen besser zum Hinsinken als der Badezimmerboden? Die Tür kann man abschließen, es gibt kaum Ablenkung, und die Fliesen sind kühl. Bittet man einen Drehbuchautor einen Nervenzusammenbruch in einem Haus zu visualisieren, kann man sicher sein, dass das Badezimmer als Schauplatz in die engere Auswahl kommt. Man sieht es förmlich vor sich: Die Darstellerin auf dem Boden, mit angezogenen Knien, allein. Genau dort, wo man völlig am Boden ist, wird auch wieder etwas keimen.

Und wenn man schon mal im Badezimmer ist – die Dusche ist in Reich- und Kriechweite. Und wie steht es mit der Badewanne? Ja, die Badewanne hat ein besseres Image. Wir verbinden sie mit Wellness, Entspannung, gemütlich im Wasser liegen, sich Zeit nehmen. Ich habe Stunden und Stunden in der Badewanne verbracht und über die wichtigen Dinge im Leben nachgedacht. Vollständig von warmem Wasser umgeben zu sein, kann sehr tröstlich wirken. Trotzdem sollte man die Dusche nicht unterschätzen. Ich bin sogar davon überzeugt, dass die Dusche an schlechten Tagen die bessere Wahl ist. Schließlich ist es fließendes Wasser, und was man von sich abwäscht, verschwindet sofort durch den Abfluss. Nach einer heißen Dusche fühle ich mich jedes Mal weniger grau, weniger staubig, weniger elend.

Nicht zu vergessen: das Geräusch der Dusche. Fließendes Wasser erzeugt das beruhigendste und natürlichste Geräusch, das es gibt. Es ist »weißes Rauschen«: Ein Klang, der alle erdenklichen Tonhöhen vereint. Das beruhigt das Gehirn, weil es dann nicht mehr zwischen Reizen unterscheidet. *Nicht umsonst gibt es in Geschäften für Esoterikbedarf CDs zu kaufen, auf denen man sich den Klang von Regenschauern in tropischen Regenwäldern anhören kann – eine Dusche leistet das Gleiche, nur live.*

Ein weiteres Plus der Dusche: Sie schenkt uns klare Einsichten. Wenn wir einfach dastehen, während uns das Wasser über die Haut fließt, kommt sowohl das Bewusstsein als auch das Unterbewusstsein in Fluss. Die Ergebnisse verschiedener Studien unterstützen die These, dass das warme Wasser die Produktion des Glückshormons Dopamin fördert und gleichzeitig den Körper entspannen lässt, sodass er automatisch weniger unserer Aufmerksamkeit bedarf. Und damit sind wir beim dritten positiven Effekt des Duschens: Unser Körper wird warm.

111

Eine Vielzahl von spirituellen Lektionen befürwortet das kalte Duschen, was mit Sicherheit ebenso seine Vorteile hat, dennoch sollten wir nicht vergessen, dass heißes Wasser uns viel Gutes tun kann. Wärme regt die Durchblutung an, und an miesen Tagen ist jede Aktivität, bei der mehr Sauerstoff durch den Körper gepumpt wird, mehr als willkommen. Darüber hinaus entspannen sich die Muskeln und Gelenke, wir fühlen uns weniger steif. Die Lungen öffnen sich, nehmen mehr Sauerstoff auf. Die Poren öffnen sich, wir können den Staub abspülen und herausschwitzen, was wir nicht mehr brauchen. Duschen ist ein natürliches Beruhigungsmittel für Körper, Geist und Seele.

Duschen ist ein schönes Ritual für die Seele. *Stelle dir vor, dass alle Sorgen von dir abgewaschen werden und im Abfluss verschwinden. Stelle dir vor, dass all die negative Energie, die dich umgibt, abgerubbelt wird. Fließendes Wasser ist Bewegung, und Bewegung ist Veränderung, und Veränderung bietet Möglichkeiten.* Wasser ist ein Grundelement der Spiritualität: Es ist der Leiter der Energie. Fließendes Wasser bringt alles, was »zu viel« ist, wieder ins Gleichgewicht, beruhigt und entschlackt. Wasser symbolisiert das Gefühlsleben und die Emotionen, es ist die Basis allen Lebens. Und es kommt einfach aus dem Wasserhahn, bei dir zu Hause.

// WEINEN IST EINE ART ENTGIFTUNG

Ich bin eine kleine Heulsuse, aus reiner Selbstfürsorge

Es kommt vor, dass ich mich an miesen Tagen regelrecht danach sehne: so richtig schön dramatisch in Tränen auszubrechen. Ein Heulkrampf erleichtert! Nicht jeder kann Weinen nachvollziehen. Die meisten Menschen können mit Tränen nicht umgehen und werden lieber nicht mit ihnen konfrontiert. Schleunigst wird besänftigt, getröstet, relativiert, weggewischt oder sogar weggeguckt. Weinen ist Kontrollverlust: Es wird als schwach, kindisch, übertrieben oder unangemessen bewertet. Und so ist Weinen in der Öffentlichkeit, insbesondere in unvorhergesehenen Momenten, fast ausnahmslos unangenehm und auch ein bisschen peinlich: »Entschuldige, dass ich weinen muss, aber …« Kennst du das? Du bist in Tränen ausgebrochen, und die anderen wirkten gleich ziemlich erschrocken? Nichts für ungut, aber speziell Männer können manchmal wirklich ahnungslos sein, was Tränen anbelangt. Sie wissen nicht, wie sie damit umgehen sollen. Einerseits ist das biologisch zu erklären. Männer haben weniger von den Hormonen, die mit Tränen in Verbindung gebracht werden. Andererseits ist es kulturell bedingt: Boys don't cry. Männer, die weinen, gelten im Allgemeinen als schwach. Ich schreibe hier nachdrücklich »im Allgemeinen«, weil ich genug Männer kenne, die ihre Gefühle zeigen. Weinen ist auf jeden Fall nichts, bei dem wir locker und entspannt bleiben.
Ich frage mich des Öfteren: Warum können wir Weinen nicht einfach als das akzeptieren, was es ist? Könnten wir nicht vereinbaren, dass jemand, der in Tränen ausbricht, nicht sofort und nicht entschieden mit lieben Worten, angereichten Gläsern Wasser oder verlegenen Umarmungen getröstet werden muss? Ich plädiere dafür, dass wir lernen, entspannter mit dem Weinen umzugehen. Beispielsweise, indem man sich einfach neben jemanden setzt, einen Arm um ihn oder sie legt. Im tiefen Vertrauen darauf, dass es wieder vergeht.

Wir Menschen sind nicht dafür geschaffen, unsere Gefühle langfristig zu unterdrücken. Tränen haben einen Zweck. Sie zeigen, dass der- oder diejenige auf die eine oder andere Weise Hilfe oder Unterstützung braucht. Wenn wir Verletzlichkeit zulassen und sogar zeigen können, geben wir den Menschen in unserer Nähe die Chance, uns wirklich zu sehen. Wenn man seine Gefühle nicht zeigt, und das bedeutet natürlich nicht unbedingt Weinen, sie vor anderen versteckt, richten sie sich nach innen. Und das wiederum verstärkt Einsamkeitsgefühle: Sieht denn niemand, wie ich mich fühle? Nein, das können einem andere oft genug tatsächlich nicht ansehen. Wenn du nicht weinen oder auf andere Weise deine Gefühle ausdrücken kannst, stauen sie sich auf und führen zu Stress, Depressionen oder vielen weiteren miesen Tagen.

113

Darüber hinaus, also unabhängig davon, was andere über Weinen denken oder wie sie damit umgehen, ist Tränenvergießen etwas Großartiges, das man gelegentlich auch prima allein im stillen Kämmerchen tun kann. Tränen sind die Worte oder Gefühle, die man nicht anders ausdrücken kann: Energie aus deinem Herzen und aus deinem Körper, die sich einen Weg nach draußen bahnt. Weinen ist eine reine, natürliche und kraftvolle Art, etwas gehen zu lassen.

Die Wissenschaft konnte bisher keine einmütige Erklärung für den Nutzen emotionaler Tränen finden. Man geht unter anderem davon aus, dass Tränen Stresshormone abbauen und dass sie eine Art natürliches Schmerzmittel enthalten. Die Wissenschaftler wissen es also nicht genau, aber ich mag diese wunderbare Idee, dass unser Körper ein empfindliches Instrument für die Seele ist, mit dem wir das ausdrücken können, für das unserer Ratio die Worte fehlen. Unser Körper kann uns trösten: Der Rhythmus des Weinens, das Schluchzen, das unseren Körper durchbebt, es ist derselbe Rhythmus, mit dem Mütter ihre Babys beruhigen, oder mit dem wir im Bauch unserer Mutter gewiegt wurden. Während wir weinen, trösten wir uns selbst. Ist es nicht wunderbar, dass unser Körper und unsere Seele auf diese Weise zusammenwirken, ohne jede Hilfe von außen?

Ich bin nah am Wasser gebaut. Ich weine vor Rührung, aus Trauer oder vor Ohnmacht, aber ich kann auch vor Wut, aus Dankbarkeit oder Mitgefühl oder einfach vor Glück weinen. Ich habe keine Angst vor Tränen, ich versuche nicht, sie zu unterdrücken, und ich schäme mich nur selten für sie. *Im Großen und Ganzen sind mir meine Erinnerungen an Augenblicke des Weinens viel wert. Nicht weil sie so nett waren. Es ist nicht diese Art von Erinnerungen, von denen man gern Polaroids gehabt hätte, um sie noch einmal hervorholen zu können. Sie sind mir auf andere Art lieb und teuer. Es waren intime Momente, in denen etwas markiert oder transformiert wurde, es waren Momente, in denen ich etwas tief verarbeitet habe und manchmal waren es auch Augenblicke des persönlichen Wachstums.*

Ich erinnere mich an das eine Mal, als ich mit gebrochenem Herzen auf einer Isomatte im Arbeitszimmer von Freunden schlief und mitten in der Nacht tränenüberströmt aufwachte. Wie ich in das Schlafzimmer der beiden ging, er weder genervt noch verwundert war und sie sich mit mir, ohne das Licht anzumachen, unten auf die Couch setzte. Sie wickelte uns in eine Decke und wiegte mich, bis die Tränen versiegt waren, ohne Fragen und ohne Wertung. Ich erinnere mich an Tränen, die mir im Fitnessstudio über die Wangen liefen, als ich mich nach einem intensiven Training dehnte und mein Körper nicht nur die Anspannung meiner Muskeln von der körperlichen Anstrengung losließ, sondern den emotionalen Marathon meines damaligen Lebens gleich mit. Ich weine bei Schulaufführungen, bei Kinderchören und anderen Schulereignissen, weil die Unschuld dieser fröhlich voranschreitenden Kinder, ihre Zuversicht, dass das Leben schön, gut und lustig ist, noch so rein ist. Ich erinnere mich an die Tränen aus meinem tiefsten Inneren, als ich in der Not-

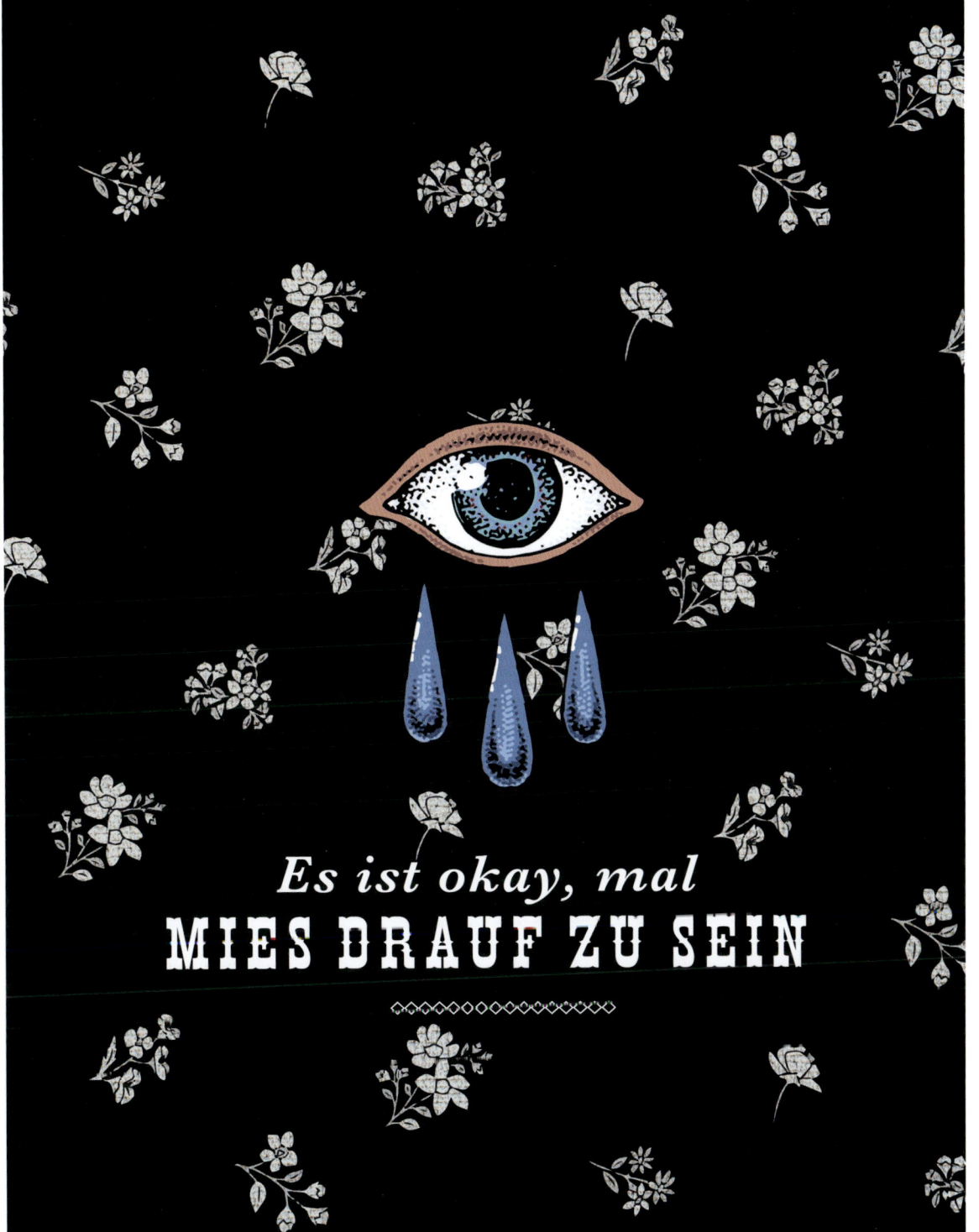

Es ist okay, mal
MIES DRAUF ZU SEIN

115

aufnahme ankam, nachdem ich erfahren hatte, dass mein ältester Sohn, damals sechs, von einem Motorrad angefahren worden war: mein Kind! Ich erinnere mich an heiße Tränen der Wut und des Zorns. Alle Tränen, die ich geweint habe, haben mich auf etwas aufmerksam gemacht oder an etwas erinnert. Tropfen können wie eine Lupe sein, Tränen auch. Sie zeigen uns, was wertvoll, wahr und rein ist.

Übung

Es gibt ein jüdisches Sprichwort: Was Seife für den Körper ist, sind Tränen für die Seele. Manchmal klappt es nicht, das Weinen. Manchmal wusste ich, dass es geschehen musste, dass es mich erleichtern würde. Aber wenn ich mich dann extra dafür hinsetzte, kamen keine Tränen. Null. Dafür hatte ich dieses unterschwellige Gefühl, dass sich etwas seinen Weg nach außen suchte. Kommt dir das bekannt vor? Vielleicht sogar jetzt im Moment? Dann suche dir einen schönen, angenehmen Ort, einen, an dem du dich auch körperlich entspannen kannst: warm und sicher. Mach dramatische Spotify-Musik an. Atme den Kummer nicht weg, atme vielmehr direkt auf ihn zu. Tauche immer tiefer in dieses eine Gesicht, diese eine Situation oder in jenes Gefühl ein. Und wenn die Tränen kommen, atmest du ruhig und tief weiter. Lass deinen Körper einfach machen. Vielleicht ist eine der dramatischsten Kullertränen von Königin Máxima die Ernte des Tages, vielleicht löst sich auch ein krächzender Schrei, einschließlich ein tiefer Schluchzer und geschwollene, rote Augen – nur surfe die Welle aus, bis du wieder an Land stehst. Ein Tränenausbruch dauert nicht ewig, auch wenn es sich in dem Moment so anfühlen mag. Irgendwann verebbt er, auch wenn es nur für eine Weile sein sollte. Weinen verschiebt Energie, wie auf einer Spirale, es bringt dich tiefer und tiefer zum Wesen, zum Kern. Folge deinen Tränen.

◇◇◇

// ANSTELLE VON »GANZ RUHIG«

- **Ich bleibe hier bei dir**
- **Ich warte auf dich**
- **Ich höre dir zu**
- **Ich bin für dich da**

116

// EINE RUNDE UM DEN BLOCK

Gehen ist der Rhythmus der Seele

Ich bin von Natur aus kein Outdoor-Mensch: Ich habe keine Wanderschuhe, keine Hightech-Regenbekleidung und auch keine Armbänder, die Schritte zählen. Ich bin gern drinnen, wo es komfortabel und warm ist. Und doch kam ich dahinter, dass Gehen an miesen Tagen die Seele besänftigen kann. Ganz normales Gehen meine ich, zu Fuß von A nach B zu kommen. Von meinem Haus zum Supermarkt. Eine Runde um den Block. Oder, um es ganz bunt zu treiben, ein Spaziergang durch den Park.

Gehen ist der Rhythmus der Seele, hörte ich einmal jemanden sagen. Es ist eine der ältesten, natürlichsten, einfachsten und zugänglichsten Möglichkeiten, uns von einem Ort zum anderen zu bewegen. Es gehört zu unserem Menschsein. Unser Körper liebt die Trittfrequenz, die Regelmäßigkeit – nicht umsonst gehen die meisten Pilger zu Fuß. Das Gehen selbst ist schon wie ein Gebet. Ich schlug die Einsicht, dass Gehen an miesen Tagen guttut, ziemlich lange in den Wind, bis ich eines Tages vor lauter Unruhe meine dicken Haussocken gegen Sneakers tauschte, Kopfhörer aufsetzte und anfing, meine Wege abzuschreiten. Mittlerweile ist Gehen eines meiner ersten Go-Tos, wenn ich einen schlechten Tag habe. Es ordnet die Gedanken, beruhigt den Körper und besänftigt das Herz. Des Öfteren bekomme ich plötzlich eine Idee oder Einsicht, während ich einen Fuß vor den anderen setze. Man hat nichts anderes zu tun, als zu gehen: Hin oder zurück, gehen muss man sowieso. Das gibt Raum für neue Gedanken.

Trainer, Psychologen und spirituelle Lehrer wie Thich Nath Hanh wissen seit Langem, dass Laufen gut für die Seele ist. Der buddhistische Mönch schrieb mehrere Bücher über das Thema, und der Dokumentarfilm über sein Leben heißt passenderweise *Walk with me*, auf Deutsch *Einfach gehen*. Er sagt: »Das wahre Wunder ist nicht, über Wasser oder durch die Luft zu gehen, sondern einfach auf dieser Erde.« Ich verstehe das so: *Gerade dann, wenn man sich auf das Alltägliche konzentriert, entdeckt man bei jedem Schritt, den man macht, wie wunderbar alles ist. Wie wunderbar einfach.*

Natürlich hat Gehen auch seinen physischen Nutzen. Unser Herzschlag kommt dabei buchstäblich in einen angenehmen Rhythmus, unsere Lunge füllt sich mit frischer Luft, und die Durchblutung ist definitiv besser als nach fünf Stunden Netflix schauen. Dem Gehen werden zahlreiche gesundheitliche Vorteile zugeschrieben. Draußen zu sein gibt uns aber auch im wahrsten Sinne des Wortes Raum. Nichts ist zwischen dir und dem Himmel. Laufen ist eine ideale Metapher für das Leben an sich: den eigenen Weg finden, voranschreiten, Kurven ausfahren …

Und manchmal ist Gehen nichts anderes als negative Energie abschütteln. Die Reisejournalistin und Philosophin Anne Wesseling erzählte in *Happinez* eine Anekdote

Du kannst den Wind nicht ändern,

ABER DIE SEGEL ANDERS SETZEN

über die Inuit: Wenn sie sehr wütend sind, gehen sie mit einem Stock in der Hand aus dem Haus. Sie gehen, gehen, gehen und gehen in einer geraden Linie durch die Landschaft, bis der Zorn nachlässt. Wo immer sie ihre Wut loslassen können, stecken sie den Stock in den Schnee. Ein Zeichen dafür, wie groß ihr Zorn war. Und dann gehen sie nach Hause. Was hältst du von der Idee, statt eines Stockes ein Stück Kreide in die Tasche zu stecken und ein Zeichen auf den Boden zu malen, wenn dich die Wut überkommt?

Wenn Gehen zu dir passt, kannst du daraus eine Lebenseinstellung machen. Wandern hat eine große Fangemeinde mit unzähligen Büchern, Vereinen, Routen und Trainern. Es muss aber nicht gleich superernsthaft oder ganz achtsam und meditativ sein. Erzwinge an miesen Tagen keine großen oder höheren Ziele, wenn dir die Energie oder der Raum dafür fehlt. Sage nicht »Ich werde mindestens zehn Kilometer zurücklegen« oder »Wenn ich zurückkomme, habe ich eine Lösung gefunden«. Bloß nicht. Ziehe dir eine Kapuze über den Kopf, tritt dich selbst in den Hintern und geh einfach los.

//GEHEN VERSUS JOGGEN

Laufen ist ein bewährtes Mittel, um aus einer negativen Stimmung herauszukommen, Gehen beziehungsweise Spazieren ist für den Körper eine sanftere Methode. Wenn du voller Adrenalin bist, kann es empfehlenswert sein, den Körper zu beruhigen, statt weiter zu hetzen. Bei innerer Unruhe oder wenn du dich sehr gestresst fühlst, möchtest du dein Energieniveau sicher nicht noch weiter anstacheln. Außerdem brauchst du für eine Runde um den Block kaum mehr als ein Paar Schuhe und eine Jacke: Du kannst es sofort und überall tun.

Ich möchte dich nicht reparieren.
Ich möchte dir keine Antworten geben.
Ich möchte dich nicht beeindrucken.
Ich möchte nicht, dass du dich änderst.

Ich will dir nur begegnen,
genauso wie du bist, jenseits deiner Geschichten,
deiner Hoffnungen und Träume, deiner Spiele,
deiner Masken, hier und jetzt.

Wenn du durcheinander bist, sei durcheinander, jetzt.
Wenn du Angst hast, habe jetzt Angst.
Wenn du dich langweilst,
lass uns uns zusammen langweilen.
Wenn du vor Wut brennst, lass uns eine Weile
zusammen wütend sein.
Mal sehen, was passiert.
Ich möchte dem begegnen, was wirklich hier ist.

Vielleicht ist dann
großer Wandel möglich.

Jeff Foster

NAHRUNG FÜR DEN KOPF

// AUFGEBEN IST EINE OPTION

Du musst dich nicht ewig weiter quälen

Es kann ein unglaublich schmerzhaftes Dilemma sein, wenn du davon überzeugt bist, schon dein Bestes gegeben zu haben und alle um dich herum, vielleicht sogar du selbst, dich trotzdem anfeuern: Gib bloß nicht auf! Ich bin ein Fan des »Trotzdem-Aufgebens«, so hin und wieder zumindest. Es ist nichts Falsches daran, in einem bestimmten Moment anzuerkennen, dass das, was man sich vorgenommen hat, für einen selbst nicht der richtige Weg ist. Dass es mehr kostet als es bringt und dass man feststellen muss, es trotz aller guten Absichten und ernsthaften Bemühungen, jetzt und auch zukünftig nicht zu erreichen.

Aufgeben kann eine kraftvolle Entscheidung sein. Indem du ehrlich zu dir selbst bist, kann sich deine Verkrampftheit lösen, kannst du dich von vermeintlichen Zwängen befreien. Aufgeben birgt die Chance, Erwartungen und Wertungen loslassen zu können. Das erleichtert enorm! Aber, andererseits … kann man aufgeben und trotzdem weiterkommen? Aber sicher doch! Aufgeben ist nicht das gleiche wie dein Ziel aufzugeben. Es bedeutet vielmehr, dass es an der Zeit ist, das Ziel genauer zu untersuchen, andere Wege zu erkunden und mögliche Umwege zu prüfen. Es ist Zeit für ein Time-Out, eine Auszeit.

Möglicherweise denkst du jetzt, wie bedauerlich. Schade um die ganze Zeit, die ich schon investiert habe, die Energie, die ich bereits darauf verwendet habe, um das Geld und den ganzen Aufwand. Schade um den schönen Traum. Das Ganze hat natürlich auch mit dem Zeitgeist zu tun, in dem die Machbarkeit von Glück und Erfolg so dominant ist: Wir meinen einen Anspruch auf das zu haben, was wir möchten. Die Realität hingegen ist viel unberechenbarer und nur schwer fassbar.

Nicht selten befeuert unser Ego den Wunsch, durchhalten zu wollen. Manchmal merken wir das gar nicht mehr. Wenn du es herausfinden möchtest, kannst du dir beispielsweise folgende Fragen stellen: Kommt mein Antrieb hierfür von innen oder von außen? Ist dies etwas, das ich erreichen möchte oder das ich erreichen sollte? Wie würde es sich anfühlen, wenn ich es loslasse? Was würde an seine Stelle treten?

Wahrscheinlich kennst du die erschütternden Geschichten der Mount Everest-Kletterer, die um jeden Preis den Gipfel erreichen wollen. Mit allerletzter Kraft erreichen sie den höchsten Punkt. Sie haben es geschafft: Jetzt ist es »vollbracht«, endlich offiziell ein Held, eine echte Kämpfernatur. Die meisten Kletterer sterben jedoch nicht auf dem Weg nach oben, sondern auf dem Weg nach unten. Die Energiereserven sind erschöpft, der Sauerstoff verbraucht, das Ziel erreicht. Auf diesem gnadenlosen, grausamen Berg sterben die meisten Kletterer nicht etwa aufgrund eines tödlichen Unfalls oder widriger Wetterbedingungen, sondern insbesondere aufgrund extremer Erschöpfung, infolge der sie sich nicht auf das einstellen können, was es nach dem Gipfel noch zu bewältigen gilt.

Ausdauer ist in unserer Kultur ein hohes Gut. Man findet viele »inspirierende« Zitate zum Thema: »Sieger geben nie auf und wer aufgibt, siegt nie« oder »Schmerz ist akzeptabel, Aufhören nicht!« oder »Leiden und leben wie ein Champion!«. Das ist natürlich Unsinn. *Logisch, Ausdauer ist wichtig. Manchmal muss man sich noch über das hinaus vorantreiben, von dem man dachte, dass es in einem steckt – Wachstum funktioniert häufig genau auf diese Weise: Versuchen, versuchen und nochmals versuchen. Die Kunst besteht jedoch darin zu erkennen, wann man sich in eine Sackgasse manövriert hat.* Man sollte nicht wie ein dicker Brummer gegen die Scheibe eines geschlossenen Fensters fliegen, ohne überhaupt das Glas zu sehen. Oh, übrigens, ich weiß sehr gut, wie sich das anfühlt. Ich musste diese Lektion unendlich oft in der Liebe und darüber hinaus in so gut wie allen anderen Lebensbereichen lernen.

Du, und nur du allein weißt, ob die Energie zwischen Geben und Empfangen im Gleichgewicht ist. Aufgeben erfordert Selbstprüfung und die Fähigkeit (an-)zu erkennen, was ist. Es ist manchmal schmerzhaft und unschön festzustellen, dass die Energie stagniert und man an einem toten Punkt angekommen ist. Sich von einem Traum oder Ziel zu verabschieden, ist eine Form von Trauer. Erlaube dir, wütend oder enttäuscht zu sein. Dieser Nebel löst sich wieder auf, und dann ist dort auf einmal Raum. Raum für etwas Neues, etwas Besseres.

123

// JAMMERN FÜR FORTGESCHRITTENE

Meckern, maulen und mosern

Das Leben findet immer wieder einen Dreh, unfreundlich zu uns zu sein. Tatsächlich gibt es kein Entrinnen vor den Ärgernissen dieser vorübergehenden und irdischen Existenz: Man kriegt Falten, wird enttäuscht und verliert, was einem lieb ist. Selbst wenn man mit Gleichgesinnten in einer großen Gemeinde auf einem Berg ein autarkes Leben führen würde, bliebe man von Rückschlägen und Gegenwind nicht verschont. Das Leben ereignet sich nun mal, schön und nicht schön. Sich darüber zu beschweren ist daher ziemlich sinnlos – es ändert per Definition nicht viel an dem, was passiert.

Trotzdem, ausgiebiges Jammern hat auch seine guten Seiten. Schon allein deshalb, weil es sehr anstrengend ist, immer kontrolliert, ausgeglichen und zivilisiert zu sein. Von Zeit zu Zeit muss man mal was loswerden. Oh, wie gut kann es sein, Dampf abzulassen. Alles, was einen stört, nervt, kränkt, verletzt, trifft und irritiert, muss gelegentlich wie negative Elektrizität entladen werden. Gönn dir hin und wieder genussvolle Stunden, ich nenne sie »Quality Time«, mit dem berüchtigten M-Trio, auch bekannt als meckern, maulen und mosern.

Besonders charmant ist es nicht, das Jammern. Und wenn man es nicht zumindest einigermaßen strukturiert, ist es das Gegenteil von konstruktiv. Timing und Realitätssinn sind hier gefragt. Trotzdem finde ich es manchmal schlichtweg herrlich. Einfach mal die Luken aufmachen und raus mit all dem muffigen Wehklagen, um Platz zu schaffen für frische, saubere Luft. *Jammern ist nicht per se sinnlos, schließlich kann es als Entladung fungieren von allem, was irrational, melodramatisch, unbegründet, kindisch, unvernünftig und unsinnig ist.* Man könnte es mit Unkrautjäten in unserem geistigen Garten vergleichen: Unkraut wächst, ob man will oder nicht, und wenn man nicht aufpasst, überwuchert es alles und nimmt dem, was man wachsen lassen möchte, das Licht.

Diese meckernde, maulende und mosernde Stimme muss sich gelegentlich Gehör verschaffen. Manchmal ist es geradezu peinlich, ihr zuzuhören, ein andermal sogar ziemlich lustig, dann wieder erfüllt es einen mit Selbstmitleid und im besten Fall hört man sich selbst zu und denkt: Oh, das ist es also, was mich wurmt? Vielleicht hörst du dein inneres Kind, das zwar gelernt hat, was sich gehört, jetzt aber so richtig ungerecht aufmucken will. Vielleicht begegnest du deinem fürsorglichen Ich, das der Meinung ist, du hättest besser auf dich aufpassen können. Und möglicherweise findest du, wenn du in der Asche deines Jammeranfalls stocherst, eine wunderbare Einsicht.

Jammern legt den Finger auf den wunden Punkt. Es ist eine Art mentaler Frühjahrsputz. Drehe von Zeit zu Zeit den Papierkorb in deinem Kopf um und sortiere, was darin enthalten ist: Welcher Gedanke ist es wert, gespeichert zu werden, welcher gehört woandershin und welcher kann einfach weg? Es tut gut, das Organisieren der Gedanken mit körperlicher Aktivität zu kombinieren: auf einem großen Bogen Papier rumkritzeln, ein Kissen knautschen, Pappe zerreißen, ein Stück laufen.

Jammern für Fortgeschrittene in der Praxis

- Belästige andere nicht endlos mit den drei M's. Es ist schön, sich bei jemand auszuheulen, achte jedoch auf Timing und Ort. Geburtstagsfeiern, Kollegen und Kolleginnen während der Arbeit, ein Fremder im Zug: Möglicherweise sind das nicht die passenden Augenblicke und auch nicht das richtige Publikum.
- Miss dein Jammern und Klagen immer an den Fakten und der Realität. Man kann leicht aus der Kurve fliegen, wenn man das Gaspedal ganz durchtritt. Gas weg, runterschalten, und vor allem rechtzeitig bremsen.
- Mache Jammern nicht zu einer Gewohnheit, mit der du dich unbewusst aus der Verantwortung stiehlst. Jammere drauflos, aber mit voller Präsenz, achte darauf, was du sagst und wie. Mache es zu einer Übung, nicht zu einer Lebenshaltung.
- Denke daran: Jammern sollte dir Luft verschaffen, nicht alles noch schwerer machen. Die Energie muss nach draußen, nicht nach innen.
- Suche dir eine Verbündete. Ich habe jahrelang mit einer Kollegin zusammen-gearbeitet, bei der ich mich völlig gehen lassen konnte, ohne Konsequenzen, ohne Schlussfolgerungen. Anschließend war ich erleichtert und wieder im Lot und konnte mich mit den aktuellen Themen befassen. Sie zuckte nur die Achseln und stimmte mir ohne Wenn und Aber zu – das war oft alles, was ich brauchte.
- Lächle dir zu und lächle darüber, wie ungerecht du bist. Jammern ist manchmal eine Art Komödie. Mit etwas Abstand betrachtet, ist das, was man beim Jam-mern loslässt, manchmal zum Schießen ungerecht. Denke daran: Du bist nicht deine Gedanken.
- Wenn du fertig bist mit Jammern, stelle dir eine letzte Frage: Okay, und jetzt? Muss ich etwas ansprechen? Muss ich etwas bei mir selbst näher untersuchen? Vielleicht lautet die Antwort »Nein, nichts«, dann ist das völlig in Ordnung. Ent-scheidend ist, dass du irgendwo einen Punkt setzt. Schließe es ab. Lass es los.

// DER ANFÄNGER-GEIST

Von der Freiheit des Nicht-Wissens

»Das habe ich noch nie vorher versucht, also bin ich völlig sicher, dass ich es schaffe!« rief Pippi Langstrumpf unbekümmert. Der Anfänger-Geist ist ein Konzept aus dem Zen-Buddhismus und läuft in etwa auf dasselbe hinaus. Auf Japanisch heißt es »Shoshin«, und die beste Erklärung ist wahrscheinlich die von Zen-Meister Shunryu Suzuki (1905–1971): »Wenn euer Geist leer ist, ist er stets für alles bereit; er ist offen für alles. Im Anfänger-Geist gibt es viele Möglichkeiten, im Geist des Experten nur wenige.«

Der Anfängergeist ist eine offene und abwartende Haltung. Es ist eine Kombination aus Präsenz mitten im gegenwärtigen Augenblick, aufmerksam und mit Achtsamkeit sowie gleichzeitig ein wenig darüber schwebend, losgelöst und vorurteilsfrei. Es ist ein kindlicher Geist: Neugierig und intensiv, als ob alles zum ersten Mal passiert. Mit einem Anfängergeist hast du die Möglichkeit, dich zu entschleunigen, langsamer zu werden, und ohne Wertungen oder Annahmen zu schauen, was geschieht. Es ist eine angenehme Haltung, die ein Gefühl der inneren Ruhe und Kontrolle vermittelt. Seit ich dieses Konzept kennengelernt und in mein Leben integriert habe, erfahre ich mehr Raum und Freiheit. Ich lebe nicht länger mit Ausrufezeichen, sondern mit Fragezeichen. Diese Lebenshaltung ist dynamisch, offen und ganz auf Möglichkeiten ausgerichtet. Sie ist das Gegenteil von eingerostet, unverrückbar und geschlossen. Die folgenden Worte schrieb der Dichter Rainer Maria Rilke 1903 an einen jungen Dichter, der ihn um Rat bat: »[…] ich möchte Sie, so gut ich es kann, bitten, lieber Herr, Geduld zu haben gegen alles Ungelöste in Ihrem Herzen und zu versuchen, die Fragen selbst liebzuhaben wie verschlossene Stuben und wie Bücher, die in einer sehr fremden Sprache geschrieben sind. Forschen Sie jetzt nicht nach den Antworten, die Ihnen nicht gegeben werden können, weil Sie sie nicht leben könnten. Und es handelt sich darum, alles zu leben. Leben Sie jetzt die Fragen. Vielleicht leben Sie dann allmählich, ohne es zu merken, eines fernen Tages in die Antwort hinein.«

Wenn man glaubt, etwas sicher zu wissen, wenn man fest von etwas überzeugt ist, büßt man so gut wie immer ein Stück Objektivität und Relativierungsvermögen ein. Wenn man sich einem Problem aber unvoreingenommen nähert, mit einem Anfängergeist, lässt man viele unnötige Interpretationen, Annahmen und Wertungen außen vor. Was bringt es zu lernen, Erfahrungen zu machen und Erkenntnisse zu sammeln, wenn ich sie dann doch wieder beiseitelegen muss? Diese Frage stellte ich Zen-Meister Bernie Glassman (1939–2018), den ich für *Happinez* interviewen durfte.

Er antwortete, je mehr Wissen man sammle, desto besser sei es. Dass man Wissen als etwas betrachten könne, mit dem man einen großen Rucksack füllt. Man solle

WAS

*möchtest
du mir*
sagen?

127

so viele Sprachen wie möglich lernen, versuchen jeden erreichbaren Abschluss zu machen und jedes Buch, das einen interessiert, zu lesen. Das Problem entstehe nur, wenn man an dem hängt, was man weiß, wenn man dem Leben mit einem Stück Wissen fest in der Hand entgegentritt. In diesem Moment sei man nicht mehr offen für das, was geschieht oder geschehen könnte, oder für das, was in diesem Moment von einem verlangt wird. Nur wenn man offen und präsent sei, könne man in seinem Rucksack das Wissen finden, das einem helfen kann, liebevoll zu handeln. Natürlich sei es dann hilfreich, wenn der Rucksack gut gefüllt ist. *Wissen ist schön und wertvoll, aber viel zu wissen bedeute nicht automatisch, dass man auch das Richtige wisse. Mit einer offenen Haltung kann man Wissen besitzen, ohne dass es einen beherrscht.* Indem man sich auf eine Situation einstellt, wird von selbst deutlich, was benötigt wird. Nicht-Wissen ist kein Endpunkt, es ist ein wunderbarer Anfang.

In der Praxis bedeutet ein Anfängergeist, dass man einen Schritt zurücktritt. Das ist nicht immer einfach, schließlich sind unsere Köpfe voller Patentrezepte und bewährter Erfahrungswerte, die manchmal durchaus nützlich sind, um blitzschnell zu Schlussfolgerungen und Lösungen zu gelangen. Leider führen sie selten zu einem neuen Gedanken oder einer neuen Lösung. Andererseits ist es hilfreich, nicht *alles* mit einem Anfängergeist zu tun: So müssen wir nicht 23 verschiedene Methoden ausprobieren, um unsere Schnürsenkel zu binden, Spaghetti zu kochen oder eine Kreuzung zu überqueren. Schön, dass wir den richtigen Weg dafür bereits wissen. Bloß hat dieses »Wissen« zu oft die Oberhand. Wir glauben, für alles eine Lösung oder einen Trick zu haben. Und hier beginnt das frustrierende und manchmal kosmische Katz- und Mausspiel: Wir glauben, auf alles eine Antwort zu haben, und dann passiert etwas, das wir nicht verstehen oder einordnen können, wodurch wir völlig aus dem Gleichgewicht geraten. Unsere Gewissheiten sind gleichzeitig unsere Begrenzungen, die uns den Weg versperren, während draußen die weite Welt auf uns wartet.

Ein Anfängergeist hilft, offen zu bleiben für das, was ist, ohne es sofort interpretieren oder ablehnen zu müssen. Es ist eine Denkweise, die ein wenig Übung erfordert, letztendlich aber zu einem leichteren Leben führt.

// ÜBERS TRAUERN

Es gibt sehr wohl einen Abschied
und der tut gemein weh

»Jeden trifft es. Aber man fühlt es ganz allein«, ist der zutreffendste Satz, den ich je über Trauer gelesen habe. Er stammt aus Helen Mcdonalds Buch *H wie Habicht*, das sie schrieb, als sie sich von ihrem Vater verabschieden musste.

Trauer zieht sich wie ein roter Faden durch das menschliche Leben. Wir verbinden Trauer zwar hauptsächlich mit dem Tod, dem ultimativen und irreversiblen Abschied, sie verbirgt sich jedoch genauso in ganz alltäglichen Geschehnissen, wie dem Fallenlassen einer schönen Vase oder dem Wegfallen des wöchentlichen Mittagessen mit deiner Lieblingsfreundin, die in eine andere Stadt zieht. Es ist die Essenz der Existenz: Wir kommen und wir gehen, alles kommt, alles geht. Auf der Website Rising-woman.com habe ich einen Satz gefunden, der mich sehr berührt, weil er diese Essenz in Worte fasst: »Vergänglichkeit ist das, woraus die Erde besteht, aus der neues Leben hervorgeht. Tod und Leben sind das Opfer des jeweils anderen.« Wir stemmen uns geradezu leidenschaftlich gegen diese Zeitlichkeit. *Die Vergänglichkeit von allem bleibt eine tiefe, schmerzhafte, traurige und ungnädige Lektion. Wer einen spirituellen Weg geht, wird Einsichten erhalten, um sich von diesem Leiden zu lösen, aber ich vermute, dass Trauer für die meisten von uns irdischen Seelen ein lebenslanger Kampf bleibt. Trauer ist ein Teil von uns.*

Die schlimmsten meiner miesen Tage sind von Abschiednehmen und Verlust geprägt. Dann saß die Trauer in meinem Körper, in meinem Geist und in meiner Seele, es war lähmend. Nächtelang lag ich wach und fühlte, wie sich der Klettverschluss zwischen mir und jemandem, den ich liebte, langsam löste: meine Mutter, von der ich mich wegen ihrer Demenz verabschieden muss, oder einer großen Liebe, die doch flüchtig war. Trauer lässt wenig Raum für anderes, selbst essen und schlafen tritt in den Hintergrund. Trauer ist wie eine unsichtbare Glasglocke, die dir übergestülpt wird und die alles und jeden auf Distanz hält, während das Leben draußen einfach weitergeht. Auf Englisch heißt das »numb«, was so viel wie »sich betäubt fühlen« bedeutet. Trauer ist eine der Emotionen, deren Intensität am schwierigsten abzumildern ist. Ich konnte noch nie mit Vergänglichkeit umgehen. Das Vergängliche, Unvollkommenheit und Abgründe stehen im Mittelpunkt meiner Praxis, und das aus gutem Grund. Hier liegen in diesem Leben die größten Lektionen für mich, diese Thematik interessiert mich grundsätzlich. Trauer war die erste große Emotion, die mir begegnete, als ich im Alter von zwölf Jahren meine beste Freundin verlor. In den letzten fünfundzwanzig Jahren habe ich oft gedacht, dass ich diesen Verlust überwunden hätte, dass ich geheilt wäre. Dass sozusagen »wenig davon hängen geblieben« sei. In gewisser Weise stimmt das auch, es gibt mich noch, und ich halte mich wacker. Und doch habe ich eine Narbe auf meinem Herzen. Ich habe

129

schon in jungen Jahren lernen müssen, mit Liebe und Leiden umzugehen, mit Schmerz und Vergnügen und Trauer und Weiterleben, alles zugleich, weil ich Abschied nehmen musste, während das Leben weiterging. Ich war erst seit Kurzem auf der weiterführenden Schule und hatte noch nichts und gleichzeitig schon alles erlebt. Für ein Kind ist Trauern besonders kompliziert. Mein Herz schmerzt bis heute, wenn ich an diese Zeit zurückdenke.

Nur, es gibt keinen einzigen Tag ohne Trauer. Jeden Tag spüren wir an uns selbst ein kleines bisschen die Vergänglichkeit. Irgendwo fällt immer etwas weg, irgendwo entsteht immer ein Loch: das Leben, ein einziger großer Käse mit Löchern. Trauer ist die natürliche Antwort auf Verlust. Verlust, den wir erfahren, und man verliert bereits etwas in dem Moment, in dem man auf die Welt kommt, nämlich die Sicherheit und Geborgenheit des Mutterleibs. Im Niederländischen haben wir nur ein Wort dafür: Trauer. Auf Englisch gibt es neben »grief« und »mourning« auch das Wort »bereavement«. Helen Mcdonald schrieb: »Es kommt von dem altenglischen »bereafian«, was so viel bedeutet wie entziehen, wegnehmen, beschlagnahmen, berauben. Beraubt. Beschlagnahmt.« Mit anderen Worten: Es wurde einem etwas genommen, das man nicht freiwillig hergegeben hat.

Dasjenige, an dem du hängst, kannst du verlieren. Diejenigen, die sich für Spiritualität interessieren, wissen, dass man in einigen spirituellen Bewegungen die Lektionen Trauern, Abschied und Loslassen vom Verstand her noch begreifen kann. Dieses Wissen auch mit dem Herzen anzuwenden, ist dann schon eine ganze Ecke schwieriger. Konkreter gesagt: Du kannst wohl einsehen, dass dein Schmerz verursacht wird durch den Widerstand gegen das, was ist, aber deswegen fühlt es sich nicht weniger, Verzeihung für das grobe Wort, beschissen an. Es ist der Kern und die Grundlage des Buddhismus: Der Grund für unser Leiden ist das Verlangen, und das Nirwana ist die Loslösung von diesen Wünschen. Mit anderen Worten: Es ist unser eigenes Denken und Handeln, das unseren Schmerz verursacht. Alles ist vergänglich, nichts bleibt, wie es ist. Erleuchtet zu sein bedeutet, diese Vergänglichkeit, das Werden und Vergehen, mit völliger Hingabe zu akzeptieren. Wenn man es so betrachtet, ist Trauer eines der am wenigsten »spirituellen« Gefühle unseres Daseins. Wie du weißt, plädiere ich für ein Leben, in dem wir akzeptieren und uns auf das einlassen, was ist, genauso plädiere ich jedoch für ein Leben, in dem alle Gefühle sein dürfen. Trauer gehört dazu.

Trauer hat eine bittersüße Schönheit: Wenn man sich dessen, was vergeht, bewusst wird, wird man sich auch des Wertes und der Schönheit des Augenblicks bewusst (siehe auch Seiten 75–77, Savasana). Die Akzeptanz, dass nichts für immer und alles immer in Bewegung ist, stellt eine ideale Landebahn im Jetzt dar. Die Trauer selbst ist ebenfalls in Bewegung. Auch Trauer kommt und geht. Trauer ist, genau wie miese Tage, ein Dialog mit dem Leben. Man kann Antworten erhalten und Lehren daraus ziehen bezüglich Selbsterkenntnis, Tiefgang und Resilienz.

Die fünf Phasen der Trauer für miese Tage

Wenn man um einen großen oder kleinen Verlust trauert, wird einem früher oder später jemand auf die fünf Trauerphasen von Elisabeth Kübler-Ross hinweisen. Ein Trauerprozess verläuft nicht stringent, sondern flexibel. Es kann sich so anfühlen, als wärst du in einem Flipperautomat mit diesen fünf Phasen: Du schießt zwischen ihnen hin und her. Das (Wieder-)Erkennen der fünf Phasen kann dir Halt geben.

1. Das Verleugnen

»Nein, unsere Beziehung ist noch nicht vorbei, wir werden uns gegenseitig mehr Freiheit geben.« Oder »Morgen wird alles wieder so sein, wie es vorher war.« Leugnen ist oft die erste Phase nach einem Verlust. Im Grunde ist es ein »nett gemeinter« Mechanismus unseres Gehirns, der uns vor einer schmerzhaften Wahrheit schützen will, die größer ist, als wir uns vorstellen oder ertragen können. Indem man sich weigert, sich der Realität zu stellen, und dies geschieht oft unbewusst, kann man im Notfall noch eine Weile im Autopilot-Modus weitermachen. Überleben hat erste Priorität. Kinder tun das manchmal, wenn man ihnen etwas sagt, was sie nicht sofort verstehen können: Sie zwinkern ein paarmal und spielen dann weiter, und brechen erst abends plötzlich in Tränen aus. Manchmal erreicht uns die Realität nicht in einer großen Welle, sondern häppchenweise.

2. Die Wut

Dies ist die »Was zum Teufel!«-Reaktion. Warum widerfährt mir das? Was tut mir das Leben jetzt an? Dies ist die Phase, in der du wütend bist. Du etwas kaputt machen oder jemanden schlagen willst. Vielleicht bist du auf der Suche nach einem Sündenbock. In dieser Phase ist Ungerechtsein dein bester Freund und vielleicht auch eine leichte Aggression. Diese Emotionen sind nicht gern gesehen: Sie stehen nicht nur im Widerspruch zu der in unserer Kultur hochgehaltenen Selbstbeherrschung, sondern auch zu guten Manieren. Nur gehört Wut nun einmal zu unserer Gefühlsgrundausstattung, und sie lässt sich hervorragend auf etwas richten. Wut ist wie das Element Feuer: Du kannst sie hoch aufflammen lassen, aber tu es auf kontrollierte Weise, sonst richtet deine Wut irreparablen Schaden an. Mache einen Ausdauersport oder gehe boxen, suche dir ein Ventil für deine Wut. Für mich ist mein Auto der schönste Ort, um so richtig laut zu fluchen.

3. Das Verhandeln

Dies ist die Phase, in der du das ändern willst, was stattgefunden hat. Du gibst noch nicht nach, nicht auf, das ist noch nicht das Ende. Du entwickelst eine Energie, mit der du die Regie zurückgewinnen willst, du willst irgendetwas tun, auch über Grenzen hinweg, oder du setzt dir Ziele, um das Schicksal zu wenden. Menschen, die trauern, können aufgrund dieses Gefühlszustands große Entscheidungen treffen, wie eine große Änderung ihres Lebensstils (den Job kündigen, eine Nahrungsumstellung, einen Sport beginnen), oder sie nehmen sich etwas vor wie »nie wieder zu trinken« oder »immer ja zu sagen«. Es ist Verhandeln im Stil von »Wenn ich … dann …«. Du versuchst, deine Gewissheit, die du eingebüßt hast, wiederzuerlangen.

4. Die Depression/Trauer

Dann folgt die Erkenntnis, dass es wirklich so ist. Dass nichts mehr hilft: kein Schimpfen, Fluchen oder Leugnen. Alles führt zum gleichen Ergebnis. Die Wirklichkeit ist, wie sie ist. Du fühlst dich machtlos, und diese Ohnmacht ist schrecklich, darüber kann ich mitreden. Trauer hat viele Gesichter: Manche Menschen kehren sich völlig nach innen, werden apathisch und schier unzugänglich, andere werden hysterisch und beginnen sich im Kreis zu drehen. Nicht selten kommt mit der neuen Trauer auch alte Trauer wieder hoch.

5. Die Akzeptanz

Akzeptanz wird zuweilen auch als Anpassung bezeichnet: Es bedeutet nicht, dass du dich mit dem abfindest, was geschehen ist. Es ist vielmehr so, dass du dein Leben an die durch den Verlust veränderte Situation anpasst und neu gestaltest. Es tritt eine Phase des Zur-Ruhe-Kommens ein. Es kann sein, dass du diese Phase schnell erreichst, manchmal muss man jedoch auch lange warten. Bei mir dauert es unterschiedlich, manchmal nur kurz, ein andermal zieht es sich hin. Ich stelle mir bei meinen Trauerprozessen immer ein kleines Labor vor, das ich gelegentlich betrete, um den aktuellen Stand der Dinge aufzuzeichnen. Der eine Kummer ist verflogen, der andere Verlust brodelt noch. Und bei jener Trauer kann eventuell die Flamme etwas kleiner gedreht werden.

// GESUNDER EGOISMUS

Entscheide dich für dich selbst

Man muss nicht unbedingt ein geringes Selbstwertgefühl haben, um jemand zu sein, der es allen recht machen will. Es ist nicht immer leicht, sich selbst Vorrang vor dem zu geben, was der Rest der Welt von einem erwartet, fordert oder verlangt. Es ist unglaublich, wie oft wir bereit sind, etwas für einen anderen zu tun, das wir uns selbst mit größter Leichtigkeit verweigern. Ich selbst mache das manchmal sogar mit den grundlegendsten, praktischsten Dingen: Für andere nehme ich mir die Zeit, ein gesundes Essen zu kochen, aber wenn ich alleine bin, esse ich Maiswaffeln mit Hummus, oder ich höre stundenlang einer Freundin zu, obwohl ich eigentlich den Abend für mich selbst reserviert hatte. Tatsache ist, das Leben ist ein Geben und Nehmen. *Immer nur zu nehmen, ist nicht schick und schon gar kein Zeichen von Größe. Aber nur zu geben, egal wie altruistisch und sympathisch es klingen mag, funktioniert genauso wenig. Wenn man zu jemand anderem Ja sagt, bedeutet das, Nein zu sich selbst zu sagen, das ist zumindest etwas, dessen man sich bewusst sein sollte.* Natürlich ist es schön, als zugänglich, verfügbar, großzügig und hilfsbereit bekannt zu sein. Wenn man aber nur für andere da ist und selbst nichts erhält, ist man nicht viel mehr als ein lebendiges Hologramm: eine Projektion. Flüchtig, vage und letztendlich auch leer.

Es ist eine Kunst, auf gesunde Weise egoistisch zu sein. Am einfachsten kann man es üben, indem man einen Schritt zurücktritt und sich selbst als liebsten Freund betrachtet. Wie würdest du dich um ihn oder sie kümmern? Was würdest du ihm oder ihr sagen? Ein »Solltest du das jetzt wirklich machen?« für einen anderen, gilt natürlich auch für einen selbst.

Außerdem ist es hilfreich zu untersuchen, aus welchem Motiv heraus du etwas tust oder nicht tust. Warum nimmst du auf jemanden Rücksicht? Oder warum stellst du dich konsequent an erste Stelle? Basiert deine Entscheidung oder dein Verhalten auf Liebe, oder doch eher auf Angst? Bist du davon überzeugt, mehr oder weniger zu verdienen als andere? Musst du für etwas entschädigt werden? Befürchtest du, etwas zu verpassen oder zu kurz zu kommen? Vielleicht sind die Antworten auf diese Fragen nicht schön, wenn du es aber schaffst, ehrlich und authentisch zu dir zu sein, schaffst du Raum für Leichtigkeit. Es ist uns allen schon mal passiert. Auch ich habe mir schon mal ungeniert etwas genommen oder aus Angst vor Ärger etwas zugesagt. Im Übrigen hat es mir in neun von zehn Fällen nicht das gebracht, was ich erwartet hatte. Gesunder Egoismus entsteht aus der Einsicht und dem Glauben, dass du genauso viel verdienst wie jeder andere. Und der andere genauso viel wie du. Nicht mehr und nicht weniger. *Jemand zu sein, der immer für andere da ist, scheint etwas Schönes zu sein. Guck mal, ich kümmere mich um andere! Sei dir bewusst, dass das auch nur eine Form von Selbstsucht ist. Häufig ist es*

ES GIBT KEINE

FALSCHEN

GEFÜHLE

134

eine Methode, um sich unentbehrlich zu fühlen oder Komplimente zu bekommen. Unser Ego ist süchtig nach dieser Form von Aufmerksamkeit. Es stellt sich jedoch die Frage, ob du den anderen damit tatsächlich einen Gefallen tust. Vielleicht nimmst du anderen die Möglichkeit, selbst eine Lösung zu finden. Kannst du dich selbst lieben, wenn du nicht das Gefühl hättest, dass andere dich dringend brauchen? Ist noch genug für dich übrig? Jemand mit ungesundem Egoismus ist nicht zwangsläufig jemand, der nur nimmt, es kann auch jemand sein, der übertrieben viel gibt. Gesunder Egoismus beinhaltet achtsame Selbstfürsorge.

Darüber hinaus geht es dabei um Selbstliebe und Selbstmitgefühl. Diese Begriffe sind untrennbar miteinander verbunden. Du musst dir deines eigenen Wertes bewusst sein, um andere wertschätzen zu können. Es geht um das Bewusstsein, dass du wichtig bist, dass dein Beitrag wichtig ist. Mit sich selbst liebevoll umzugehen, bedeutet sich zu erlauben, durch Versuch und Irrtum zu lernen. Es ist nicht einfach, sich wertzuschätzen und sich selbst Raum zu geben, schon gar nicht an miesen Tagen, an denen dir dein innerer Kritiker möglicherweise laut ins Ohr schreit, was an dir und mit deinem Leben alles nicht stimmt. Tritt dann für dich selbst ein. Verteidige dich und tröste dich, so, als würdest du für deine Freunde eintreten. Wenn du freundlich zu dir selbst sein und auf dich selbst aufpassen kannst, wirst du zum Vorbild für andere – auch wenn es bedeutet, dass du nicht mit in die Kneipe gehst, weil du einfach zu müde bist. Vielleicht hatte die andere Person auch gar nicht so große Lust dazu.

Gesunder Egoismus erfordert daher positive, ehrliche und konstruktive Gedanken darüber, wer du bist und womit du gerade beschäftigt bist. Selbstliebe und Selbstmitgefühl reduzieren Stress, bauen die Negativität in deinem Leben ab und erhöhen die Chancen auf Erfolg, Glück und ein Gefühl des inneren Friedens. Es ist nicht nötig, genau formulieren zu können, warum man eine bestimmte Wahl getroffen hat. Wenn deine Entscheidungen, für oder gegen etwas, aus deinem reinen Inneren kommen und nicht von deinem Ego negativ beeinflusst werden, reicht manchmal eine intuitive Eingebung aus. Die bewusste Entscheidung, etwas für jemand anderen zu tun, kann genauso gut und natürlich sein, wie etwas für sich selbst zu tun. Du kannst deine Intuition als Entscheidungshilfe einsetzen: Häufig spüren wir bereits, was richtig ist, und es braucht nur noch den Mut dazu. Solltest du kein Gefühl dafür bekommen, was du möchtest, wenn es dir nicht gelingt, dich mit deinem reinen Inneren zu verbinden, untersuche, welche Personen, Situationen oder Überzeugungen diese Verbindung stören.

Und ja, es ist verdammt schwer, das in die Praxis umzusetzen. Nicht nur, weil man sich mit den möglichen Reaktionen anderer auseinandersetzen muss, sondern auch, weil man sich mit der eigenen Kritik und den eigenen Ängsten konfrontiert sieht: Ich muss das tun, sonst macht es niemand, oder ich sollte das nicht tun, weil er/sie mich sonst nicht mehr liebt.

135

Zum Schluss eine unter Umständen schmerzhafte Wahrheit, vielleicht aber auch eine große Erleichterung: So wichtig bist du nun auch wieder nicht. Unabhängig davon, welche Wahl du triffst – es ist sehr wahrscheinlich, dass die Welt sich in beiden Szenarien weiterdreht und sich der Alltag wie Schaum um die Konsequenzen deiner Entscheidung schließt, als ob nie Raum für die anderen Optionen gewesen wäre. Das Wohlergehen der Menschheit liegt in den meisten Fällen nicht in deiner Verantwortung. Das Universum kann gegenüber alltäglichen Sorgen ziemlich gleichgültig sein; uns erscheinen sie sehr wichtig, aber für das große Ganze sind sie völlig unbedeutend. Es hat eine enorm relativierende Wirkung, sich dessen ab und zu bewusst zu werden.

136

// ENTSCHEIDUNGSSTRESS

Wenn du dich nicht entscheiden kannst

»Tu niemals etwas, was du nicht tun willst«, ist so eine tolle kostenlose Lebensweisheit. Es klingt logisch und gut, aber nicht alles im Leben lässt sich mit einem einfachen »Ja, bitte« oder »Nein, danke« erledigen. Es gibt eine Art Untergrenze, wo etwas einfach sein muss, ob man nun Lust dazu hat oder nicht. Sich nicht zu entscheiden ist auch eine Wahl. Genau genommen geht es hier also um etwas anderes: Kontrolle über die eigenen Entscheidungen zu haben. Wissen, was und warum man etwas tun will, und es dann auch zu machen. Auf dem Cover der *O, The Oprah Magazine* stand mal folgender Titel »What do you stand up for?« Eine Freundin aus Los Angeles schickte ihn mir per WhatsApp, weil sie die Frage so stark fand. Dieser Slogan lässt sich nicht so ohne Weiteres ins Niederländische oder Deutsche übersetzen, aber er bedeutet in etwa »Wofür kämpfst du?« Es gibt Dinge im Leben, von denen man tief im Inneren fühlt, dass sie so rein und wahr sind, dass man voll und ganz bereit ist, für sie einzutreten. Wenn du weißt, welche Dinge das für dich sind, siehst du dich mit erheblich weniger Entscheidungsstress konfrontiert. *Jede Entscheidung, die du triffst, bringt dir etwas oder nimmt dir etwas weg. Deine Aufgabe ist es, beides in Balance zu halten.*
Ich habe mich beispielsweise nicht dafür »entschieden«, mich um meine an Demenz erkrankte Mutter zu kümmern. Wenn wir die Wahl hätten, würden wir uns gegen Schmerz, Krankheit oder Elend entscheiden. Trotzdem ist man zur Stelle. Weil es an tiefere Werte appelliert: Mitgefühl, Selbstfürsorge, Gleichgewicht. Manchmal muss man Dinge tun, die traurig oder schmerzhaft sind. Natürlich, man hat immer die Wahl, wegzulaufen. Ans andere Ende der Welt zu ziehen, zum Beispiel. Theoretisch. Aber wenn man vor einer Wahl steht, ist häufig klar, was gewählt werden muss. Dann handelt es sich beim Treffen von Entscheidungen im Grunde um Akzeptanz.

Entscheidungsstress kann auch da auftreten, wo man größere Einflussmöglichkeiten hat: Ob man den Job kündigt oder nicht, ob man eine Beziehung eingeht oder nicht, ob man sich die Haare schneiden lässt oder nicht. Auch hier gilt: Wissen, warum man etwas tut, beruhigt die Gedanken. Vielleicht gefällt dir deine Arbeit nicht, aber du verdienst damit das Geld, das du für eine große Reise benötigst. Natürlich kannst du dir sagen »Tu niemals etwas, was du nicht tun willst«, aber welchen Sinn hätte das? Es ist konstruktiver, gut über die Entscheidungen nachzudenken, und anschließend nicht mehr endlos darüber zu jammern. Was ist das größere Ziel? Hilft es dir deine wahren Ziele zu erreichen? Dann tu es. Wenn es dir nichts bringt, keine Kraft, Energie, Zufriedenheit, persönliches Wachstum oder eine neue Perspektive? Dann lass es. Entscheide dich.

137

Denke über das Folgende nach, wenn du eine Entscheidung treffen musst

- Wenn ich hierzu Nein sage, zu was sage ich dann Ja? Wenn ich hierzu Ja sage, zu was sage ich dann Nein?
- Wo möchte ich in fünf Jahren sein? Es ist viel konstruktiver zu wissen, was du möchtest, als zu wissen, was du nicht möchtest.
- Triff deine Wahl aus einem Gefühl der Stärke heraus, nicht aus Schwäche. Aus Liebe, nicht aus Angst. Du weißt, was ich meine. Du weißt, wie sich das anfühlt. Wenn nicht, übe es, bis du weißt, wie es sich anfühlt.
- Erstelle eine Liste deiner Grundwerte, die für dich zentral stehen. Zum Beispiel »Verbindung«, »Mitgefühl«, »Ruhe« oder »Feiern«. Wähle einige aus, höchstens fünf, schreibe sie auf einen Zettel und hänge ihn an deinen Spiegel. Jedes Mal, wenn du vor einer großen Entscheidung stehst, nimmst du dir diese Liste vor und legst deine Wahl dem zugrunde, das du im Leben am wichtigsten findest.
- Lege das, was du zu entscheiden hast, unter das Kopfkissen, schlafe eine Nacht darüber und lass dein Unterbewusstsein seine Arbeit machen. Vielleicht wird dir auf diese Weise bewusst, was du wirklich willst.
- Steh zu deiner Entscheidung. Du entscheidest dich auf Basis dessen, was du in diesem Augenblick weißt. Auch wenn du es später bereuen solltest, weißt du, dass du dein Bestes gegeben hast. Du hast keine Kristallkugel (solltest du doch eine haben: darf ich sie auch mal benutzen?).

// EGO-ENTSCHEIDUNG ODER SEELEN-ENTSCHEIDUNG

Der Unterschied liegt in dem Gefühl von Spannung und Entspannung. Eine Ego-Entscheidung fühlt sich heiß, hastig und ungeduldig an. Ich will das! Und das Ergebnis deiner Entscheidung ist im Grunde nie gut genug. Eine Seelen-Entscheidung hingegen fühlt sich geerdet, rein und wahrhaftig an. Ich will das! Mit einer Seelen-Entscheidung kannst du dich auch dann abfinden, wenn es anders laufen sollte, als gedacht. Eine Ego-Entscheidung ist nur eine Interpretation dessen, was du fühlst, bei einer Seelen-Entscheidung bist du dir sicher, was du fühlst. Wenn du dir noch nicht ganz sicher bist, schreibe es auf und lege es unter dein Kissen. Vertraue darauf, dass deine Intuition eine Bilanz zieht zwischen Ego und Seele, zwischen Vernunft und Gefühl und dir hilft, deine Entscheidung treffen zu können. Wenn du dir ausreichend Zeit dafür nimmst, ersparst du dir Energieverschwendung. Plötzlich weißt du es, ganz sicher, in deinem tiefsten Inneren. Nimm dir die Zeit, die du brauchst.

// #REGRETNOTHING
SOLLTE VERBOTEN WERDEN

Ein Lobgesang auf Bereuen und Vergeben

Manch einer sagt »Ich bereue nichts« oder »Lebe ohne Reue.« Nun ja. Ich finde, so ein Satz spricht nicht unbedingt für denjenigen, der ihn ausspricht. Ich stehe auch nicht auf Hashtags wie #regretnothing oder #noregrets. Ich bin keine von der Sorte, bei der Bedauern, Scham und andere negative Gefühle keinen Platz haben. Schließlich ziehe ich es vor, ein ganzheitliches, ein *inklusives* Leben zu führen, in dem alle Emotionen sein dürfen. Sogar die hässlichen. Die scharfkantigen auch. Und Bedauern ist ein überaus nützliches Gefühl, es sagt uns glasklar, an welcher Stelle wir über uns selbst hinweggegangen sind.

Jedes Mal, wenn ich jemand sagen höre, dass er oder sie nichts bereue oder dass Reue Lebenszeit koste, zuckt in meinem Gesicht ein Muskel. Die Aussage, nie etwas zu bereuen, klingt für mich nach Schutzschild: Alles, was ich tue, ist richtig und unfehlbar, kein Raum für Diskussionen, basta. Insgeheim hoffe ich, dass Menschen, die das von sich behaupten, tatsächlich etwas anderes meinen. Dass sie eigentlich sagen wollen: Ich bereue nichts mehr, weil ich bereit bin, die Lektionen anzunehmen, die mir das Leben auf einem Silbertablett anbietet. Ich weiß, was Bedauern ist, aber ich bleibe nicht darin hängen: Ich nehme es an und akzeptiere, wie es gelaufen ist, auch wenn ich es mir anders gewünscht hätte. *Denn genau das ist es, was Bedauern in seiner reinsten Form tut: Uns auf eine andere Möglichkeit hinweisen. Es ist wie ein blaues CSI-Licht, das untrüglich jede Spur zum Leuchten bringt. Es bringt die Spuren dessen ans Licht, was wir getan oder gesagt haben (oder nicht getan oder gesagt haben) und wo das nicht ganz mit dem übereinstimmt, wer wir sein möchten oder was wir in diesem Leben wollen.*

Reue macht uns genau darauf aufmerksam. Ich kann mir ein Leben, in dem ich niemals Bedauern oder Reue empfinde, kaum vorstellen. Bedauern ist so lehrreich: Es schiebt uns (wieder) in die richtige Richtung. Maya Angelou formuliert es so: »Tu was du kannst, bis du es besser weißt. Wenn du es besser weißt, mache es auch besser.« Diese Worte haben nur dann einen Wert, wenn du bereit bist, gelegentlich den Morast aus Reue und Bedauern zu durchwaten. Ich bedauere sehr viel. Und dieses Bedauern sind die kleinen Dämme, die im Fluss meines Lebens gebaut wurden, wodurch das Wasser anders geflossen ist und anders fließt. »Regrets and mistakes are memories made«, singt Adele, und das stimmt, Bedauern und Fehler sind Erinnerungen, die wir gemacht haben. Wenn dir nie etwas leidtut, kannst du nicht aus deinen Erfahrungen lernen. Bedauern ist nicht sexy, weil man hinterher doch nichts mehr ändern kann. Aber dadurch ist es nicht gleich sinnlos: Bedauern sorgt dafür, dass wir dieselben Fehler nicht wieder machen. Das brennende

139

Gefühl und die geröteten Wangen sind blinkende Alarmlichter für Entscheidungen, die nicht wiederholt werden sollten. Sie warnen dich vor etwas, bei dem du – oft gegen besseres Wissen – über dich selbst hinweggegangen bist. Vor Momenten, in denen Wünsche und Erwartungen, Unsicherheit oder Unbesonnenheit sich gegen deine Intuition und deinen Verstand durchgesetzt haben.

Es fühlt sich scheußlich an, Bedauern durchleben zu müssen. Es ist eine bittere Pille. Es ist wie Treibsand. Es ist verdammt schwierig, sich aus ihm zu befreien, ohne weiter darin zu versinken. Reue und Bedauern gehen häufig mit Scham, Wut oder einem Gefühl der Ungerechtigkeit einher. »Wenn ich nur …« Ja, hättest du nur. Aber du hast es anders gemacht. Oder wie Pema Chödrön so klug formulierte: »Nichts wird verschwinden, bis es uns das gelehrt hat, was wir wissen müssen«. Das ist es, was ich mit Treibsand meine: Wenn du Widerstand leistest, wirst du mit Sicherheit nicht herauskommen. Wenn du aber lernst, Bedauern als Einladung zur Weiterentwicklung, zur Veränderung zu sehen, wird sich der Geschmack von bitter zu bittersüß verändern. Sag laut zu dir selbst: Es tut mir leid. Ich bereue es. Und es ist in Ordnung. Fange an zu heilen. Indem du dir selbst oder anderen vergibst, schaffst du dir einen Raum, in dem du dich vorwärts bewegen kannst.

Wusstest du, dass die meisten Menschen häufiger das bedauern, was sie nicht getan haben, als das, was sie getan haben? Dass Reue oft nicht mehr als ein Kater aufgrund einer falschen Wahl ist? Wenn ich nur … Ziemlich oft hat Bedauern etwas damit zu tun, was man sich selbst verweigert oder nicht gegönnt hat, aus welchem Grund auch immer. Bedauern lässt sich häufig vermeiden, indem man lernt, wie man zu besseren Entscheidungen kommt, solchen, die den eigenen Wünschen oder Träumen entsprechen. Das Leben bietet dir ständig neue Chancen, neue Möglichkeiten. Lerne aus deinem Bedauern. Indem du dich wieder etwas tiefergehend auf deinen Körper, deinen Geist und deine Intuition einstellst und diesen drei erlaubst, ihre Arbeit ohne Eile und ohne Zwang zu erledigen. Indem du Zweifel zulässt. Je mehr du Bedauern als Lehrer in dein Leben treten lässt, umso weniger intensiv wirst du es fühlen. Weil du deine Lektionen lernst. Weil du dich anschließend klüger und erfahrener neu entscheidest, kannst du deine jeweilige Wahl erhobenen Hauptes tragen, auch wenn es anders läuft als erwartet. Weil du selbst in Achtsamkeit anwesend warst. Präsent und offen.

140

AUCH
DIES
geht
vorbei

SCHAM

SCHULD

WUT

TRAURIGKEIT

ANGST

// TROTZDEM SCHADE

Was, wenn du etwas, Worte, Handlungen oder Überzeugungen, bereust, die du lieber anders, besser oder ehrlicher gesagt, getan oder gedacht hättest? Entschuldigung scheint eines der schwierigsten Wörter zu sein … Ist sich entschuldigen denn so ein Zeichen von Schwäche? Ich glaube kaum. Sich entschuldigen und vergeben hat weniger mit kriecherischer Demut als vielmehr damit zu tun, ob wir zu unseren Entscheidungen stehen. Mit etwas Glück lernst du etwas über dich selbst, und es wird etwas in Bewegung gesetzt. Die Fehler, die du gemacht hast, oder die unglücklichen Entscheidungen, die du getroffen hast, werden dich nur dann weiterbringen, wenn du dir erlaubst, darüber nachzudenken. Und wenn du deine eigene Rolle genauso ernstnimmst, wie die äußeren Faktoren. Manchmal ist es auch einfach an der Zeit, dass etwas vergeben wird. Und manchmal bist du diejenige, der vergeben werden muss.

Das Gegenmittel für Bedauern ist (Selbst-)Mitgefühl. Also Vergebung. Demnach ist sich entschuldigen bestimmt eine gute Idee. Zurückgehaltene Entschuldigungen sind wie Splitter erstarrter Emotionen in deinem inneren Frieden. Man kann sich am besten von ihnen befreien, indem man sie sofort in einem Ruck rauszieht. Entschuldige dich einfach. Lass Reue zu. Lerne daraus. Und gehe dann weiter.

Vergebung ist nicht einfach, das ist mir bewusst. Es ist schön, darüber zu lesen, in der Praxis aber ist es schwere Kost. Aufrichtig zu vergeben, oder aufrichtig um Vergebung zu bitten, das klingt schwer.

Bin ich gut darin, mich zu entschuldigen? Ja, ich glaube schon. Es kostet mich keine großen Ego-Kämpfe, meinen eigenen Anteil an etwas zu sehen und zuzugeben. Kann ich gut vergeben? Nein, nicht immer. Und schon gar nicht an miesen Tagen. Es gibt immer noch einige Menschen in meinem Leben, für die mir ein »ich vergebe dir« nicht auf die Zen-Art aus dem Mund strömt, wie ich es in Bezug auf Erleuchtung anstreben sollte. Und wenn es um einige meiner eigenen Entscheidungen geht, ist es auch nicht immer ein Spaziergang, um von Bedauern zu Vergebung zu kommen. Vergeben, weil es sein muss, macht sowieso keinen Sinn. Dieser Augenblick lässt sich nicht erzwingen, er ist das Ergebnis eines Prozesses. Aber was öfter, schneller und einfacher gelingt (Meditation zahlt sich aus!) ist: der Situation vergeben. Und das fühlt sich so an: *Anerkennen, dass es nicht um Schuld geht, sondern eher um Unvermögen. Es ist nun einmal so gelaufen, ohne böse Absichten oder bewusste Aggression. Aufrichtig sagen zu können: »Es ist nun mal so« – aber nicht mit so einem gleichgültigen Achselzucken à la »wie auch immer«.* Ich habe im Radio mal diesen Satz gehört: »Vergebung bedeutet, die Hoffnung auf eine bessere Vergangenheit loszulassen«. Schön gesagt, oder?

Wenn du erst mal so weit bist, ist es gut zu wissen, dass es bedeutend einfacher ist, eine ernst gemeinte Entschuldigung auszusprechen oder aufrichtiges Bedauern zu äußern, als du denkst. Die Scham oder der Schmerz, von denen du im Voraus erwartest, dass du sie oder ihn spüren wirst, sind viel komplizierter und energie-fressender, als die Entschuldigung selbst. Es ist wie ein Sprung in kaltes Wasser: Es ist besser, es einfach zu tun, das Rumtrippeln am Rand und das Zögern kosten oft mehr Zeit und Energie als der eigentliche Sprung. Du hast es bestimmt schon mal bei jemand anderem gesehen, und du wolltest ihm oder ihr zurufen: Bitte sag einfach Entschuldigung! Springe über dein Ego!

Vergebung gibt es in vielen Formen und Größen. Jemandem zu vergeben, der nicht auf deiner Geburtstagsfeier aufgetaucht ist, hat eine andere Dimension, als jemandem zu vergeben, der dein Vertrauen zutiefst verletzt hat. Sich selbst zu ver-geben, wenn man drei KitKats hintereinander verputzt hat, unterscheidet sich davon, sich selbst zu vergeben, dass man sich wissentlich übergangen oder bitter vernachlässigt hat.

Es kann tröstlich sein, sich bewusst zu machen, dass Vergebung nicht dasselbe ist wie zu sagen: Es ist in Ordnung. Im Endeffekt geht es um die Erkenntnis, dass der andere ein Mensch ist, dass du selbst ein Mensch bist, mit all dem menschlichen Unvermögen, das damit einhergeht. Niemand ist völlig richtig oder völlig falsch. Im Wesentlichen wollen wir alle dasselbe: Liebe erfahren, beschützt sein, über-leben. Darin sind wir alle gleich. Sich entschuldigen und vergeben bringt uns auf eine tiefere Ebene, auf der unser Ego nicht bloß verletzt und empört ist, sondern wo auch Liebe und Einheit herrschen. Von dort geht auch unser Wunsch aus, zu heilen. *Niemand strebt nach Rache und Buße in seinem Leben. Das ist so, als würde man den Müll im eigenen Haus stehen lassen – das will keiner, Müll muss regelmäßig entsorgt werden. Damit leugnet man nicht, dass er da ist, sondern gibt lediglich an, dass man ihn nicht behalten möchte, schon gar nicht im Haus der eigenen Seele.* Aufrichtig vergeben ist nicht (nur) Wohlwollen dem anderen, sondern auch sich selbst gegenüber. Du durchtrennst sozusagen die Drähte, die dich mit einer negativen Energie verbinden. Es ist ein Prozess zu sagen: Ich vergebe dir, ich nehme es dir nicht mehr übel. Vergebung atmet ein und aus.

Dass ein bisschen gemurrt wird, besonders an miesen Tagen, wenn es um Entschul-digung sagen und große Begriffe wie »Vergebung« geht – ich verstehe das nur zu gut. Sei ruhig zuerst starrköpfig, wütend, nachtragend und ungerecht, wenn es dir hilft. Es macht deine Tage jedoch leichter, wenn du das Gleichgewicht wiederher-stellen kannst. Hier sind einige Tipps, die es lohnt, zu berücksichtigen und zu üben.

Sich entschuldigen: von Timing bis Ego-Theater

- Übe das, was du sagen möchtest, in einer Meditation oder sprich es sogar laut aus (unter der Dusche, auf dem Fahrrad). Fasse dein Bedauern in Worte. »Es tut mir leid, dass…« und versuche dann, so konkret wie möglich zu benennen,

143

ATMEN.

VERTRAUEN.
Schau,
was passiert

144

wofür du dich entschuldigst. Lass kein schmerzhaftes Detail aus. Wenn nötig, wende das oben genannte auch auf dich selbst an.

- Sei aufrichtig. Nichts ist kontraproduktiver als eine geheuchelte, dahingesagte Entschuldigung. Bist du noch nicht so weit, dich entschuldigen zu können? Dann tu es nicht. Sich zu entschuldigen nur der Entschuldigung halber, ist nutzlos und höchstens eine Möglichkeit, jemandem den Wind aus den Segeln zu nehmen. Auf eine gute Entschuldigung folgt kein »aber…«

- Entschuldige dich ohne Erwartungen. Sei uneigennützig. Entschuldige dich und lass es dann los; es liegt an dem oder der anderen, die Entschuldigung anzunehmen beziehungsweise zu akzeptieren. Du hast in diesem Teil keine Ansprüche zu stellen, und du hast keinen Einfluss darauf. Sei dir dessen von vornherein bewusst.

- Erwarte im Gegenzug keine Entschuldigung des oder der anderen. Ja, es ist schön, wenn es sich um eine bilaterale Transaktion handelt, du kannst jedoch lediglich die Verantwortung für deinen eigenen Anteil übernehmen.

- Eine Entschuldigung macht das, was geschehen ist, nicht rückgängig, sondern markiert in erster Linie einen Neuanfang.

- Timing! Wähle einen guten Moment. Manchmal muss sich alles erst einmal beruhigen. Der beste Moment, um sich zu entschuldigen, ist der, wenn du aufrichtig merkst, dass du etwas nicht richtig, ehrlich oder einfühlsam gemacht hast oder dass etwas einfach nicht in Ordnung war.

- Höre zu, was dir die andere Person zu sagen hat, und respektiere ihre Gefühle und ihre Sicht der Dinge. Du musst nicht sofort darauf reagieren, du kannst das Gesagte zunächst auch im Raum zwischen euch belassen und es dort in Ruhe betrachten.

- Manchmal hat jemand keine Möglichkeit mehr, sich zu entschuldigen oder zu sagen, dass es ihm oder ihr leidtut. Versuche dir dann diese Absicht vorzustellen, ohne Gegenüber. Übe Vergebung von innen heraus und lass sie von dort in die Welt hinaustreten. Oft sind es Kleinigkeiten, mit denen du zeigen kannst, dass du aufrichtig vergeben hast: Du sprichst nicht länger schlecht und hässlich über diese Person, du kannst ohne Urteile, Wertungen oder auch Erwartungen über alles nachdenken, du kannst deine eigene Rolle in dem Ganzen untersuchen, und du kannst aufrichtig sagen, dass es nun abgeschlossen ist.

- Tritt der anderen Person nicht mit der erleuchteten Version von dir entgegen. Nichts ist so ärgerlich wie eine überlegene Haltung, aus der heraus man den eigenen Grad der Selbstentwicklung strahlend und aufgeregt vor sich hertragend, der anderen Person Vergebung schenkt, als sei es etwas, das aus großer Höhe und mit ewiger Noblesse angeboten wird. Sei demütig, menschlich und möglichst unkompliziert. Mach es nicht zu einem Ego-Theater.

// VIELLEICHT DOCH LIEBER EIN COACH?

Die Hilfe eines Profis ist gar nicht so verkehrt

Es ist mir ein Rätsel, warum wir zweimal im Jahr zum Zahnarzt gehen, unsere Brüste und Gebärmutter regelmäßig und präventiv auf unerwünschte »Aktivitäten« untersuchen lassen, unsere Autos jährlich zur Inspektion bringen, uns mit Sonnenschutzmittel einreiben und unsere Augen jährlich einem Augentest unterziehen, uns aber nicht regelmäßig einen Check-up unseres psychischen und spirituellen Wohlbefindens gönnen. Wie geht es mir? Was läuft gut, was könnte besser sein?

Vor noch nicht allzu langer Zeit gingen die Menschen für eine solche Untersuchung zum Stammesältesten oder zum Seelsorger in der Kirche, aber diese früher selbstverständlichen Strukturen existieren heutzutage, hier bei uns, kaum noch. Zum Glück gibt es neuerdings so etwas wie Coaching. Coaching hat mir in einigen Phasen meines Lebens sehr geholfen etwas zu reflektieren, es war prägend, stärkend und ermutigend – wenn ich darüber etwas zu sagen hätte, würde ich Coaching zum Grundrecht für jeden Menschen machen. Ich vermute, dass ich der Coaching-Branche in den Niederlanden einen großartigen Dienst erwiesen habe: Vielen meiner Freunde, die vor Verzweiflung ihre Hände zum Himmel hoben, habe ich den Weg zu einer irdischen Alternative gewiesen: Coaching. *Zu einem Coach zu gehen, ist für mich wie den Kleiderschrank aufzuräumen: Man holt alles von den Kleiderbügeln runter, dreht die Schubladen um, schaut, was noch passt, was abgetragen ist, was weg kann oder gewaschen werden muss, und anschließend faltet man dann alles wieder ordentlich zusammen und legt oder hängt es wieder an den richtigen Platz.* Wenn sich dein Kopf anfühlt wie ein vollgestopfter, staubiger, überfüllter Schrank voller Gedanken, ist Coaching möglicherweise genau das Richtige.

Ein Coach unterscheidet sich von einem Psychologen. Den Unterschied könnte man wie folgt beschreiben: Eine Psychologin ist spezialisiert auf schwerwiegende Problematiken und untersucht die Ursache für bestimmte Verhaltensweisen in der Vergangenheit. Sie stellt eine Diagnose und sucht nach der Ursache dessen, was dich quält. Eine Psychologin ist eine Verhaltensexpertin, die gezielte Therapieformen anbietet. Wenn du Probleme oder Schwierigkeiten hast, mit denen du strukturell konfrontiert bist, ist ein Psychologe oder eine Psychologin sicher eine gute Wahl.

Ein Coach hingegen konzentriert sich mehr auf die Praxis, auf Lösungen. Ein Coach orientiert sich an der Zukunft und wird sich stärker auf das richten, was in der Gegenwart anliegt. Coaching hilft dir, mehr Flexibilität und Klarheit zu erlangen, um deine Ziele zu erreichen, unabhängig davon, ob diese groß oder klein sind. Coaching konzentriert sich daher mehr darauf herauszufinden, wer du bist und was du erreichen möchtest. Es hilft dir bei der (Weiter-)Entwicklung deines Selbstbewusstseins und bei deinem persönlichen Wachstum.

146

Trotzdem möchte ich nicht unerwähnt lassen: Nicht alle Coaches sind gleich gut. Coach ist kein geschützter Beruf. Es ist sogar möglich, sich ohne jede Ausbildung oder Erfahrung als Coach zu bezeichnen. Zwischen den Körnern befindet sich leider auch Spreu. Das heißt, du solltest kritisch sein, und genau schauen, von wem du dich coachen lassen möchtest. Es muss sich für dich gut anfühlen, du solltest dich nicht mit weniger zufriedengeben. *Niemand ist perfekt – aber es ist schon angenehm, wenn die Person, in deren Hände du dich begibst, ihre Hausaufgaben gemacht hat. Ein guter Coach lässt seine eigenen Verletzungen und Muster außen vor, und steht dir davon unbeeinflusst zu Diensten.* Ein guter Coach kann das Beste aus deiner Selbstreflexionsfähigkeit herausholen. Ein guter Coach tröstet nicht überschwänglich, bedauert einen nicht über alle Maßen, ist kein Besserwisser, beruft sich nicht ständig auf spirituelle Weisheiten von der Länge einer Zeile, die sich genaugenommen nicht einmal auf das beziehen, mit dem du gerade zu kämpfen hast. Gute Coaches relativieren die Dinge nicht, reden nichts klein, beschuldigen nicht, urteilen nicht. Was ein guter Coach tut, ist: Dir zuhören, dir Fragen stellen und noch mehr Fragen stellen, dich einladen, dich tiefer mit etwas zu befassen. Gute Coaches geben dir Raum für das, was hochkommt. Er oder sie unterstützt dich dabei, immer tiefer zu entdecken, wer du bist, welche Facetten deine Persönlichkeit (noch) hat und wie du dich entwickeln oder selbst verwirklichen kannst. Und jetzt das Wichtigste: Dein bester Freund, deine beste Freundin oder dein Partner, deine Partnerin kann nicht gleichzeitig dein Coach sein. In einer reinen Coaching-Beziehung besteht kein gegenseitiges persönliches Interesse. Du bezahlst für das, was du erhältst, und damit ist es abgeschlossen. Es ist so angenehm und darüber hinaus völlig ohne Hintergedanken, dein ganzes Leben, uneingeschränkt, vorurteilsfrei und ohne Hemmungen vor jemandem ausbreiten zu können, der dir rein professionell zuhört und dich ermutigt. Hin und wieder braucht jeder von uns so jemanden. Nicht weil wir schwach oder bedauernswert sind, sondern weil man manchmal einfach einen Sparringspartner braucht. Ein guter Coach gibt dir quasi einen kleinen Schubs, damit du weitermachen kannst. An miesen Tagen kann man manchmal einen solchen Schubs gebrauchen.

147

Eine der Grundregeln
des Universums ist, dass nichts
perfekt ist. Perfektion gibt es
einfach nicht ... ohne
Unvollkommenheit würden
weder Sie noch ich existieren.

Stephen Hawking

DIE GROSSE, BÖSE AUSSENWELT

149

// DIE GROSSE, BÖSE AUSSENWELT

Vom Umgang mit Ärger von außen

Wäre das Leben nicht viel, viel einfacher, wenn es nicht die große böse Außenwelt gäbe? Ach, was ist es doch oft nervig, wie eine Kugel im Flipperautomat des Lebens hin- und her geschleudert zu werden. Will man endlich einmal sportlich sein, ist das Fitnesszentrum wegen Umbaus geschlossen. *Will man einmal ausschlafen, fangen die Nachbarn zu renovieren an. Da reagiert man schon mal ruhig und gelassen, ist mit dem anderen einfach nicht zu reden. Kennst du das? Dass du denkst: Ich bin wirklich völlig okay. Es ist mein Umfeld, das mir andauernd Steine in den Weg legt!*

Ich kann mich an Zeiten erinnern, in denen ich auf das Leben mit seinen ewigen Stolpersteinen richtig sauer war. Zeiten, in denen ich endlich alles auf der Kette hatte, und dann schien es auf einmal, als hätte jemand den Stöpsel aus der Badewanne gezogen und so, als würde ich in einem alles mitreißenden Strudel nach unten gezogen, völlig aussichtslos, mich dagegen zu wehren. In schweren Zeiten schickte mir ein Freund einmal diesen Satz: »When life puts you in tough situations, don't say ›why me‹ but ›try me‹.« Wenn dich das Leben in eine schwierige Situation bringt, sage nicht »warum ich?«, sondern »fordere mich heraus«. Das war natürlich überhaupt nicht das, was ich zu diesem Zeitpunkt hören wollte. Ich wollte mich bei ihm einfach ganz laut mit einem WARUM AUSGERECHNET ICH ausheulen, und das habe ich zunächst auch getan. Erst danach war ich bereit, die Wahrheit dieser Worte zu mir durchdringen zu lassen.

Die große, böse Außenwelt ist nicht selten der Grund für miese Tage und weniger gute Momente. Möglicherweise erkennst du dich in folgenden Sätzen wieder:

- Ich habe alles getan, was ich tun konnte.
- Wenn die anderen nicht immer Schwierigkeiten machen würden, …
- Ich habe keine Kontrolle darüber.
- Wenn sie sich nicht immer einmischen würden, …
- Es hört ja doch keiner auf mich.
- Warum muss ich mich damit auseinandersetzen?
- Warum wird auf mich keine Rücksicht genommen?
- Es ist nicht meine Schuld, dass …
- Ich habe nichts falsch gemacht, es ist alles deren Schuld.
- Und jetzt muss ich wieder alles klären/einrenken/lösen.
- Sie haben es darauf abgezielt, mich zu untergraben.
- Ich habe die Nase voll./Ich mache Schluss./Ich kündige.
- Ach, vergiss es. Sollen sie doch zusehen, wo sie bleiben.

Diese Liste kann noch endlos weitergeführt werden. Was diese Gedanken gemeinsam haben, ist, dass es immer an den anderen liegt. *Es gehört wohl ein bisschen dazu, an nicht so tollen Tagen der großen, bösen Außenwelt die Schuld zu geben, denn an solchen Tagen ist es sehr verlockend, andere dümmer, gemeiner und weniger erleuchtet zu finden, als sich selbst.* Ein Bumerang muss zwar erst mit Kraft weggeschleudert werden, kehrt aber mit ebensolcher Wucht wieder zurück. Meistens ist es total sinnlos, an schlechten Tagen immer nur den anderen die Schuld an allem zu geben. Einfach, weil du keinen großen Einfluss darauf hast, was um dich herum geschieht. Du kannst den Wind nicht ändern, aber die Segel anders setzen. Nur für sich genommen ist dieses grimmige Gefühl es schon wert, genauer untersucht zu werden.

Zorn und Wut erzeugen eine mächtige Energie, die uns stark und kämpferisch macht. Diese Energie hilft uns, uns abzugrenzen und uns nicht mit schlechteren Alternativen zufriedenzugeben. Wenn es einem Spaß macht, kann man ziemlich lang in diesem Tal der Vorwürfe umherirren, aber besonders sinnvoll ist das in der Regel nicht. Oft machen wir das nur, weil wir nicht wissen, was wir stattdessen tun sollen. Oder weil wir keine Lust haben, Verantwortung zu übernehmen. Es kommt aber der Punkt, an dem die Wut umgewandelt werden muss, um sie wieder loszuwerden. Wir können uns selbst Fragen stellen wie: Was kann ich tun, um die Situation zumindest für mich selbst zu verbessern? Muss ich Grenzen setzen? Kann ich in mir noch einen Funken Mitgefühl finden, das ich für mein Umfeld oder die Umstände aufbringen kann? Ist mein Frust nur eine Ausrede, um nicht selbst etwas tun oder unterlassen zu müssen? Muss ich mich JETZT sofort damit auseinandersetzen oder kann ich es auch einfach loslassen? Was könnte ich selbst verändern? Ändert es etwas an den äußeren Umständen, wenn ich meine Gefühle aufeinanderstaple (sich beschissen fühlen, weil man sich beschissen fühlt) oder ist dieser miese Tag ohne zusätzlichen Ballast nicht schon mies genug? Was kann ich JETZT tun, um unabhängig von der großen, bösen Außenwelt eine weniger mürrische, verbitterte oder fade Version meiner selbst zu sein?

151

// »UND WAS SAGT DAS ÜBER UNS SELBST?«

Jeder kann unser Lehrmeister sein

Im Kindergarten lernte ich ein Kinderlied, von dem ich die ersten Zeilen noch immer singen kann. Es geht so: »Sieh dich um, sieh dich um. Reicht euch die Hände, ihr seid nicht allein. Wir dürfen gemeinsam singen, gemeinsam spielen und miteinander teilen. Wir sind zwar noch sehr klein, aber gemeinsam spielen ist so fein!« Noch heute bedeuten mir diese liebevollen Worte viel. Du bist nicht alleine auf der Welt. Das ist eine freundliche und hilfreiche Erinnerungsstütze an miesen Tagen, nicht wahr?

Eine allumfassende Freundlichkeit mag spirituell zwar ideal sein, dennoch ist nicht jeder, der bewusst lebt, sofort ein Allerweltsfreund. Mal ganz ehrlich, mir kann niemand weismachen, dass man seine freie Zeit gerne mit dem neugierigen Nachbarn vom dritten Obergeschoss, mit dem oder der unzufriedenen Ex oder der nervigen Frau verbringt, die mit ihrem schrillen, gekünstelten Lachen auf jedem Fest die Schallmauer durchbricht. *Anderen Liebe, Glück und Sicherheit zu gönnen, ist mitunter etwas ganz anderes, als mit ihnen gemeinsam gemütlich Zeit auf der Couch zu verbringen. Wir können zwar versuchen das zu idealisieren, aber die Realität ist eben anders.*

Wenn uns die Schwingungen anderer nicht positiv beeinflussen, kann es besonders an miesen Tagen empfehlenswert sein, sich vor dieser Energie abzuschirmen. Zur Not kapselt man sich vorübergehend ein. Wenn andere jedoch die Ursache unserer miesen Tage sind oder diese sogar verstärken und verschärfen, sollte man besser der Frage nachgehen, warum einem das Umfeld so unter die Haut geht. Es ist natürlich ein abgedroschenes Klischee, aber wenn wir uns über jemanden ärgern oder eine Abneigung gegen jemanden haben, sagt das häufig auch etwas über uns selbst. Offensichtlich löst die andere Person in uns Widerstand aus. Etwas im Anderen findet bei uns Widerhall, und das verursacht ein unangenehmes Gefühl. Das hört man nicht gern, weil es viel einfacher ist, dem anderen die Schuld in die Schuhe zu schieben. Wenn es aber zutrifft, kann man besser ehrlich sein und es auch zugeben, denn mit dieser Ehrlichkeit kann man Raum und Abstand für sich selbst gewinnen. Das kann man mit sich selbst abmachen, im Inneren, für etwas mehr Luft und etwas weniger Anspannung.

Von jedem, der uns über den Weg läuft, kann man etwas lernen. Ich meine damit wirklich von jedem, den man jemals getroffen hat oder noch treffen wird. Andere sind der perfekte Spiegel dessen, was man selbst ausstrahlt. Es gibt spirituelle Richtungen, die davon ausgehen, dass jeder, der deinen Weg kreuzt, eine bestimmte Bedeutung für deinen Lebensweg hat. Ich weiß nicht, wie wörtlich man dieses »Wege kreuzen« nehmen muss – ich denke dabei immer, dass jede überfüllte Straßenbahn dann einen äußerst intensiven Austausch bewirken müsste – aber es ist sicher interessant, auf welche Weise man jede Interaktion mit anderen für einen Schnellkurs Selbsterkenntnis nutzen könnte. Damit verändert sich das, was an einem miesen Tag »ärgerlich« ist, in »interessant«. Die Kunst dabei ist zu entdecken, was genau man vom anderen lernen kann. In diesem Zusammenhang hat sich eine populäre Frage entwickelt, die oft etwas passiv-aggressiv verwendet wird: »Und was sagt das eigentlich über dich?« (Ich rate davon ab, diese Frage in pseudo-therapeutischen Situationen oder in lautstarken Auseinandersetzungen zu stellen.) Aber im Grunde ist es eine gute Frage: Was sagt das eigentlich über mich? Nicht nur Ärgernis, sondern auch Bewunderung oder Verliebtheit, aber auch weniger bedeutungsvolle Gefühlsregungen können mit dieser Frage untersucht werden. Was ist es genau, was diese Reaktion oder dieses Gefühl hervorruft? Gibt es etwas, was man vielleicht selbst mehr oder besser, beziehungsweise gerade weniger können oder sein will? Ich selbst habe beispielsweise eine gewisse Allergie gegen Menschen, die immer darüber jammern, sie seien krank und schwach – aber das sagt vermutlich eher etwas über meine Unfähigkeit, meinem eigenen Wohlbefinden hin und wieder etwas liebevoller zu begegnen.

Man sollte an miesen Tagen versuchen, nicht alle Pfeile auf die anderen zu richten. Vielmehr sollten wir den Mut aufbringen, uns zu fragen: Kann ich aus dieser Situation etwas darüber lernen, wer ich bin und was ich wichtig finde? Kann ich mich an dieser Stelle vielleicht in liebevoller Güte und Mitgefühl üben?

// ERSTE HILFE BEI ENERGIEVAMPIREN

Wir haben jeden Tag mit anderen Menschen zu tun. So ist das nun einmal. Offline und online, weit weg oder ganz in der Nähe. Wenn du in deiner Umgebung Energievampire ausmachst, solltest du versuchen, dich bewusster abzugrenzen. Es ist jetzt nicht der richtige Augenblick, dich mit der Freundin zu treffen, die einem immer die letzte Energie raubt. Überlege, wie du mit diesem einen bestimmten Kollegen auf andere Weise zusammenarbeiten kannst. Lass das Telefon einfach mal klingeln. Lass die Vorhänge einen Tag lang geschlossen, wenn es das ist, was du gerade brauchst. Aber manchmal »muss« man eben doch, kann man sich der Außenwelt nicht gänzlich entziehen. Eine hilfreiche Visualisierung, die ich zum Thema gelernt habe, ist das goldene Ei. Du kannst sie anwenden, bevor du einen Raum betrittst oder eine Verabredung hast. Du nimmst dir einfach ein paar Minuten Zeit und stellst dir eine dünne, goldene und unzerstörbare Schale um dich herum vor, durch die ausschließlich positive Energie gelangen kann. In dem Ei bist du völlig sicher und geschützt. »Haha, ich soll mich in ein goldenes Ei hineindenken!«

Genau. Und es hilft, das verspreche ich.

// DIE LEBEN, DIE DU NICHT FÜHRST

Als ich entdeckte, was im Englischen »to sonder« bedeutet

Als junges Mädchen erschien es mir groß-art-ig, in einem Waisenhaus zu wohnen. Ich schlief im großen Dachzimmer unseres Eckhauses. Mein Bett mit braunem Metallgestell hatte ich von meinen Großeltern übernommen, darunter war ein zweites Klappbett geschoben. Dieses zweite Bett habe ich oft mit meiner besten Freundin Mariette aufgeklappt. Wir stellten die Betten dann im Abstand von einem Meter zueinander auf, dazwischen ein Nachtkästchen. Das war schon fast ein echter Schlafsaal. Darum herum bauten wir mit viel Fantasie ein großes, trostloses Waisenhaus. Zweifelsohne kam dieses Bedürfnis von den vielen Malen, die ich *Annie*, den Film von dem rothaarigen Mädchen, das die verrücktesten Abenteuer erlebt, gesehen hatte. Dass man, um Waisenkind zu sein, beide Eltern verloren haben muss, daran dachte ich keinen Augenblick.

Die Faszination für die Leben, die wir nicht führen, hat es bei mir also immer schon gegeben. Möglicherweise erkennst du dich in dem Folgenden. Als Kind können wir oft darüber staunen, wie groß die Welt ist und was man alles werden und erleben kann, und manchmal tun wir das auch noch als Erwachsene. Ich hatte schlaflose Nächte vor lauter Gedanken über das physikalische Konzept des Paralleluniversums, in dem in unzähligen Parallelwelten – sie werden mit kleinen Bläschen verglichen – das eigene Leben in verschiedenen Varianten abläuft. Jedes Mal, wenn man rechts abbiegt, biegt man auch links ab, und es entsteht eine neue Parallelwelt oder eben ein Bläschen. Bei jeder Entscheidung, die wir treffen, wird eine andere nicht getroffen. Bei jeder Abzweigung, die wir nehmen, wird eine andere nicht genommen. Aber in Parallelwelten können wir alle Leben gleichzeitig führen. Mit den Theorien von Stephen Hawking im Hinterkopf sehen wir Badeschaum auf einmal mit völlig anderen Augen.

Es gibt also unzählige Leben, die wir nicht führen. Und es gibt unzählige Leben, die wir auch hätten führen können – wenn wir ein anderes Studium gewählt hätten, beim Ex-Partner geblieben oder doch ins Flugzeug gestiegen wären. *An miesen Tagen sind das nicht gerade die erfreulichsten Szenarien, die man im Kopf weiterspinnen sollte. »Wenn ich doch…«, »Hätte ich bloß…« Je weniger man sich im eigenen Leben zu Hause fühlt, desto größer ist der Wunsch, dass alles anders sein möge, als es ist.*

Trotzdem hat es auch eine positive Seite, sich der Leben, die man nicht führt, bewusst zu werden. Vielleicht erinnern wir uns dadurch daran, was uns im Leben wirklich wichtig ist, nicht so sehr im praktischen Sinn, vielmehr in Hinsicht auf die Bedeutung, die etwas für uns hat. Vielleicht will man nicht unbedingt in Tansania, sondern einfach nur mehr in der Natur leben. Vielleicht ist es ganz okay, dass man

154

Ich

BRAUCHE

DICH

155

kein Berufstänzer geworden ist, das bedeutet jedoch nicht, dass einem Tanzen kein gutes Gefühl mehr geben kann. Die Einsicht, dass unser Lebenslauf ist, was er ist, ist einerseits eine Übung in Hinnahme und andererseits ein hervorragender Kompass.

Meiner Meinung nach ist es einer der tröstlichsten Gedanken überhaupt, dass dein Leben – wie langweilig, blöd, sinnlos oder mies es zurzeit auch sein mag – auf jeden Fall dein eigenes Leben ist. Und dass das genug ist. Und sich lohnt. Jeder hat seine eigene, einzigartige Geschichte – und gerade das verbindet uns miteinander. Die grundlegenden Bestandteile sind eigentlich immer dieselben: Liebe, Hoffnung, Verlangen, mal Rückenwind, mal Gegenwind. *Die Vorstellung, ein Knoten in einem gigantischen kosmischen Teppich zu sein, der sich an keiner anderen Stelle befinden könnte, ohne das Muster zu zerstören, ist unheimlich tröstlich.*

Weißt du, was das neugeschaffene englische Verb »to sonder« bedeutet? Ich hörte dieses Wort zum ersten Mal im Podcast *S-Town*, ein hervorragender Bericht über das Leben eines einzigartigen Mannes, der ohne diesen Podcast wahrscheinlich vielen völlig unbekannt geblieben wäre. »To sonder« bedeutet zu erkennen, dass jede willkürliche Person ein Leben führt, das genauso lebenswert und komplex ist wie dein eigenes – voller Zielsetzungen, Freunde, Routinen, Sorgen und Wahnsinn, verwoben in zahllosen Geschichten, die sich ohne unser Wissen entwickeln, mit unzähligen Übergängen in Tausende andere Leben, von deren Existenz wir niemals erfahren werden, und in dem wir vielleicht nur ein einziges Mal vorkommen, als Randfigur, die im Hintergrund Kaffee trinkt, als erleuchtetes Fenster in der Abenddämmerung oder als verschwommener Fleck, der auf der Autobahn vorbeizieht. Diese Definition stammt von John Koenig, dem Gründer des spannenden Projekts »The Dictionary of Obscure Sorrows«. Koenig erfindet Wörter für Gefühlsregungen, die in bestehenden Sprachen bisher nicht ausreichend ausgedrückt werden können, damit wir einander besser verstehen. Gleichzeitig will er bewusst machen, über welch umfangreiche Gefühlspalette wir verfügen. Sein TED-Talk hierzu ist online zu finden.

Die Einsicht, dass jeder von uns ein Leben führt, das sich auf die eine oder andere Weise lohnt, bewirkt, dass wir uns mit anderen verbunden fühlen. Wir spielen eine Rolle in sehr vielen Leben, ohne dass wir uns dessen überhaupt bewusst sind. Wenn du dich klein, unbedeutend und schlecht fühlst, sollte dir dies ein kleiner Trost sein. Du lebst dein Leben, und es ist ein einzigartiges Leben.

// ENTGIFTUNG VON DEN SOZIALEN MEDIEN

Nicht länger vernetzt bis zum Überdruss

Ich gehöre nicht zu denen, die soziale Medien als Teufelswerk betrachten, und ich denke auch nicht, dass unsere Zivilisation an zu vielen »Likes« zugrunde gehen wird. Dank sozialer Medien habe ich besondere Menschen kennengelernt, mir Inspirationen geholt, neue spirituelle Lehrer gefunden und bin an Orte gelangt, die ich anders nicht besucht hätte. So habe ich einmal einen Tag lang mit einer jungen, brasilianisch-japanischen Frau, die mir auf Instagram mitgeteilt hatte, die internationale Ausgabe der *Happinez* zu lesen, Tokio erkundet. Wir waren mit ihren Freunden in kleinen Restaurants essen, und sie hat mich zu Tempeln geführt, die ich als Tourist niemals gefunden hätte – das war außergewöhnlich und sehr wertvoll.

Wenn es im Leben gerade mal weniger gut läuft, sind soziale Medien jedoch einfach ekelhaft. Alle anderen scheinen dann fröhlicher, organisierter, jünger, moderner, erfolgreicher und klüger zu sein als man selbst. Darüber hinaus haben sie die Macht, aus allem einen enormen Einheitsbrei zu machen. Ist es nicht unfassbar, wie vielen Menschen Messinghaken in der Form kleiner Palmen, eine Couch mit rosa Samtbezug, grüne Hängepflanzen oder rot karierte Ibiza-Kleider gefallen? *Wenn wir nicht in Höchstform sind, entsteht ein Kurzschluss in unserer Seele. In der Menge unsichtbar zu werden, tut der Seele nicht gut. Das ist meiner Meinung nach auch der Grund, warum soziale Medien oft so zwiespältige Gefühle hervorrufen. Sie führen uns weg von unserer Ursprünglichkeit, von unserem eigenen Geschmack, von dem, was wirklich zu uns passt.* Und an miesen Tagen geschieht das gleich zehnmal so schnell. Wir verlieren uns selbst, und das verursacht durchweg ein schlechtes Gefühl.

Wenn ich merke, dass die sozialen Medien mich nerven oder enorm viel Zeit fressen, läuten bei mir die Alarmglocken. Es gibt aber auch Tage, an denen ich auf dem Sofa abhänge, das Smartphone in der Hand und nichts anderes tue, als über den Bildschirm zu wischen. Es gibt kaum etwas Zeitraubenderes und Geisttötenderes als die stundenlange Beschäftigung mit dem Smartphone – mit einem Mal ist es halb elf, und man hat noch nicht einmal gegessen, geschweige denn etwas Nützliches getan. Soziale Medien scheinen wie gemacht für miese Tage und die vielen weniger guten Augenblicke. Sie bieten eine ausgezeichnete Mischung aus einer sich wiederholenden Tätigkeit, die wenig Aufwand erfordert, und trotzdem kurze Zufriedenheitsmomente mit sich bringt. Gerade ausreichend, um unseren Geist in eine Art Stand-by-Zustand zu versetzen, der sich weder wie Wachsein noch wie Schlaf anfühlt. Also eine Droge zur Betäubung an miesen Tagen.

Die Auswirkung von sozialen Medien auf unser Gehirn wird derzeit noch untersucht. Online tauchen bereits Ausdrücke wie »Snapcrack« und »Instagrams« auf:

157

Soziale Medien scheinen, genau wie andere Drogen, kleine Kicks auszulösen, wodurch unser Gehirn das Glückshormon Dopamin produziert. 2014 habe ich die Wisdom 2.0-Konferenz besucht, eine jährliche Veranstaltung in San Francisco über bewusste Lebensführung in unserer heutigen modernen Zeit, bei der spirituelle Lehrer wie Jon Kabat-Zinn und Byron Katie auf derselben Rednerbühne stehen wie die Designer und Geschäftsführer großer Technologieunternehmen wie Google und Facebook. Das größte Gesprächsthema war: Wir haben unser Denken manipuliert.

Es stimmt, vielleicht finden wir zufällig das passende aufmunternde Zitat oder lustige Foto, das uns aus unserer Lethargie befreit, aber seien wir mal ganz ehrlich: Wenn man in einem nebulösen Seinszustand auf dem Smartphone scrollt, ist es, als würde man die Nadel im Heuhaufen suchen. Wir müssen erst durch 574 Fotos blättern, bis wir endlich unseren Kick bekommen.

Wie schwierig es dir an miesen Tagen auch scheinen mag – ziehe den Stecker raus. Leg das Ding einfach zur Seite. Immer mehr Orte haben anstelle von Hot Spots sogenannte »Not Spots«: das heißt, anstelle von öffentlichen drahtlosen Internetzugängen Bereiche ohne jeglichen Empfang. Suche diese Orte auf oder schaffe dir selbst einen. In der Zeit, die du so gewinnst, kannst du deinen eigenen Gedanken ein »Gefällt mir« geben. *Vielleicht ist es an der Zeit – ohne die unbewussten Tricks des eigenen Egos und den Errungenschaften all der anderen wie Traumhäuser, neue Beziehungen und tolle Jobs –, unseren eigenen Wert zu bestimmen. Soziale Medien sind eine Art Komasaufen für das Ego, das versessen ist auf Vergleiche, verrückt nach Anerkennung und durch Aufmerksamkeit, Bestätigung und Kontakt erst so richtig glücklich wird.*

Und dann? Dann bleibt Zeit übrig, endlich Zeit wie Sand am Meer, die wir besser nutzen können für Tätigkeiten, die uns guttun. Wie zum Beispiel Schlafen. Gespräche mit echten Menschen führen. Für Bewegung, ja, mit dem Körper. Meine erholsamsten Ferien waren die, in denen das WLAN-Signal richtig mies war. Die ersten 24 Stunden war ich im Schock, danach war es ein Geschenk des Himmels. Einfach unter dem Wasserfall stehen und sich nicht währenddessen die perfekte Bildunterschrift ausdenken. Einfach mal keine Ahnung haben, ob die Welt gerade in Flammen steht, weil man daran zurzeit doch nichts ändern könnte.

// MIESE TAGE UND SOZIALE MEDIEN

Vielleicht solltest du das Smartphone eine Weile zur Seite legen, wenn du dich in folgenden Sätzen wiedererkennst:

- **Ich denke »warum habe ich das nicht« anstatt »schön für sie/ihn«.**
- **Es ist mir ein Bedürfnis, meine Lebensrealität schöner zu machen, als sie ist.**
- **Ich überprüfe ständig, wie viele Follower die anderen haben.**
- **Ich klicke immerzu auf »aktualisieren«, um zu sehen, wie die Anzahl der erhaltenen »Gefällt mir« steigt.**
- **Ich meine gelegentlich ein Foto von mir selbst zu sehen, dabei sehen die Beiträge der anderen nur haargenau wie meine aus.**

Praktische Tipps

- Schalte Benachrichtigungen aus. Lass dich nicht pushen.
- Verwende keine Apps, sondern die Desktop-Versionen von Instagram & Co.
- Schließe dein WLAN an eine Zeitschaltuhr an.
- Lege dein Handy außer Reichweite ab, am besten nicht in dem Raum, in dem du dich gerade aufhältst.
- Melde dich von 90 Prozent all deiner Newsletter ab.
- Öffne keine sozialen Medien, bevor du den Arbeitstag begonnen hast und auch nicht, wenn du gerade einen langen Tag abgeschlossen hast.
- Notiere dir eine Woche lang genau, wie viel Zeit du mit sozialen Medien verbracht hast und was du eigentlich stattdessen machen wolltest.
- Entfolge oder entfreunde Personen, deren Beiträge dir nichts bringen, beziehungsweise deaktiviere ihre Hinweise. Gestehe dir zu, wählerisch zu sein, und denke gut darüber nach, worauf du deine kostbare Aufmerksamkeit richten möchtest.
- Entscheide, welche soziale Medienplattform am besten zu dir passt und lass die anderen bleiben (ich habe beispielsweise mein Twitteraccount schon vor Jahren gelöscht, weil es einfach nicht zu mir passte).
- Denke gut darüber nach, was du willst und brauchst, und setze die sozialen Medien strategisch für dieses Ziel ein.
- Wähle nur einige Themen, für die du dir Inspirationen wünschst oder für die du dich motivieren lassen möchtest und konzentriere dich dann längere Zeit darauf. Wenn du genug Anregungen bekommen hast, einfach wieder »entfolgen«. Als ich mit meinem Umzug beschäftigt war, folgte ich vielen Stylisten und Interieurspezialistinnen. Jetzt, wo meine Wohnung mehr oder weniger fertig eingerichtet ist, weckt das nur noch sinnlose Konsumgelüste und bringt mir keinen positiven Nutzen mehr.

160

// SCHALTE DIE NACHRICHTEN AUS

Mache deine Welt überschaubar

Wir leben in einem Medienzeitalter, in dem die Medien den totalen Überfluss bieten und ständig auf Sendung sind. Das gilt natürlich nicht für alles und jeden, aber im Großen und Ganzen haben wir Zugang zu einer unendlichen Auswahl an Nougatcremes, Sockenfarben, Zahnbürsten und Fahrradklingeln. Und dasselbe trifft auf Informationen zu. Den ganzen Tag über erreichen von allen möglichen Seiten und in allen möglichen Formaten, Farben und Sprachen Nachrichtenreize unser Gehirn: über das Radio, die sozialen Medien, über Bildschirme, Laufschriften-Ticker und so weiter. Was auch immer in der Welt geschieht: Es kommt bei uns an.

Lange Zeit war auch ich nachrichtensüchtig. Ich brüstete mich damit, verschiedenste Zeitungen und Zeitschriften zu lesen, Teletext zu folgen und das Internet nach geistreichen Kritiken, Kolumnen und Podcasts zu durchforsten. Ich habe einen journalistischen Hintergrund, und lange Zeit kommentierte ich das mit: Ja, ich habe nun einmal ein Diplom in Wissensdurst. Auch wenn ich nie bei einem Nachrichtensender oder Nachrichtenmedium gearbeitet habe, diese Informationsreize waren für mich das Größte.

Und wenn ich nun ausschließlich qualitativ hochwertige Informationen zu mir nähme? Tja, ich muss gestehen, dass auch die Tratsch-und-Klatsch-Abteilungen nationaler und internationaler Nachrichtenwebsites zu meiner täglichen Suchrunde nach Stimulanz gehörten. Manche Menschen rauchen, andere trinken Kaffee, und wieder andere brauchen zwischendurch eine Dosis Nachrichten – ich gehörte zur letzten Gruppe. Suchmaschine öffnen und … kurz einmal schauen, wie es der Welt ergeht und Sylvie Meis, plus dem ganzen britischen Königshaus. Das Ganze wurde zum Störfaktor in meinem Leben. Ich las die Schlagzeilen gleich nach dem Aufstehen, ich las die Schlagzeilen kurz vor dem Schlafengehen.

Ich habe mal gehört, dass von den Tausenden Geschichten, von denen man jedes Jahr erfährt, nur ganz wenige für das eigene persönliche Leben wirklich relevant sind. *Jeden Tag ereignet sich unendlich viel, aber die Wahrscheinlichkeit, dass es uns widerfährt oder uns berührt, wird nicht größer oder kleiner, wenn wir bis ins kleinste Detail darüber informiert sind.* Die weltbewegenden Nachrichten und was wirklich wichtig ist, erreichen uns von selbst, dafür müssen wir nicht alles rund um die Uhr in den Schlagzeilen verfolgen. Wir können unser Verlangen nach Neuigkeiten auch auf festgelegte Zeitpunkte beschränken und dafür bloß eine Handvoll qualitativ hochwertige Quellen benutzen.

Das Problem ist nur, dass es sich nicht so anfühlt, als hätten die Neuigkeiten nicht wirklich Bedeutung. Nachrichten stimulieren uns. Sie machen uns wach und aufmerksam und geben uns ein Gefühl der Anteilnahme und Verbundenheit. Bloß womit? Ein konstanter Nachrichtenstrom erzeugt Stresshormone, stört unsere Konzentration

161

(und kann diese sogar langfristig beeinträchtigen) und ist außerdem ein Störfaktor in unserem Alltag. Nachrichten machen geradezu süchtig, man will wissen, wie sich die Geschichte weiterentwickelt, wie sie abläuft, deshalb bleibt man dran. Das geht jedoch auf Kosten unserer Kreativität und unseres Denkvermögens, die freien Raum ohne Ablenkungen benötigen. An miesen Tagen ist uns nicht geholfen mit Nachrichten, die nicht positiv zu unserem Wohlbefinden beitragen.

Wenn du dich nicht gut fühlst, ist eine Nachrichtenpause eine hervorragende Idee für dich. Was hast du davon zu wissen, dass es irgendwo in Amerika eine Schießerei gegeben hat oder dass Janet Jackson wieder Locken hat? Nichts.

Es ändert nichts an deinem Leben hier und jetzt, außer dass es dich berieselt. Es verursacht Gefühlsregungen, die nicht Teil von dir sind und die dir in der Gegenwart nicht helfen. Wir können unsere Energie besser nach innen richten, auf das, was in unserem Inneren an Nachrichten und Schlagzeilen nach oben kommt. An miesen Tagen lasse ich die Nachrichten aus aller Welt einfach links liegen.

// GELDSORGEN

Geld ist wichtig und eigentlich auch wieder nicht

Geld ist ein heikles Thema und gefühlsmäßig hat so etwas Praktisches und Irdisches nur wenig mit persönlichem Wachstum und innerem Frieden zu tun. Über Geld zu reden ist so … so banal. »Es ist ja nur Geld!« sage ich munter, wenn ich ein Strafmandat für falsches Parken erhalten habe oder wenn es am Ende des Monats auf dem Konto etwas mager aussieht. Gewiss, Geld und Spiritualität finden einander oft ziemlich kompliziert, als wären sie die beiden größten Gegenpole zwischen Himmel und Erde. Für manche ist das Verhältnis zu Geld eine Messlatte für Erleuchtung: Wenn man sich Sorgen darüber macht, hat man offenbar nicht genügend Vertrauen. Angst vor schlechten Zeiten? Dann gilt es noch einige Seelenarbeit zu leisten. Aber sag einmal so etwas wie »Geld macht nicht glücklich« zu einer alleinstehenden Mutter, die von Sozialhilfe leben muss. Auch wenn deine Seele vollstes Vertrauen in den Überfluss hat, Brot kannst du damit beim Bäcker nicht kaufen.

Geld spielt eine Rolle, so ist das nun einmal. Es ist eine Tatsache, und wenn wir unser Leben nicht auf völlig alternative Weise leben möchten, brauchen wir Geld, um davon leben zu können. Viel oder wenig Geld, es ist und bleibt Geld. Leider können Geldsorgen ein sehr konkreter Grund für miese Tage sein. Unter Umständen verwendest du dein Geld auch dafür, um es an miesen Tagen gegen ein gutes Gefühl einzutauschen, in der Form von ins Haus geliefertem Sushi, neuen Schuhen oder einer Online-Bestellung, bei der du einfach auf »Bestellen« klickst, ohne auch nur irgendetwas wieder aus dem übervollen Warenkorb zu löschen.

Wenn Geld und miese Tage für dich in irgendeinem Zusammenhang stehen, solltest du dir dessen bewusst werden, denn Geld an sich ist weder gut noch schlecht. Im Grunde ist Geld gar nichts. Es ist nur Energie, die ausgetauscht wird. Wir tun etwas und erhalten Geld dafür, oder wir geben Geld aus und erhalten dafür etwas anderes zurück. *Es sind unsere Assoziationen, die zu einem guten oder schlechten Verhältnis mit Geld führen. Wenn uns Geld wütend oder traurig macht, hat das oft mit etwas Größerem zu tun, dann besteht ein Ungleichgewicht zwischen Aufwand und Belohnung oder zwischen Einkünften und Ausgaben.* Irgendwo passt dann etwas nicht. Und an miesen Tagen fällt uns dieses Ungleichgewicht viel stärker auf.

Auch ich bin zwiegespalten, was Geld betrifft. Einerseits habe ich keine Geldsorgen. Ich brauche nicht mehr als ich derzeit habe, ich kann mich selbst und meine Kinder ernähren und versorgen, gleichzeitig ist mein Leben auch nicht so übertrieben sorgenfrei, dass ich alles tun und kaufen könnte, was mein Herz begehrt. Damit ist alles in einem guten Gleichgewicht. Gleichzeitig kenne ich mich gut genug und weiß, dass in meinem tiefsten Inneren auch eine Angst vor schlechten Zeiten sitzt. Nicht, weil ich nicht einfacher leben könnte – ich habe in meinem

163

Leben schon einmal meine finanzielle Sicherheit und meinen Komfort aufgegeben, um meinem Herzen zu folgen – sondern weil ich Angst davor habe, meinen Kindern keine Sicherheit und keine Kontinuität bieten zu können. Was mir im Leben wirklich wichtig ist, hat nichts mit Geld zu tun, und gleichzeitig ist Geld etwas, das mir die Möglichkeit bietet, nach meinen Grundwerten zu leben. Ich brauche keinen Überfluss, will aber auch nichts entbehren müssen. Ich will Freiheit. Mangel bedeutet Abhängigkeit. Ziemlich kompliziert das Ganze!

Worauf es auch hier hinausläuft, ist Gleichgewicht. Dass es ausreicht. Mich interessiert nicht so sehr diese Unternehmensspiritualität, die einem verspricht, innerhalb eines Jahres mit nur sechs Stunden Arbeit pro Monat eine Million Euro verdienen zu können. (Es muss uns bewusst sein, dass spirituelle Geldgurus diesen Betrag verdienen, weil wir ihnen das ermöglichen – das entspricht in gewissem Sinne einem Pyramidenspiel mit ganz unten den Verlierern, die offensichtlich nicht aus eigener Kraft ein Geschäft aufbauen können). Die Kunst besteht darin, dein persönliches Gleichgewicht zu bestimmen. Herauszufinden, was für dich ausreichend ist. Dazu schreibt Lynne Twist, Aktivistin und Autorin des Buches *Die Seele des Geldes* sinngemäß: Wenn wir unser Streben nach mehr von dem, was wir eigentlich nicht wirklich brauchen, loslassen, setzt Energie wie Sand am Meer frei, die wir verwenden können, um mit dem, was wir bereits haben, etwas zu bewirken.

An miesen Tagen ist es hilfreich, wenn wir einsehen und begreifen, dass Geld und Überfluss nichts miteinander zu tun haben. Ein abgedroschenes Klischee, aber es kommt nicht von ungefähr. Echter Reichtum ist Liebe, Freundschaft, Sonnenlicht, schöne Wolken, glitzerndes Wasser oder ein weiter Horizont.

Das ist es, was unser Glück ausmacht. Denn nicht alles, was einen Wert hat, kann gegen einen materiellen Wert eingelöst werden, und unser Bankkonto sagt nichts darüber aus, wer wir wirklich sind.

Ist Geld etwas, was dir an miesen Tagen Sorgen bereitet? Dann könnte dir eine Auseinandersetzung mit den folgenden Fragen vielleicht weiterhelfen:

- Welche Energie hat Geld für dich? Verwendest du Geld, um dich zu trösten, um Eindruck zu machen oder um dich abzulenken? Oder verwendest du es, um dich selbst so gut wie möglich zur Geltung zu bringen?
- Fällt es dir leicht, für eine Mühe, einen Aufwand oder eine Anstrengung ohne Gewissensbisse Geld zu verlangen? Gelingt es dir, Geld als eine Form der Belohnung zu sehen, genauso wie Freude, Energie oder Wachstum?
- Welche Werte stehen auf dem Spiel, wenn du nicht genug Geld hast? Mir hilft es zu wissen, dass meine Angst vor Knappheit eigentlich mein Bedürfnis nach Sicherheit ist. Diese Einsicht hat mir den Druck abgenommen und weist mich auf etwas, das gar nicht so viel mit Geld zu tun hat und auf tausend andere Arten erreicht werden kann.

- Was würdest du tun, wenn du morgen im Lotto gewinnst? Was wird in solchen Tagträumen wachgeküsst? Freiheit, Reisen, ein anderer Job, Luxus, Vergnügen? Könntest du das eventuell auch auf andere Art und Weise erreichen?
- Setzt du dich auch mit Alternativen auseinander, wie etwa Tauschbörsen oder Second Hand kaufen/verkaufen? Wir können auf unseren finanziellen Haushalt Einfluss nehmen, indem wir herausfinden, ob wir unsere Geldströme anders einteilen können.
- Hast du einen Überblick über deine Finanzen? Weißt du, wie viel hereinkommt, wie viel du ausgibst und wie du deine Prioritäten in der Vergangenheit, Gegenwart und Zukunft verteilt hast? Geld ausgeben ist nicht schwer, es kann jedoch interessant sein, eine Übersicht darüber zu haben, ob das, was du für das Geld erhältst, auch wirklich wertvoll ist. Du solltest wissen, wohin dein Geld (das im Grunde auch nur Energie ist) geht. Anders gesagt, du solltest wissen, wohin es strömt. Überprüfe, ob du möchtest, dass deine Energie dorthin hinfließt, auf kurze, aber auch auf lange Sicht.
- Wenn deine Finanzen klar und übersichtlich sind, hat das Einfluss auf dein ganzes Leben. Wie man mit Geld umgeht, ist nicht selten ein Abbild dessen, wie man sich fühlt. Es gibt einem ein angenehmes und entspanntes Gefühl, wenn man genau weiß, wie es um die finanzielle Grundlage bestellt ist. Das bedeutet nicht, dass du unbedingt mit Excel-Tabellen arbeiten musst. Wie man sich einen finanziellen Überblick verschafft, kann bei jedem von uns ganz anders aussehen. Die Frage ist nicht so sehr »wie«, sondern hauptsächlich »ob« unsere Geldsituation transparent ist.
- Erstelle eine Liste mit zwei Spalten. Schreibe in die linke Spalte, wofür du dein Geld ausgibst, und in die rechte Spalte, was genau du damit erwirbst. »Kaffee trinken in der Stadt« kann sein: sozialer Kontakt. »Neue Schuhe« kann sein: persönlicher Ausdruck. Danach erstellst du eine neue Liste. In die linke Spalte schreibst du nun die Wörter aus der rechten Spalte bei der ersten Liste. Für die leere rechte Spalte denkst du dir jetzt Alternativen aus, die dasselbe Ergebnis liefern, jedoch mit weniger oder gar keinem finanziellen Aufwand verbunden sind. »Sozialer Kontakt« kann auch sein: gemeinsam im Park spazieren gehen oder sich in der Bibliothek treffen. Wenn wir, unabhängig vom Geld, zum Ausdruck bringen können, was für uns wichtig und wertvoll ist, macht uns das kreativer und es vergrößert unsere Welt.
- Siehe auch Seite 70 und 185–188 über Qualität statt Quantität. Möglicherweise findest du dort auch Erkenntnisse, die für dein finanzielles Verhalten interessant sein könnten.

// WAS IST DEIN ZUFLUCHTSORT?

Plus: die »Notfallliste«

Wenn man sich mal nicht so wohlfühlt, ist es angenehm, in einer sicheren Umgebung sein zu können, die Ruhe ausstrahlt. Du kannst dir auch die Bettdecke über den Kopf ziehen, bloß wird es da schnell muffig und heiß. Du kannst auch andere, größere Räume zu deinem Zufluchtsort erklären, dann hast du immer einen Ort, an den du dich zurückziehen kannst.

Der Trost, den eine sichere Umgebung bietet, hängt sicherlich mit einem kindlichen Bedürfnis nach Begrenzung zusammen. Vielleicht erinnerst du dich noch an das Gefühl, wie es war, in einem selbst gebauten Zelt zu sitzen. Nachdem du Bettlaken über die Stühle gehängt, diese mit Wäscheklammern befestigt und ein paar Kissen ins Innere geschleppt hattest. Ein gemütlicher, sicherer Ort, an dem du dich verstecken konntest, während die Geräusche des Alltags von draußen hörbar waren. Es war auch ein idealer Ort zum Schmollen. Die Kombination von hartem Fußboden und dem Geruch von Waschmittel ist meine Erinnerung an einen miesen Kindertag. Das muss man sich heute einmal vorstellen: ein Zelt im Wohnzimmer. Als Erwachsene nennen wir das ein Tipi, und für die meisten von uns ist das etwas, was wir nur noch von Instagram kennen.

Obwohl viele der Tipps in diesem Buch beschreiben, wie wir die Orte in uns selbst finden können, die uns Sicherheit und Schutz bieten, ist es ein hervorragender Plan herauszufinden, in welche realen Räume wir uns bei Unannehmlichkeiten und Rückschlägen zurückziehen können. Orte, wo unser Körper sich entspannt, unser Geist zur Ruhe kommt und das Leben übersichtlicher wirkt. Wo wir unsere Wunden versorgen können, unsere Tränen trocknen und unsere Gefühle und Gedanken erforschen und ordnen können. Ganz oben auf meiner Liste steht die Bibliothek. Dort ist es still, und Bücherregale sehen auf der ganzen Welt ungefähr gleich aus. Die Leute dort sind in Bücher vertieft, und man kann sich dort jederzeit gut verstecken. In der Bibliothek fühle ich mich niemals einsam, aber angenehm alleine und unerkannt. Auf meiner Liste steht auch Wasser, am liebsten eine Meeresküste – der unendliche Ozean erinnert mich an meinen Platz in der Ordnung der Dinge. Aber ich stehe auch gerne im Stau, mein Auto wie eine Art Keksdose als Schutzhülle um mich herum. Ich liebe die Anonymität von Hotellobbys, wo Menschen kommen und gehen. Ich liebe es, tagsüber ins Kino zu gehen und ganz alleine im Dunkeln zu sitzen. Ich liebe die Redaktion, das Geräusch eifriger Finger auf Tastaturen und wie es am Ende des Tages langsam still wird. Ich liebe meine zyklische Arbeit – eine Zeitschrift zu konzipieren, zu erstellen, zu drucken und zu verbreiten und wieder von vorne zu beginnen. In meinem Fall ist der gemeinsame Nenner meiner bevorzugten Orte der, dass dort das Leben auf die eine oder andere Weise einfach weitergeht. Dass meine Anwesenheit austauschbar

167

und vorübergehend ist. Ich habe dann das Gefühl, komplett in der Zeit aufgelöst zu sein, und das beruhigt mich und hilft mir Abstand zu gewinnen. Und letztendlich ist auch meine Wohnung ein solcher Schutzraum. Dort ist es still, ruhig, und ich fühle mich sicher. Meine schneeweiße Bettdecke. Die großen Fenster mit Blick auf die Stadt, Wasser und Himmel.

Wenn ich an miesen Tagen einmal nicht mehr weiterweiß, bin ich an diesen Orten zu finden. Erstelle selbst eine Liste mit Orten, die dir Zuflucht bieten. Ein Wald, die Couch deiner besten Freundin, das Fitnesszentrum oder ein Kino. Wir sollten wissen, wohin wir flüchten können und wo da draußen wir innerlich zur Ruhe kommen.

Die Notfallliste

Genauso wie im Zählerschrank eine Liste mit Telefonnummern hängt, die man anrufen kann, wenn der Heizkessel spinnt, der Strom ausgefallen ist oder wenn kein Wasser aus der Leitung kommt, sollte dort eigentlich auch eine Liste mit Aktivitäten hängen, die man unternehmen kann, wenn in uns selbst mal das eine oder andere hapert.

An miesen Tagen wusste ich manchmal nicht mehr weiter. Alles ist dann blöd, alles ist zu viel Aufwand, zu nichts hat man Lust. An einem miesen Tag fühlt es sich bei mir an, als hätte ich nur noch Watte im Kopf. Das ist gar nicht so verwunderlich, wenn man bedenkt, dass der präfrontale Cortex, der vorderste Teil des Gehirns, in dem sich die Konzentration und die Kreativität befinden, tatsächlich überreizt sein kann. Letztendlich geht es immer wieder darum, sich zu erinnern, was einem hilft, um sich wieder besser zu fühlen.

Ich fragte einmal einen Freund, der phasenweise Depressionen durchlebte, die er mit Pillen, Psychologen und allem Drum und Dran anging, was er an Tagen tat, an denen Betrübnis oder Schmerz alles überschatteten. Er sagte, er habe für sich selbst immer eine Notfallliste parat. Auf dieser Liste steht Verschiedenes, von dem er weiß, dass es ihm ein besseres Gefühl gibt: mit einem Freund irgendwo etwas trinken, joggen gehen, eine Platte seiner Lieblingsband auflegen, guter Kaffee und noch ein paar solcher Dinge. Seither habe ich auch so eine Liste. Wenn man an miesen Tagen auf nichts kommen kann, wodurch man sich wieder besser fühlt, ist so eine Liste ideal – man hat ja bereits darüber nachgedacht!

Jetzt möchtest du natürlich wissen, was auf meiner Liste so alles steht, nicht wahr? Also, unter anderem:

- Freunde treffen (auch wenn ich eigentlich schlecht gelaunt bin und gar keine Lust darauf habe; trotzdem einfach mal machen)

168

- Pläne für und mit meinen Kindern schmieden (fröhliche Kinderaugen sind der allergrößte Trost)
- Einen Termin für eine Massage vereinbaren (Verspannungen im Körper zu spüren und dann loslassen zu können, das ist Selbstfürsorge)
- Lesen, in einer dicken, flauschigen Strickjacke, mit warmen Socken, auf einem Schaffell (in Geschichten eintauchen)
- Schreiben (ein bisschen mit Sprache und Worten herumspielen)
- In Savasana liegen (anders ausgedrückt: mich in Hingabe üben)
- Sportlich betätigen (zugegeben, manchmal ist das auch nur ein kleiner Spaziergang – Hauptsache Bewegung)
- Eine Suppe kochen (Futter für die Seele)
- Leichte Alles-ist-okay-Musik (eine Spotify-Liste mit einem Namen wie »Gammeltag« oder »Kaffeehaus« anlegen)
- Bücher durchblättern (und in der Bibliothek oder im Buchladen die Zeit vergessen)
- Einen Strauß Blumen auf den Tisch stellen (und dafür die schönsten Blumen einzeln auswählen)
- Meine Haare waschen (strähniges Haar + mieser Tag = Katastrophe)
- Ein schönes Kleid anziehen (auch wenn ich niemanden treffe)
- Schlafen (rechtzeitig ins Bett gehen)
- Meditieren (einfach sitzen und meinen Mund halten)
- Alleine ins Kino gehen (anonym und sicher)
- In den Secondhandladen gehen (auf Schatzsuche, ein bisschen herumstöbern)
- Einen meiner sicheren Orte aufsuchen (siehe die vorigen Seiten)

// DAS KOSMISCHE BANKKONTO

Bei Freunden in der Kreide stehen

Eine Zeit lang war es »in«, sich ein Unendlichkeitszeichen tätowieren zu lassen oder eins zu tragen; die Lemniskate, das Symbol in der Form einer liegenden 8, das für eine ewige Bewegung steht, ohne Anfang oder Ende, immer im Fluss, immer im Gleichgewicht und immer zurück zum Mittelpunkt. Dieses Symbol ist das mathematische Zeichen für Unendlichkeit und ein schönes Symbol für Freundschaft und die Absicht, diese ein Leben lang aufrechtzuerhalten. Wenn ich ein Logo wählen müsste für die Bank, die ich mit meinen besten Freunden betreibe, wäre das eine Lemniskate. In dieser Bank tauschen wir kein Geld und horten keine Goldbarren, vielmehr haben wir eine Art »kosmisches Bankkonto« oder »Karma-Konto«, wie ich es mittlerweile nenne. Die Grundlage ist auf jeden Fall die endlose, fließende Bewegung zwischen Geben und Nehmen. »Die Liebe ist selbstlos« und »Die Liebe erwartet nichts« sind weise Sätze aus der christlichen Tradition. Das stimmt, und deshalb ist es ungewöhnlich, Freundschaft und Bankgeschäfte in einen Zusammenhang zu bringen. Und dennoch ist mir das lieb und teuer geworden.

Kennst du das Prinzip von Versicherungen? Es entspricht ungefähr Folgendem: Man schließt eine Vereinbarung, wobei man regelmäßig etwas einzahlt. Und wenn das Schicksal einen trifft, erhält man als Gegenleistung für das treue Einzahlen eine Auszahlung, die den Schaden deckt. Und das Prinzip von Sparen? Man legt etwas beiseite, damit man es nicht sofort verbraucht und stattdessen eine Reserve für später hat. So baut man ein Vermögen auf.

Das kosmische Bankkonto ist eigentlich eine Metapher für das viel tiefergehende und persönlichere Prinzip von Geben und Nehmen. Das ist weder etwas Geschäftliches noch etwas Rationelles, sondern ein Bündnis, das wir mit anderen schließen. In jeder guten Beziehung, ob es nun um Liebe oder Freundschaft geht, besteht immer ein gewisses Gleichgewicht zwischen Geben und Nehmen. Dieser Austausch von Energie ist wichtig, denn wenn es zu einem Ungleichgewicht kommt, wenn jemand immer nimmt, ohne zurückzugeben und der andere immer nur sendet ohne zu empfangen, gerät die Beziehung aus dem Lot. Und früher oder später bewirkt das eine Störung, wie jedes Mal, wenn etwas aus dem Gleichgewicht gerät. Dann steht man beim anderen in der Kreide.

Da ich dieses Bankkonto mit Freunden teile und da wir diesen Austausch kommunikativ gesehen sehr irdisch und banal machen, ist das ein Thema, das wir ansprechen können. Das macht unsere Beziehung transparent und liebevoll. Es gab zum Beispiel Zeiten, in denen ich eine Freundin nur anrief, um mich bei ihr auszuheulen, zu jammern oder um Dampf abzulassen. Es gab aber auch Zeiten, in denen ich mir im Gegenzug ihr Wehklagen anhörte und »ja« und »nein« und »aha« murmelte, während ich den Abwasch erledigte, aber das war völlig in Ordnung so. Wir haben beim jeweils anderen immer genügend Sparguthaben. Wir »zahlen« die Prämie für unsere Freundschaft mit Aufmerksamkeit, Urteilsfreiheit und Zeit. Manchmal spürte ich, dass ich bei jemandem im Minus stand – dann hatte ich ausschließlich über mein eigenes Unglück gesprochen –, so hatte ich die Möglichkeit, das wieder auszugleichen.

Es gibt einige Faktoren, die essenziell sind, um mit geliebten Menschen eine echte, reine, ausgewogene Lemniskate zu schaffen. Man sollte sich bewusst sein, dass gleich und gleichwertig zwei verschiedene Dinge sind. Wir brauchen nicht Kummer gegen Kummer oder Zufriedenheit gegen Zufriedenheit zu tauschen. Manchmal musst du eine Dreiviertelstunde Zeit investieren, um dir anzuhören, wie brillant die Tochter einer Freundin ist, weil sie ein Wusel-und-Pip-Puzzle von sechs Teilen zusammensetzen kann (manchmal bekommst du die Kleine auch noch ans Telefon). Und sie hört sich im Gegenzug geduldig deine Geschichten von der Arbeit an, obwohl sie deine Kolleginnen nicht kennt und das Projekt, das dich so frustriert, nicht versteht.

Und manchmal braucht man Geduld und kann es lange dauern, bis man etwas zurückbekommt. Gelegentlich ist die gesamte Energie für eine Weile links in der Lemniskate und danach wieder ganz rechts. Und manchmal muss man flexibel sein in der Art und Weise, wie man seine Investitionen zurückbekommt. Dann sind Kompromisse gefragt und manchmal auch Zugeständnisse. *Energie kommt nicht immer in derselben Form zurück, in der man sie abgegeben hat. Ein Beispiel: Du schickst einer Freundin eine Karte mit einer in Schönschrift geschriebenen Botschaft und einen auf ihr Interieur abgestimmten Blumenstrauß, und sie ist mehr der Typ »Ärmelhochkrempeln« und holt dich mitten in der Nacht vom Flughafen ab.*

Wenn du Zweifel daran hast, ob deine besten Freundschaften auch wirklich im Gleichgewicht sind, ist »Geben« immer ein guter Ansatzpunkt. Zum Beispiel den Kontakt aufrechterhalten, auch wenn es nur eine WhatsApp-Nachricht oder eine Postkarte ist. Sich als Erste(r) entschuldigen, wenn das nötig ist. Hilfe anbieten, auch wenn man eigentlich gar nicht an der Reihe wäre Geben und Nehmen in Freundschaften ist ein komplexes Thema. Bring das kosmische Bankkonto zur Sprache. Es ist eine entspannte Möglichkeit, um etwas sehr Kompliziertes auf ungezwungene Art und Weise zu klären.

I've woken up in a hotel room,
my worries as big as the moon
Having no idea who or what
or where I am
Something good comes with the bad
A song's never just sad
There's hope, there's a silver lining
Show me my silver lining

First Aid Kit

LEICHTES UND ALLTÄGLICHES

// SCHÖPFER SPIELEN

Etwas mit den eigenen Händen herstellen

Weißt du, was der Seele guttut? Etwas kreieren. Schöpfer spielen. Gerade an miesen Tagen hat man oft das Gefühl, keine Kontrolle mehr zu haben, auch die Kreativität sprudelt nicht gerade, genau dann ist es ein ausgezeichneter Plan, die Initiative zu ergreifen und etwas herzustellen. Was? Irgendetwas. Eine Suppe. Eine Zeichnung. Eine Schaukel. Ganz egal.

Auf Wiktionary entdeckte ich zufällig den Ausdruck »Soulcraft«. Mit zwei Bedeutungen. Erstens: Eine Aktivität, die für die Seele nährend und erfüllend ist. Zweitens: Etwas, das unserem Innersten Form gibt oder für Erneuerung sorgt.

Und genau das bedeutet Schöpfer spielen – etwas mit den eigenen Händen entstehen lassen. *Es sind diese sich wiederholenden Handlungen wie Malen, Stricken, Schneiden, Kneten oder Bauen, die einen beruhigenden Effekt auf uns haben. Sehen, wie etwas langsam entsteht, gibt uns ein befriedigendes Gefühl. Und das funktioniert immer, ob man es sich eingestehen will oder nicht, denn der Körper regelt das von selbst.* Durch die Handlungen tritt man in Aktion, und der Geist muss sich konzentrieren. Etwas herzustellen ist eine hervorragende Möglichkeit, eine Dosis Dopamine freizusetzen, das wie ein Antidepressivum wirkt und auf natürliche Art und Weise hilft, die Heftigkeit eines miesen Tages abzumildern.

»Ich bin nicht kreativ«, »Ich bin nicht so geschickt«, »Ich bastle nicht gerne«. Okay. Jetzt bitte nicht sofort in die Widerstandshaltung gehen. Etwas zu erschaffen hilft, unsere Fantasie anzuregen und auch unsere Problemlösungsfähigkeiten zu fördern, beides recht praktische Qualitäten. Man braucht nicht besonders kreativ zu sein, um von diesen Tipps profitieren zu können. Man kann alles Mögliche machen, und das kann und darf hinreißend und schön oder total sinnlos und misslungen sein. Auch kräftige, fröhliche Farben sind nicht erforderlich. Man braucht auch nicht den Bastelladen halb leer zu kaufen. Es kann Tiefgang haben, vielleicht hast du Lust, ein sogenanntes Visionboard (eine Ziel- bzw. Traumcollage) anzufertigen oder einfach nur ein Bild zu malen, es kann aber auch eine völlig alltägliche Tätigkeit sein, zum Beispiel einen Knopf annähen oder Pizzateig selbst machen. Es sei denn, man möchte diesen miesen Tag lieber mit einer Tiefkühlpizza abrunden.

Der Clou ist: Man braucht nichts mit dem Ergebnis zu machen, und niemand muss es sehen oder kosten. Wenn man Lust auf Malen hat, muss man das Bild hinterher nicht gleich an die Wand hängen. So finde ich es zum Beispiel entspannend, mit der Perlenkiste meiner Nichten endlos Ketten aufzufädeln, aber ich selbst trage kaum Schmuck und schon gar keinen selbst gemachten. Verschenke die Werke oder wirf sie notfalls weg, wenn dir das lieber ist, denn es geht nicht um das Ergebnis. Tibetische Mönche fegen ihre höchst detaillierten und arbeitsintensiven Sandmandalas anschließend einfach zusammen. Ich habe einmal so einer Zeremonie beigewohnt, das war sehr eindrucksvoll und gleichzeitig befremdlich. Die Magie der Mandalas, so sorgfältig entworfen und völlig im Gleichgewicht, so andächtig aus Millionen Sandkörnern zusammengesetzt, wird ohne jedes Zögern mit einem Besen zerstört. Alles ist immer in Bewegung, nichts ist für immer, lautet die zugrunde liegende Botschaft.

Der Prozess, perfekte Harmonie und vollständiges Gleichgewicht zu schaffen, stellt die Spiegelung der Schöpfung selbst dar, nicht nur in ihrer Form, sondern auch in ihrer Bewegung. *Nicht am Resultat hängen, das ist ein interessanter Gedanke, mit dem wir selbst üben können, wenn wir mit diesem Shortcut experimentieren. Er hilft uns, das Ziel loszulassen. Um vom eigentlichen Schöpfungsvorgang die angenehmen Nebenwirkungen zu erfahren, ohne dass unser Ego die ganze Zeit aufgeregt fragt: »Und, und, kann es schon auf Instagram?!«*

Arbeit mit den Händen macht unsere Tage leichter, weil sie zu unserem Selbstwertgefühl und unserer Autonomie beiträgt. Wir sind es so gewohnt, mit dem Kopf zu arbeiten, das wird in unserer Gesellschaft schließlich sogar gefördert. Jobs, für die besonderes Wissen erforderlich ist, werden im Allgemeinen höher bewertet als Jobs, die Fertigkeiten unserer Hände erfordern. Das verursacht, bewusst oder unbewusst, ein Ungleichgewicht zwischen Denken und Tun. Wenn wir selbst die Ärmel hochkrempeln, kommen Denken und Tun wieder mehr ins Gleichgewicht. Handarbeit verbindet uns mit der physischen Welt – mit Materialien, mit Formen, mit taktilen Reizen. Es holt dich aus dem Gedankenkarussell und vielleicht auch aus der virtuellen Realität von Fernsehen und sozialen Medien. Knete einen Teig. Lege ein Puzzle. Zeichne ein Mandala. Nähe eine Sockenpuppe. Repariere deine Kleidung. Baue einen Hühnerstall. Es reicht schon, in einem Prozess präsent zu sein. Und vielleicht gelingt dir zufällig doch etwas sehr Schönes.

175

// SCHREIBE ES DIR VON DER SEELE

Papier, Stift und los geht's

Es dürfte schon deutlich geworden sein, dass es nicht jederzeit sinnvoll ist, sich in einem miesen Tag selbst zu marinieren. Eine gute Idee ist es hingegen, die eigenen Emotionen wahrzunehmen und daraus zu lernen. Womöglich hast du schon Gefallen gefunden an dem Gedanken, dass die Tage leichter werden, wenn du ein Ventil für deine Gefühle und Gedanken findest. Möglicherweise hast du nur noch keine Worte gefunden.

Möglicherweise ist menschlicher Kontakt nicht das, worauf du gerade Lust hast. Preise den Tag, an dem Feder und Papier erfunden wurden.

Schreiben ist eine kraftvolle Möglichkeit, sich selbst auszudrücken. Allerdings will unser innerer Kritiker, dass das in wunderschönen ganzen Sätzen erfolgt, in vollendeter Poesie und logischer Abfolge. Als schreibende Journalistin und Zeitschriftenredakteurin weiß ich, wie Geschichten gemacht werden, die von anderen gelesen werden, was es bedeutet, alles von A bis Z zu berücksichtigen, zu informieren und zu unterhalten. Das hier gemeinte Schreiben ist aber etwas ganz anderes. Es ist formlos, persönlich und rein. Es geht ausschließlich um den Prozess des Sprachefindens, darum sich selbst überraschen zu lassen, was die Feder zu Papier bringt. Es geht ums Spielen, nicht ums Arbeiten. *An miesen Tagen zu schreiben, ist eine eigene Form des Schreibens: nicht für ein Publikum und auch nicht für die Ewigkeit; sondern, um die eigenen Gedanken zu ordnen. Wirf das Papier danach einfach in den Papierkorb, zerreiße es in tausend Stücke oder verbrenne es (mit Vorsicht).* Es geht darum, durch das Schreiben etwas herunterzuladen. Denken ist flüchtig, Gedanken kommen und gehen, purzeln übereinander und verflüchtigen sich, und was dann übrig bleibt, ist ein Gefühl oder eine Energie. Beim Schreiben wird dir bewusst, was du denkst, und vielleicht auch, was die Tragweite dieser Gedanken ist. Durch das Schreiben führst du einen Dialog mit dir selbst. Die niederländische Autorin Wies Enthoven, die Schreibworkshops auf Grundlage des Schreibprinzips »Propriozeptives Schreiben« gibt, formuliert es so: »Durch das Schreiben verlangsamt sich der Denkprozess. Man lernt die eigene Art des Denkens kennen. Auf einmal erkennt man besser, woran man zweifelt, wovor man Angst hat, was die eigenen Stärken sind und wonach man sich sehnt. Das gibt uns in scheinbar hoffnungslosen Situationen Richtung und Rückhalt.« Es gibt viele Schreibmethoden, die inspirieren, eine Richtung geben und Erleichterung verschaffen. Natalie Goldberg, US-amerikanische Autorin und ebenfalls Schreibdozentin, schrieb den Kreatives-Schreiben-Bestseller *Schreiben in Cafés*, ein absolutes Standardwerk, wenn man sich mit dem Schreiben als Mittel zu persönlichem Wachstum und Selbsterkenntnis befassen möchte. Goldberg sagt: »Aus der Qual heraus zu schreiben, bringt Mitgefühl für unser kleines, mühsames Leben. In die-

SORGEN?
SCHREIB SIE AUF
★

177

sem Zustand innerer Zerrissenheit fühlen wir uns verbunden mit dem Beton unter unseren Füßen, dem trockenen Gras, das im heißen Wind knistert. Wir können die Dinge um uns herum, die wir einst hässlich fanden, mit all ihren Besonderheiten wahrnehmen – die abblätternde Farbe, die grauen Schatten, so wie sie wirklich sind: nicht hässlich, schlecht, sondern Teil des Lebens um uns herum. Wir beginnen, dieses Leben zu lieben, weil es unseres ist und wir in diesem Augenblick nichts Besseres finden werden.«

Auch die US-amerikanische Schriftstellerin und Künstlerin Julia Cameron schrieb ein Standardwerk zum Thema *Der Weg des Künstlers*. Sie empfiehlt eine Methode, die als »Morgenseiten« bekannt wurde: Jeden Morgen schreibt sie drei weiße Papierbögen voll mit allem, was spontan in ihr hochkommt. Ob sie nun Lust dazu hat oder nicht. Die Hauptsache ist der Rhythmus, die Wiederholung, die uns vorbei an dieser Stimme im Kopf zu einem tieferen Bewusstsein bringt.

Die niederländische Autorin und spirituelle Lehrerin Geertje Couwenbergh schrieb ein Buch über inspiriertes Schreiben mit dem Titel *Zin*, was auf Deutsch »Sinn« bedeutet. Sie bezeichnet Schmerz als Torwächter. Indem wir darüber schreiben, was uns schmerzt, kommen wir näher zu (Selbst-)Liebe, Unschuld und Trost. Sie sagt: »Wenn man es richtig macht, befreit Schreiben von jedem Bedürfnis, anders sein zu wollen, als man ist.« Und: »Schreiben ist eine höchst persönliche Erforschung deiner selbst. Schmerz beim Schreiben ist ein Zeichen, dass man der Wahrheit näherkommt. Der Wahrheit des eigenen Lebens, um genau zu sein. Die Wahrheit wirkt befreiend, wie man so sagt. Heilend.« Durch das Schreiben gibt man einem miesen Tag konkrete Worte. Schreiben macht den Kopf frei, indem Gedanken vorübergehend an einem anderen Ort als dem eigenen Kopf abgelegt werden. Es ist ein bisschen wie in den Harry-Potter-Büchern (oder Filmen), wenn Dumbledore seine Erinnerungen als dünne Silberfäden aus seinem Kopf zieht und in einer speziellen Hirnschale aufbewahrt. Wenn er eine Erinnerung braucht, kann er sie untersuchen, aber auf diese Weise muss er nicht alle seine Gedanken und Erfahrungen mit sich herumschleppen. Und so sehe ich auch das Schreiben an miesen Tagen. Es macht den Kopf freier.

Aber was sollte man dann (auf-)schreiben? Das kommt später. Der erste Schritt ist, dass man überhaupt mit dem Schreiben beginnt. Besorge dir ein schönes Notizbuch oder nimm eines der vielen, die noch irgendwo unbenutzt im Schrank liegen. Wenn es dir schwerfällt, auf so einer ersten, jungfräulich weißen Seite zu beginnen, sage dir Folgendes: Wenn du nichts aufschreibst, nimmst du dieser Seite die Chance, die wahre Bestimmung ihres Daseins zu erfüllen. Das wäre doch jammerschade, oder? Also: Ran ans Schreiben.

// WENN DU KEINE AHNUNG HAST, WO DU ANFANGEN SOLLST

- Stell dir den Wecker und schreibe in dieser Zeit ohne Unterbrechung, ohne den Stift vom Papier zu heben, einfach alles, was dir so einfällt. Schreibe deine Gedanken auf, ganz gleich, wie unzusammenhängend sie auch sein mögen. Zeichensetzung, Stil oder Rechtschreibung sind völlig unwichtig. Einfach weiterschreiben. Schreibe zur Not den letzten Satz ein zweites Mal auf.
- Wähle eine Form. Schreibe beispielsweise in der dritten Person. »Eveline hat heute einen miesen Tag. Es begann mit einer aufkommenden Gereiztheit, weil…« Eine derartige Form sorgt für Abstand.
- Eine andere Form: Schreibe ein Manifest mit den Absichten des heutigen Tages, der ganzen Woche oder zu einem Thema oder zu einer Person. »Meine Intention ist…«
- Fange mit einer Frage oder Standardeinleitung an. Zum Beispiel: »Als Kind spielte ich am liebsten mit…« oder: »Wenn ich etwas noch einmal machen dürfte, wäre das…« Das ist schon ein Anfang.
- Eine weitere Form: Schreibe einen Brief an dich selbst in jüngeren Jahren. Nimm ein Kinderfoto von dir und betrachte das Mädchen oder den Jungen. Was würdest du ihr oder ihm erzählen wollen? Das ist eine berührende Übung. Sie ist wahrhaftig. Oder schreibe einen Brief an jemanden, den du kennst – du brauchst den Brief nicht zu verschicken. Oder einen Brief an jemanden, den du nicht kennst, ein Idol oder einen spirituellen Lehrer, und erzähle, was er/sie in dir bewirkt hat. Oder: Wenn dein Leben ein Filmdrehbuch wäre, wie würde es jetzt weitergehen? Schreibe die nächste Szene.
- Zum Schluss: Lies dir das, was du geschrieben hast, selbst laut vor und achte darauf, wie du auf deine eigenen Gedanken reagierst. Das ist, als wärst du mit dir selbst im Gespräch. Eine eigenartige Erfahrung, aber sehr nützlich.

179

LEG DIR EINEN VORRAT
FÜR REGENTAGE AN

180

// SAMMLE AUGENBLICKE DES GLÜCKS

Ein Tipp aus meiner Privatsammlung

Ich erzähle dir jetzt von einer Erkenntnis, die so persönlich und Teil meiner selbst ist, dass ich nicht mehr genau weiß, wann ich mir ihrer das erste Mal bewusst wurde. Fakt ist, ich speichere mein Glück, ich weiß nicht, wie ich es anders ausdrücken soll.

Glück, wie ein Vorrat, aus dem ich in schlechteren Zeiten schöpfen kann: Wie Eichhörnchen, die Nüsse und Samen in einem Hohlraum im Baum verstecken, bevor der Winter kommt, sammle ich Momente des Glücks und speichere sie in meinem Körper für miese Tage.

Für mich ist Glück keine große Glücksblase, sondern eher eine Art Schaum. Glücksmomente sind kleine Bläschen, die aneinanderkleben und ein großes Ganzes bilden. Jedes Bläschen ist einer der Momente, in denen man denkt: Ja, genau, ich fühle es, das ist Glück! Und das Glück, das sich in so einem Bläschen befindet, versuche ich zu bewahren. Kannst du mir noch folgen? Möglicherweise hast du schon einmal bei dir selbst beobachtet, wie Glück in deinem Körper entsteht. Ich meine damit die körperliche Empfindung, die Signale, die der Körper sendet. Ich fühle es immer zuerst direkt unter dem Zwerchfell, als warme, aufglühende Empfindung. Und an meiner Atmung, die sich auf einmal anfühlt, als käme sie aus daunenweichen Lungen. Ich nenne es auch mein »Glutherz«. Von dort breitet es sich über meinen ganzen Körper aus. Das ist eine fast tantrische Erfahrung, ein Funkeln, das alle Sinne öffnet. Man hört die Geräusche um sich herum, riecht, wo man sich befindet, fühlt es auf der Haut, sieht es mit eigenen Augen und schmeckt den Augenblick. So ein Glücksmoment kann unvermittelt eintreten, einfach so. Manchmal fühlt man ihn kommen, als hätten alle vorherigen Schritte genau hierhergeführt. Man spürt, dass im gegenwärtigen Moment alles absolut gut ist. Hier und jetzt ist alles perfekt und gelöst, ruhig und wunderschön.

Meine Lieblingsmomente: In Costa Rica, am letzten Tag eines Surf-Retreats aufs Meer hinauspaddeln und dort auf den Wellen schaukeln, mit einem spektakulären Sonnenuntergang und Wasserschildkröten um mich herum. Zwischen meinen beiden Brüdern im Flugzeug einnicken, meinen Kopf erst auf der Schulter des einen, dann auf der des anderen ablegen. Oft sind es die kleinen Momente, im Auto an einem wolkenlosen Tag ein gutes Lied im Radio hören, der Schatten einer im Wind schaukelnden Blume an einer Betonmauer, in einer stillen Bibliothek einen schönen Satz entdecken, während es draußen in Strömen regnet. Früher zogen diese Augenblicke einfach an mir vorbei. Ich setzte mich nicht näher damit auseinander, fand den Augenblick einfach »schön« oder »nett«, und das Leben ging weiter. Heute jedoch fällt es mir sofort auf, wenn ich mein Herz glühen fühle. Hallo Glück! Nichts wie bewahren!

181

Wie? Ich atme ganz tief durch die Nase ein, ein paarmal, und halte das Gefühl unter dem Zwerchfell so lange wie möglich fest, bis es vollständig abgeebbt ist. In Gedanken lasse ich das Gefühl durch meinen ganzen Körper strömen, bis in die Fingerspitzen. *Ich versuche, dieses Gefühl in jeder Zelle meines Körpers zu verankern, bis in meine Knochen möchte ich den Glücksmoment speichern. Weil ich mir bewusst bin, dass er wieder vorbeigeht.* Weil ich weiß, dass ich früher oder später wieder mürrisch, niedergedrückt oder missmutig werde. An miesen Tagen kann ich zu diesen Glücksmomenten zurückkehren, indem ich das körperliche Gefühl wieder wachrufe. Ein Glücksgefühl in umgekehrter Reihenfolge: zuerst der Körper und dann der Geist. Ich nenne das meine Glücksbatterie, weil es sich am ehesten so anfühlt wie etwas, woran ich mich aufladen kann, wenn alle Energie aufgebraucht ist. Sogar in Zeiten tiefster Trauer oder größtem Kummer ist irgendwo in mir ein kleiner Glücksspeicher.

// DIE TROSTSTRICKJACKE

Warum Kuschliges so wichtig ist

Ich habe Freundinnen – ich werde hier keine Namen nennen – die immer noch eine innige Beziehung zu ihrem Kuscheltier von früher haben. Schmuddelige, verwaschene, zerfranste Stücke gefüllten Stoffs, von denen in den meisten Fällen vollkommen unersichtlich ist, ob es sich überhaupt um ein in der Wissenschaft bekanntes beziehungsweise anerkanntes Tier handelt. »Filzlaus« heißt etwa das Plüschtier einer Freundin, und jedes Mal, wenn ich den Namen höre, versuche ich respektvoll zu gucken (bisher erfolglos).

Selbst habe ich kein Kuscheltier aus meiner Kindheit, mit dem ich meine Tränen trocknen könnte, aber ich kann das Prinzip dahinter wohl nachvollziehen. Wenn ich sehe, wie mein ältester Sohn einen Seufzer der Erleichterung ausstößt, wenn er nach einem langen Tag seinen besten Kumpel Kroky fest an seinen Hals drückt, frage ich mich, ob es nicht doch einen Markt für Kuscheltiere für Erwachsene gibt. Alle, die jemals ein Baby bekommen haben, kennen das Phänomen »Stillkissen« und erinnern sich bestimmt daran, wie herrlich das war.

Es ist nicht wirklich cool, im Erwachsenenalter noch ein Bett voller Teddys zu haben. Als Frau besteht die Chance, mit den alten Plüschtieren aus der Kindheit »herzig« gefunden zu werden. Wir alle kennen jedoch die Szene aus dem Film *Tatsächlich … Liebe*, in dem das Büromauerblümchen endlich den attraktiven Art-Director mit nach Hause nimmt und schnell noch ihren Teddybären unter dem Bett verschwinden lässt. Niemand ruft bei dieser Szene: Nicht tun! Sei einfach du selbst! Kuscheltiere sind einfach nicht sexy, Schluss aus.

Dennoch hat Berührung durchaus eine tröstende Wirkung, auch für Erwachsene. Ich bin keine Evolutionsbiologin, aber es läuft auf das Folgende hinaus: Unsere Sinnesorgane sorgen dafür, dass wir uns mühelos durch die Welt bewegen können. Was wir hören, sehen und fühlen – in unserem Körper und um uns herum – wird an unser Gehirn weitergeleitet, wo die Informationen wiederum in praktische Anweisungen umgesetzt werden, sodass wir uns durch das Leben manövrieren können.

Fühlen ist eine extrem wichtige Sinneswahrnehmung. Bereits in den ersten Monaten im Bauch der Mutter entwickelt der Fötus ein Gefühl für den Körperkontakt. Unsere Haut, unsere Finger und die darauf befindlichen Rezeptoren bestimmen buchstäblich die Grenze zwischen unserer Innen- und Außenwelt. Im wahrsten Sinne des Wortes, und zugleich auch auf tieferer Ebene.

Wir denken nicht ständig über die Bedeutung des Berührens oder des Berührtwerdens nach. Wie wichtig die Berührung zwischen Menschen ist, am liebsten Haut auf Haut, beschreibe ich in einem anderen Kapitel in diesem Buch ausführlicher (siehe Seiten 94–95). An dieser Stelle möchte ich mich jedoch mit Gegenständen befassen. Wir wissen, wie wichtig es ist, Kindern Spielzeug mit unterschiedlichen

183

Texturen anzubieten. Sie mit Schlamm, Rasierschaum, Wasser und Sand spielen zu lassen. Man hat herausgefunden, dass Menschen noch immer eher geneigt sind, etwas Greifbares zu kaufen als etwas Abstraktes.

Etwas festhalten zu können, zu fühlen und zu berühren, beeinflusst uns auf verschiedene Arten – was wir denken, wie wir uns verhalten, welche Meinungen wir uns bilden und welche Entscheidungen wir treffen. Etwas zu fühlen, macht die Welt um uns herum real und greifbar. Am eigenen Plüschtier aus der Kindheit zu hängen, ist also gar nicht so albern, es lässt sich vielmehr erklären.

In der Psychologie werden Kuscheldecken und Plüschtiere für Kinder als »Übergangsobjekte« bezeichnet. Ein Kind möchte sich am liebsten mit seiner Mutter oder seinem Vater identifizieren und verwendet Gegenstände als »Übergangsobjekte«. Es ist eine schöne Illusion unseres Gehirns, dass ein Objekt denselben Trost und Schutz bietet wie die Arme der Eltern. Ein Kuscheltier ist in vielen Fällen die erste Erfahrung des »nicht ich«, die ein Kind macht. Kein Wunder also, dass man so stark daran hängen kann. So ein tröstendes Ding erfüllt ungefähr folgende Anforderungen: Es hat eine wichtige Bedeutung für den Besitzer, es spendet Trost, gibt Kraft und unterstützt das Verarbeiten von Gefühlsregungen. Okay, ich gebe diese Hintergrundinformationen eigentlich nur, um rational untermauern zu können, wie wichtig es sein kann, sich mit Objekten zu umgeben, an denen man sehr hängt. Möglicherweise schreibe ich das nicht einmal so sehr für meine Leserinnen und Leser, sondern für mich selbst. Diese Einleitung rechtfertigt nämlich, weshalb ich so an »Fusseljacke« hänge. Fusseljacke ist hellrosa, flauschig und meine ultimative Troststrickjacke.

Sie und ich haben nicht einmal eine lange gemeinsame Vergangenheit. Wir sind uns auch nicht auf besondere Weise begegnet. Ich ging durch eine belebte Einkaufsstraße, mir war kalt, ich sah zufällig etwas Flauschig-Rosanes im Ausverkauf, zahlte, ohne sie anzuprobieren, und nahm Fusseljacke mit nach Hause. Fusseljacke ist lang und weit, sie hat weite Ärmel und tiefe Taschen. In Fusseljacke will man wohnen. Sie hat mich auf Reisen begleitet und oft in meinem Bett geschlafen.

Ich habe sie verloren und auch wiedergefunden. Freundinnen haben das Ding bereits verflucht, weil es auf dunklen Designer-Sofas und in ausgeborgten Jacken leichte hellrosa Fusselspuren hinterlässt. Ich habe in Fusseljacke schon viele Tränen vergossen. Sie hat mich festgehalten, als ich Liebeskummer hatte (von ihr kam nie ein »Ich hatte es dir doch gesagt« oder »Musst du schon wieder darüber reden?«). Und deshalb ist sie eine Troststrickjacke. Und Troststrickjacken gehören an miesen Tagen auf jeden Fall dazu. Und, na gut, dein uraltes Kuscheltier auch.

184

// WEIL DU ES WERT BIST

Entscheide dich für Qualität – immer

Gelegentlich, wenn es wirklich sein muss, wage ich mich am Samstagnachmittag ins Stadtzentrum meines Wohnorts Amsterdam. Das ist ein Ort, den ich an Wochenenden eher meide, weil sich die Menschheit dort nicht unbedingt von ihrer besten Seite zeigt. Klamotten, Zeug und noch mehr Kram: Taschen voll. Wir leben nun einmal in einer Zeit, in der wir für einen Apfel und ein Ei den ganzen Kleiderschrank, die Küche und das Badezimmer und die ganze Wohnung mit endlos viel Zeug vollstellen können. Manchmal betrachte ich die Menschenmassen, alle bis oben hin bepackt, und dann sehe ich nicht die gefüllten Taschen, sondern ich stelle mir vor, was sie symbolisieren: Pflaster, Verbandszeug und Schmerzmittel. Das ist das leere Versprechen, das Kaufen, Haben und Besitzen geben: Materielles soll uns angeblich glücklich machen und Frustshoppen emotionale Probleme lösen. Das sagt James Wallman in seinem Buch *Stuffocation: Living More with Less* und sinngemäß fügt er hinzu: Materielle Dinge sind ein Ersatz geworden für tiefe, sehr wichtige menschliche Fragen und Sehnsüchte. Die Konsumkultur ist eine Art Pseudoreligion geworden. Es ist einfacher, Fragen zu beantworten wie »Das blaue oder das rote?«, »Passt das zum Pullover, den ich vorige Woche gekauft habe« oder »Was werden die anderen denken, wenn ich das kaufe?«, statt sich den wichtigeren Fragen zu widmen wie »Warum bin ich hier?«.

Materielle Dinge machen uns nicht glücklich, aber gleichzeitig glaube ich, dass besondere Sachen sehr wohl zum Glück beitragen können. Das scheint paradox, ist es aber nicht. Es bedeutet einfach nur: Qualität statt Quantität. *An miesen Tagen finde ich es angenehm, wenn mich die Dinge, die mich umgeben, nicht ärgern oder auf das aufmerksam machen, was ich nicht will. Sachen, die nicht »stimmen«, nehmen nur Platz weg, wörtlich und im übertragenen Sinn.* Lieber mache ich es umgekehrt und umgebe mich mit Dingen, die mein Leben wirklich bereichern und es übersichtlicher sowie schöner machen. Lieber ein gutes, scharfes Messer als eine Bestecklade voll unbenutzter Billigvarianten. Lieber ein herrlich weicher, gemütlich sitzender Kapuzenpullover als fünfzehn schlabbrige »Knapp-daneben-Pullover«. Lieber ein hochwertiges Shampoo als sechs halb leere Billigflaschen. Gegenstände und Produkte, die uns nichts bedeuten und nichts nützen, entziehen uns nur Energie. Man will sich nicht mit »Knapp-daneben-Zeug« umgeben, denn das gibt einem selbst auch so ein Gefühl von »knapp-daneben«. Ich möchte möglichst viel dessen, wie ich meine Innenwelt gerne sehen würde, in der Außenwelt widerspiegeln – ich möchte, dass beides nahtlos ineinander übergeht. Wie ärgerlich ist es doch, sich an Tagen, an denen man sich sowieso schon mies fühlt, mit mittelmäßigen Dingen auseinandersetzen zu müssen? Es geht mir nicht um viel, es geht mir nicht um teuer, es geht mir eben um Qualität.

Es hat weniger mit Geld zu tun, als vielmehr mit Entscheidungen. Was gönnen wir uns selbst? Was finden wir, dass wir wert sind? Wie sorgen wir für uns selbst? Wähle ein scharfes Küchenmesser, das man für alles verwenden kann. Kaufe einen guten BH in der richtigen Größe, der wirklich gut sitzt, einen angenehmen Make-up-Pinsel, komfortable Handtücher, die leicht trocknen, ein umweltfreundliches Waschmittel, das gleichzeitig gut riecht, eine Yogamatte, die nicht rutscht, Weihrauch, der nicht qualmt, eine Lieblingstasse zum Teetrinken, einen Stift, der gut schreibt, und einen herrlich flauschigen Morgenmantel. Ist das oberflächlich? Nein, absolut nicht, wenn du mich fragst. *Es geht darum, ein nachhaltiges und bedeutungsvolles Leben zu führen. Es geht um Dinge, über die wir uns jedes Mal von Neuem freuen, die nützlich sind und tun, was sie versprechen – das gibt uns ein gutes Selbstwertgefühl, das Gefühl von Qualität und das Gefühl, über das eigene Leben entscheiden zu können.*

Mehr Qualität

- Wenn ich in die Versuchung komme, etwas zu kaufen, geht es ziemlich oft eher um die Verwirklichung eines Verlangens oder einer Erfahrung, als um den Gegenstand selbst. Ein wunderschönes neues Notizbuch? Im Grunde kaufe ich das Verlangen, mir Zeit zu nehmen und in schönen Sätzen meine Gedanken zu ordnen oder auf einer leeren Seite neu zu beginnen. Eine neue Yogahose? Im Grunde kaufe ich das Verlangen, mich wieder regelmäßiger zu bewegen. Ein neues Make-up? Im Grunde kaufe ich das Verlangen, eine Frau zu sein, die ihr Leben dermaßen gut organisiert hat, dass sie immer und jederzeit supergepflegt erscheint. In den meisten Fällen habe ich bereits genügend Sachen im Haus, um die genannten Wünsche in die Tat umzusetzen; ich brauche die neuen Ankäufe gar nicht! Nur oft schiebt sich zwischen Träume und deren Umsetzung eine Bankkarte.
- Sorge für eine Entscheidungsgrundlage, die wirklich dir entspricht; etwas, woran du deine jeweilige Wahl abgleichen kannst. Meine Lieblingsfarben sind Rosa, das kommt vom Rhabarberkompott meiner Großmutter, das tiefe Grün des Ozeans und das Blütenweiß einer leeren Seite, die noch beschrieben werden muss. Das sind die Farben, die mich besänftigen und die mir das Gefühl von Zuhause geben. Was aber tun, wenn man nicht weiß, was man will? Was, wenn man nicht weiß, was man schön findet? Dann ist man anfälliger für Trends und für Gedanken wie »wenn ich das habe, dann…« Um zu entdecken, was zu dir passt und was dir einfach immer wieder zusagt, solltest du dir die Gegenstände ansehen, von denen du dich niemals trennen würdest. Welche Farben stehen da im Mittelpunkt?
- Räume deine Wohnung auf. Trenne dich von allen Dingen, die keinen praktischen Nutzen oder keine Bedeutung mehr für dich haben. Trenne dich von allem Überflüssigen. Wozu braucht ein Mensch einen Ananasschäler, einen Eierschnei-

186

SIEH das große GANZE

187

der, einen Apfelbohrer und sieben verschiedene Käsemesser? Wir haben so viele Sachen, die wir überhaupt nicht nutzen. Mache aus deiner Wohnung ein Spiegelbild dessen, wie du gerne hättest, dass es im Inneren deines Kopfes aussieht. Das macht dich nicht sofort zu einem Hardcore-Minimalisten, aber vielleicht zumindest ein bisschen essentialistischer.

- Sorge dafür, dass Gegenstände einen festen Platz haben. So weißt du schneller, ob du noch Paketband, schwarze Unterhemden oder Paracetamol im Haus hast. An miesen Tagen erspart man sich viel Ärger, wenn man seine Schlüssel finden kann, die Ladegeräte einfach in der gleichen Schublade wie immer sind und das Lieblingskleid auf einem Bügel hängt, statt irgendwo zerknautscht in einer Ecke zu liegen.

- Entwickle eine neue Definition von »Wert«. Hat etwas einen Wert, wenn es bereits seit drei Jahren unten im Schrank liegt oder auf der Anrichte von dir keines Blickes gewürdigt wird?

- Gönne deinen Sachen das Recht, ihre Bestimmung zu erfüllen. Kleider möchten nicht im Schrank hängen, sie wollen getragen werden. Genauso wie Notizbücher beschrieben, Parfums gerochen und Auflaufformen erhitzt werden wollen und Schuhe die Welt entdecken möchten. Wenn du das nicht für sie tun kannst, gönne sie dann jemand anderem.

188

// DURCH SCHEIN ZUM SEIN

Manchmal muss man der Zeit einfach voraus sein

Es war ein grüner Pullover, mit einem großen aufgestickten Pantherkopf, und auf diesem Kopf waren noch Flitter und Perlen. Und mit Grün meine ich Knallgrün. Grün wie Kermit, der Frosch. Ein Grün, das in den Augen wehtut. Ein Blickfang, ja, das auf jeden Fall. Er hatte allerdings seinen Preis. Obwohl er bereits im Ausverkauf war, war der Pullover noch immer so extrem teuer, dass manch einer vor dem Kauf erst einmal in Ruhe Kaffeetrinken gegangen wäre. Meine Freundin Fabienne dachte nicht daran. Sie stand mit dem Pullover in der Umkleide, drehte sich ein paarmal im Kreis und schien richtig glücklich.

Bereits seit Jahren zelebrieren meine (zugegebenermaßen wie ich etwas oberflächlichen) Freundinnen und ich die Tradition, dass wir irgendwann zwischen Weihnachten und Neujahr gemeinsam in die Stadt gehen. Obwohl wir mittlerweile älter und weiser geworden sind (so in Richtung Nachhaltigkeit und entdecken, dass Kleidung und Schuhe weniger wichtig sind, als wir dachten), streunen wir trotzdem jedes Jahr wieder durch die Läden. Und so stießen wir auf den grünen Pullover. Tatsache war, er stand ihr ausgezeichnet. Wir wussten jedoch, dass diejenige, die ihn im Spiegel so anhimmelte, als Freiberuflerin zurzeit keine großen Aufträge hatte. »Hm, brauchst du den wirklich?«, fragte ich vorsichtig. Ich meinte eigentlich: »Hm, kannst du dir den derzeit überhaupt leisten?« »Oh«, sagte sie, »ich bekomme sicher bald wieder einen Auftrag, also kaufe ich jetzt schon die Klamotten, die ich tragen würde, wenn ich jetzt ein gutes Einkommen hätte. Durch Schein zum Sein!« Sie warf einen letzten zufriedenen Blick in den Spiegel, zog den Pullover aus und ging zur Kasse.

Dies soll absolut kein Plädoyer für Ankäufe sein, die über deinem Budget liegen, für Impulskäufe oder für giftgrüne Pullover (die stehen nahezu niemand), komischerweise sind es zuweilen aber gerade die scheinbar unbedeutenden Vorfälle wie dieser, die uns aus irgendeinem Grund eine größere Erkenntnis bringen. Mir zumindest ist dieser Augenblick in Erinnerung geblieben. Der Marmorfußboden des Ladens, der Pantherkopf auf dem Pullover – sie trägt ihn übrigens immer noch –, aber in erster Linie ihre Bemerkung: Durch Schein zum Sein. Tu so, als ob, und dann wird es von selbst Wirklichkeit. Das klingt einfach, geradezu unverschämt einfach. Aber ich kenne Fabienne gut, und so meinte sie es nicht. Fabienne ist zielstrebig. Sie entschied sich in diesem Augenblick für etwas, das sie für sich selbst voraussah. Dieses Erlebnis mit dem Pullover löste in mir etwas aus und jetzt, ein paar Jahre später, kann ich auch benennen, was es war: Das Konzept, der Zeit einen Schritt voraus zu sein. Dass man sich etwas bereits anmaßt oder zu eigen macht, das man in Wirklichkeit noch gar nicht hat, aber gerne hätte.

189

Es ist subtiler als das Resonanzprinzip (siehe auch Seite 212–214), das du eventuell aus dem bekannten Dokumentarfilm oder dem Buch *The Secret* von Rhonda Byrne kennst. Es wird auch »Gesetz der Anziehung« genannt und besagt, dass alle unsere Wünsche und Sehnsüchte von selbst in Erfüllung gehen, wenn wir sie nur laut genug in die Welt hinausposaunen. Es ist eine bestimmte Energie, die vielleicht mehr mit Männlichkeit assoziiert wird: Etwas lauter fordern, als es die Wirklichkeit rechtfertigt. Vielleicht ist es auch ein bisschen amerikanisch: Bluffen, bis man es tatsächlich hat. *Das Praktische daran ist, dass man sich damit auch auf positive Weise zum Narren halten kann. Man weiß, dass es nicht so ist, aber das Gehirn merkt sich die Gefühle, die man sich selbst vermittelt hat: Stolz, Genugtuung, Selbstvertrauen. Und je öfter man sich traut, das zu tun, desto eher macht man sich diese positiven Gefühle zu eigen, man lernt also, sie zu haben.* Und je mehr man sich diese positiven Gefühle zu eigen macht und sich dran gewöhnt, sie zu haben, desto mehr schafft man sich seine eigene Wirklichkeit, weil die Umgebung darauf reagiert. Lachen ist ein konkretes Beispiel dafür. Wenn wir die Gesichtsmuskeln anspannen, die man zum Lachen braucht, wird in unserem Gehirn ein Signal abgegeben, das die Produktion von Endorphinen und Dopamin in Gang setzt. Auf diese Weise kann man Positivität anziehen. An miesen Tagen denke ich gelegentlich an den knallgrünen Pullover. Er ist für mich ein Symbol: Was benötige ich jetzt, um etwas in Bewegung zu setzen, in die richtige Richtung zu lenken? Lebe ich bereits nach meinen Vorstellungen, die ich gern erfüllt sehen würde?

// HIT-RADIO-MANTRAS

Manchmal darf es auch etwas banal sein

Es gibt keinerlei Vorschrift, die besagt, man müsse für persönliches Wachstum oder ein bewusstes Leben Sanskrit sprechen können, eine bestimmte Anzahl Selbsthilfe-bücher gelesen oder eine Mindestanzahl Meditationsminuten absolviert haben. Nicht, weil das sinnlos wäre, sondern, weil es nicht erforderlich ist. Es ist nicht alles oder nichts, in den allermeisten Fällen gibt es auch einen Mittelweg.

Wie zum Beispiel Mantras. In unserer Zeitschrift *Happinez* wurden Mantras einmal »Wiegenlieder für die Seele« genannt, und ich wüsste keine schönere Bezeichnung. Beim Singen von Mantras werden weise Worte wiederholt, die uns helfen, unseren Geist zur Ruhe zu bringen, negative Gedanken wegzuvibrieren und positive Absichten in die Welt zu schicken. Vielleicht kennst du »Om mani padme hum«, ein bekanntes Mantra aus dem tibetischen Buddhismus. Zur Bedeutung kursieren unzählige Übersetzungen, man sagt jedoch, dass uns allein der Klang bereits von Stolz, Wut, Eifersucht und Dummheit befreit und dass man es singen kann, um sich selbst oder anderen zu wünschen, vom Leiden und dessen Ursprung befreit zu werden. Ein Zauberspruch ist es jedoch nicht. *Wir können om-mani-padme-hum singen, so viel wir wollen, ohne Bedeutung und echte, gefühlte Intentionen bleiben es leere Worte. Doch umgekehrt gilt: Worte, die wir durch und durch fühlen und begreifen, können genauso gut bedeutungsvoll sein.* Ich nenne sie Hit-Radio-Mantras. Du kennst solche Radiosender, oder? Sie spielen »nonstop die beste Musik«. Wenn man sie nicht zu Hause hört, hört man sie im Taxi, beim Einkaufen oder im Büro. Ob sie wirklich nonstop die beste Musik spielen, ist noch mal eine andere Frage, aber darum geht es hier nicht. Hit-Sender zeichnen sich auf jeden Fall durch Easy Listening sowie Evergreens aus, und das ist bisweilen ganz nett.

Eines Tages, ich war gerade beim Einkaufen, hörte ich auf einmal ein Lied, das mich zutiefst berührte. Wenn du gerade eine Tasse heißen Tee in der Hand hältst, rate ich dir, sie erst abzustellen, bevor du weiterliest, denn wahrscheinlich musst du gleich losprusten, wenn du hörst, welches Lied mich plötzlich – zack bumm! – ins Hier und Jetzt holte. Es war, ja wirklich, *My heart will go on* von Celine Dion. Und noch dazu dieser schnulzige Satz: »Near, far, wherever you are, I believe that the heart does go on.« Den übrigen Text weiß ich gar nicht mehr, aber dieser eine Satz hatte es mir angetan. Ich rutschte, wie Alice, ab in den Kaninchenbau. Meine Gedanken schwirrten durch endlose Tunnel, verbanden unlogische Gedanken zu neuen Einsichten, kleine Heureka-Momente lösten sich wie Leuchtraketen in meiner Seele, und das Ganze endete mit einer unzusammenhängenden, rationalen Schlussfolgerung, die ich dir hier ersparen möchte – und zugleich mit einem unbeschwerten Gefühl im Herzen. Das Wichtigste dabei aber war, dass ich das in diesem Augenblick richtig angenehm und erfrischend fand. Auch heute noch summe ich hin und wieder diese eine Zeile, als tröstendes Mantra. Natürlich habe ich auch Mantras mit weniger fragwürdigem Ruf in meinem Repertoire. *Auf jeden Fall solltest du dir merken: Ein Mantra muss nicht per se intellektuell oder spirituell sein. Du machst dir deine Lebenspraxis bedeutend einfacher und leichter, wenn du hin und wieder etwas Luft hineinbläst. Es gibt kein Gesetz, das festlegt, was am besten ist. Nichts muss, alles darf.* An miesen Tagen darf man zum Trost auch seichte Lieder hören. Oder sich oberflächliche Filmkomödien ansehen. Oder Bücher lesen, die nicht mit einem Literaturpreis ausgezeichnet wurden. Ich finde es herrlich, wie irgendwelche Wörter oder Bilder – ähnlich diesen ruckenden Stahlgreifern eines Jahrmarktautomaten – aus der Tiefe unserer Seele etwas herausfischen und als Preis in den Auffangbehälter unseres Bewusstseins fallen lassen können.

192

// ERSTELLE SOUNDTRACKS FÜR DEIN LEBEN

Musik ist bedeutungsvoll

Musik ist eine Sprache, die keine Grenzen kennt. Keine horizontalen Grenzen zwischen Menschen auf diesem Planeten und keine vertikalen Grenzen zwischen uns und dem Himmel. Musik versieht alles mit Farbe, Bedeutung, Stimmung, Gefühl und Sinn. Nicht umsonst bedienen wir uns seit Menschengedenken der Musik als Möglichkeit, Geschichten zu erzählen und Gefühle zu teilen, um Menschenmassen aufzuputschen oder um sie zur Ruhe zu bringen. *Ich denke oft im Auto daran, wenn es so stark regnet, dass die Tropfen sich in kleinen Strömen über die Windschutzscheibe ergießen. Das ist genau so ein Augenblick, in dem Musik der Soundtrack des Lebens ist: Wird es eine melancholische Ballade, die alles trist und hoffnungslos macht, oder eine schnelle Tanznummer im Rhythmus des vorbeiflitzenden Lichts der Straßenlaternen?* Musik verleiht jeder Geschichte Farbe.

Musik ist in der Lage, einen Raum zu füllen, als wäre sie Wasser. Unsere Haut ist dann die einzige Barriere zwischen außen und innen. Sich in der Musik verlieren, nennt man das. Es ist eine besondere Art und Weise, zwischen Innen- und Außenwelt zu kommunizieren, gleichzeitig ist es eine Form des Spielens. Ich zumindest bin sehr empfänglich dafür. An miesen Tagen sind melancholische Balladen bei mir strengstens verboten. In Zeiten, in denen ich jeden zusätzlichen Schwung gebrauchen kann, spiele ich bewusst übertrieben fröhliche Musik. Und beim Fitnesstraining hilft mir ein guter Beat, zehn Ausfallschritte mehr zu machen, als ich erwartet hatte zu schaffen. Im Büro höre ich am liebsten klassische Musik, sie hilft mir, mich zu konzentrieren. Und wenn ich Cello oder Ukulele spiele, fühle ich buchstäblich den tiefen Klang des Resonanzkörpers in meinem Herzen.

Musik steht in engem Zusammenhang mit Körper, Geist und Seele. Unabhängig von Alter, Kultur oder dem Weg, den man zurückgelegt hat: Musik wirkt immer heilend. Musik kann sich als Schmerzmittel, als Beruhigungsmittel oder als Muskelentspannungsmittel entpuppen.

Und unser Gehör lässt uns, wie unsere anderen Sinnesorgane auch, die Welt um uns herum auf vielfältig Weise wahrnehmen und erfahren. Durch Klänge können wir unser Gehör anregen und verführen und damit unsere geistige Haltung ändern. Musik beeinflusst Gehirnströme und diese helfen uns wiederum, in einen bestimmten Gefühlszustand zu kommen und dort zu bleiben. So lausche ich gelegentlich vor dem Schlafengehen Musik, die Deltawellen enthält und die mir wirklich helfen, besser und tiefer zu schlafen.

Ein einfacher Tipp für miese Tage: Erstelle Playlists für verschiedene Stimmungen. Zum Beispiel eine, um besseren Zugang zu den eigenen Gefühlen zu finden, wenn

193

DEIN LEBEN

DEIN SONG

du deinen Tränen freien Lauf lassen möchtest. Oder eine Playlist, die tröstend auf die Seele wirkt: gemächlich, ruhig, entspannend. Eine Liste für Zeiten, wenn du Energie brauchst. Eine happy Playlist. Was auch immer du brauchst. Auf diese Weise gibst du deinem Leben einen eigenen Soundtrack.

Laut singen, warum nicht?

Man kann auch selbst Musik machen, ohne ein einziges Instrument zu spielen. Man kann für sich selbst singen. Meine bevorzugten Orte? Die üblichen Verdächtigen: im Auto und unter der Dusche. Ich habe am Steuer sowohl zornig zu Punkmusik geschrien, als auch heulend Balladen mitgeplärrt. Ich habe hemmungslos zu House-Musik getanzt und mit gleicher Hingabe Mantras gesungen. Unsere Seele liebt Gesang, aber nicht jedes Ego mag ein Publikum. Das hätten wir so also ganz einfach gelöst.

Die Wirksamkeit des Singens ist, genau wie die der meisten anderen Shortcuts, schon längst wissenschaftlich erwiesen. Singen wirkt genauso wie Yoga und Meditation – es reduziert Stress und erhöht im Körper die Produktion erwünschter Stoffe. Singen biegt die Atmung in unerwartete Richtungen, hilft Gefühle zu äußern und verursacht Schwingungen, die den Körper in einen harmonischen Zustand versetzen können. *Es ist grundsätzlich gut, unsere Stimme hören zu lassen, aus unserem tiefsten Inneren. Klänge zu erzeugen, die etwas ausdrücken. Zu brummen, zu schreien, laut zu werden oder leise zu summen.* Unsere Stimme für unser eigenes Wohlbefinden einzusetzen, hat überhaupt nichts mit dem Vorsingen bei einer TV-Show zu tun, es geht vielmehr darum, eine Energie, die man nicht braucht, abzuschütteln beziehungsweise eine Energie, die man dringend benötigt, herbeizusingen. Nicht umsonst sind Yogis so verrückt nach dem »Ohm«-Klang, der eigentlich wie a-u-m klingt. Man sagt, er sei der Urklang des Universums, in dem alles, was ist, zusammenkommt. Durch das Singen und Wiederholen von »Ohm« stellst du dich selbst auf diese reine Energie ein, du schwingst sozusagen mit dieser Energie mit. Also sing, Nachtigall, sing!

195

// KUNST IST GUT FÜR DICH

Museum-Wellness

Mit vierzehn war ich ein großer Fan von Picasso. Ich war so ein typisch anmaßender Teenager und nahm mir heilig vor: Wo auch immer in der Welt ich herumkommen würde, wenn es ein Werk von Picasso zu bewundern gäbe, würde ich es mir ansehen. Hashtag #goals gab es damals noch nicht, sonst hätte ich bestimmt ein Foto meiner Socken mit Picasso-Motiv gepostet. Zwischen meinen Postern von Nirvana und NOFX hingen abstrakte Werke des Künstlers, unter anderem eine surrealistisch heulende Dora Maar, die Muse von Picasso.

Was weiß man als Vierzehnjährige schon vom Leid der Welt? Meine Kenntnisse waren oberflächlich und ich etwas zu schwärmerisch, aber ich erinnere mich deutlich, dass ich Picassos Werk *fühlte*, ohne es recht zu verstehen. Es sprach mich auf einer tieferen Ebene an, wie es nur Kunst vermag. Meine große Faszination für Picasso erlosch irgendwann, aber meine Liebe zur Kunst ist geblieben. Oder besser gesagt, was blieb, ist die Faszination für das, was Kunst bei und in uns bewirken kann. Museen sind Zufluchtsorte. Umringt von Kunst fühle ich mich geborgen und verbunden, beispielsweise bei einer fabelhaften Ausstellung von Georgia O'Keeffe in der Tate Gallery in London: »Ich hatte jeden Augenblick meines Lebens Angst – und ich habe niemals zugelassen, dass mich das von irgendetwas, das ich tun wollte, abgehalten hätte.« Ich ruhe auch völlig in mir, wenn ich in der Kunsthalle in Rotterdam die Fotos von Patti Smith betrachte, die Robert Mapplethorpe von ihr gemacht hat – »Ich habe von ihm gelernt, dass oftmals Widersprüche den deutlichsten Weg zur Wahrheit weisen.«

In Museen scheint sich die Zeit aufzulösen, das ist mindestens so wohltuend wie ein Tag in der Sauna. Zudem machen Künstler einsichtig, was wir alle in verschiedenem Maße jeden Tag von Neuem versuchen: Die Wirklichkeit erfahren und sie zu etwas Bedeutungsvollem umformen. Auch unser Alltag bietet einen Ausgangspunkt für Kreativität und Transformation. Kunst fordert uns auf, uns eine Meinung darüber zu bilden, was wir schön finden und was nicht, weltoffen und vorurteilsfrei zu sein und zu untersuchen, wie kreativ und expressiv unser Geist ist. Kunst ist uneingeschränkt ehrlich. Sie spricht eine universelle Sprache, die auf zahllose Arten ausdrückt, was Vergnügen, Schmerz, Liebe oder Frustration ausmacht. Kunst hilft, Emotionen zu reflektieren und auszudrücken. Ein Großteil der Kunst ist entstanden, weil auch ihr Schöpfer mit schlechten Tagen konfrontiert war: Vincent van Gogh war alles andere als eine Frohnatur, um nur ein Beispiel aus einer Reihe von vielen zu nennen.

Ein Museumsbesuch muss keineswegs etwas Prätentiöses oder Hochtrabendes sein. Es ist auch überhaupt kein Kunstverstand erforderlich. Das Wissen, was ein Künstler mit seinem Kunstwerk ausdrücken wollte, oder der Sachverstand es innerhalb des Zeitgeistes einordnen zu können, sind schön und wertvoll, wenn man sich dafür interessiert. Es stellt aber keine Voraussetzung für das Betrachten von Kunst dar. Mein Sohn sah einmal in einem Werk von Mark Rothko einen saftigen Hamburger. Auch gut. Meiner Meinung nach wollte Rothko sogar, dass die Betrachtenden eine persönliche Beziehung mit seinem Werk eingehen.

Geh also ins Museum und nimm dir Zeit. Lass das, was du siehst, auf dich wirken und versuche herauszufinden, welche Bedeutung die Kunstwerke für dich haben. Sie müssen dir nicht gefallen; auch wenn sie Widerwillen oder Abneigung auslösen, schärft das deinen Geist. Der Schauspieler Robin Williams sagte in seiner Rolle als John Keating im Kinofilm *Der Club der toten Dichter:* »Medizin, Jura, Wirtschaft und Technik sind zwar durchaus edle Ziele und auch notwendig, aber Poesie, Schönheit, Romantik, Liebe sind die Freuden unseres Lebens.« Und wenn dich all das einfach gar nicht interessiert, noch ein letzter Ansporn: Es ist so herrlich still in Museen. Man kann sich selbst denken hören. Schon allein deshalb.

197

Yes I was burned

but I called it a lesson learned

Mistake overturned

So I call it a lesson learned

My soul has returned

So I call it a lesson learned

Another lesson learned

Alicia Keys

SCHAU DICH AUCH MAL UM

// DIE NATUR IST EIN SPIEGEL

Miese Tage gehören zum Leben

Manchmal bin ich überrascht, wie schlecht es uns gelingt, das zu akzeptieren, was ist. Alles um uns herum, einschließlich unseres eigenen Körpers, erzählt uns ungeschminkt die Geschichte des Lebens genauso, wie sie ist. Gehe nach draußen, schaue dich um und du stößt quasi auf eine große Neonreklame, die dir zuruft: Auch das geht vorbei. In der Natur ist alles auf Vergänglichkeit ausgelegt. Alles ist temporär.

Wann bist du das letzte Mal bis auf die Unterhose nass geregnet worden? Ich selbst erinnere mich an folgendes Erlebnis: Es war während eines Redaktionsausflugs auf die Nordseeinsel Texel, wir mussten die Fähre erwischen. Es waren noch endlose Kilometer durch die Dünen zu radeln, da brach über uns ein Unwetter los. Es ist seltsam, was in einer solchen Situation passiert: Zuerst fängst du an, schneller zu strampeln. Als ob du den Tropfen ausweichen oder die Wolken überholen könntest. Dann bist du ziemlich genervt, weil du langsam, aber sicher durchnässt wirst.

Aber danach? Wenn die Hose an den Beinen klebt und das Haar in dicken Spaghetti-Strähnen über den Kopf drapiert ist? Ich habe sehr gelacht. Ich war ja sowieso schon nass. Mir war sowieso schon kalt. Es gab kein Entkommen mehr. Es regnet. Und es wird wieder trocken. Letztendlich eine simple Sache.

Wenn du dafür sensibilisiert bist, was in der Natur um dich herum passiert, hast du einen tollen, kostenlosen Lehrmeister in Reichweite. Und wir sind selbst ein Teil der Natur. Du bist diese Natur.

Nur leider benehmen wir uns oft nicht so. Dickköpfig wie wir sind. Es soll nicht vorbeigehen. Es darf nicht verwelken. Liebe muss für immer sein, Körper dürfen nicht faltig und schlaff werden, die Sonne soll weiter scheinen. Wir wünschen es uns auch von der Welt um uns herum: Das ganze Jahr über frische Erdbeeren, niemand soll krank werden und warum hat man plötzlich weniger »Likes«. Auch in der Natur blüht nichts 365 Tage im Jahr – bloß wir sind dummerweise unempfänglich für diese Botschaft.

Wenn wir den Kreislauf des Lebens ignorieren, verursacht das eine seltsame Art von Spannung im Kopf und im Körper. Wenn du dafür nicht offen bist, bist du im Grunde nicht wirklich synchron mit dem Leben selbst. Wir verbinden den Wechsel der Jahreszeiten, eine neue Saison, mit Modekollektionen, Wohntrends und Rezepten, nicht mit dem Leben selbst. Wir finden es kompliziert genug zu schlafen, wenn die Sonne untergeht, und aufzustehen, wenn die Sonne aufgeht – um mal ganz davon zu schweigen, dass wir das alles mit uns selbst in Verbindung bringen könnten. Das ist schade, denn die Natur ist ständig in Bewegung. Alles hat seinen eigenen Rhythmus. Es gibt eine Zeit des Wachstums, der Blüte, des Welkens und des Stillwerdens. An miesen Tagen ist es ein beruhigender Gedanke, dass alles zyklisch ist. Dass alles vorbeigeht. Solche Gedanken können ziemlich viel Hoffnung geben: Ja, es regnet jetzt in Strömen, aber hey, das geht vorbei. Lass das Leben zu. *Wir erleben Frühling, wir erleben Sommer, Herbst und Winter – manchmal durchleben wir vier Jahreszeiten an einem einzigen Tag. Es gibt Zeiten, in denen wir überschwänglich sind, und es gibt Zeiten, in denen wir eine Art Wachstumsschmerz aushalten müssen, um Schritt für Schritt unser Ziel zu erreichen. Es gibt Momente der Ernte dessen, was man mit Blut, Schweiß und Tränen gesät hat, und es gibt Zeiten, in denen alles völlig stillzustehen und verschlossen zu sein scheint (obwohl sich dies oft als Zeit des Nachdenkens und neuer Einsichten herausstellt, achte mal darauf).* Dieses Gleichgewicht macht Sinn. Anspannung, Entspannung. Wachsen, blühen. Die Natur ist für uns nicht nur ein riesiger Spiegel, wir sind auch ein Spiegel der Natur. Was drinnen passiert, passiert auch draußen. Nicht umsonst benutzen spirituelle Lehrer die Natur sehr, sehr oft als Metapher für persönliches Wachstum und inneren Frieden.

Manchmal vermisse ich die Selbstverständlichkeit, mit der ich mich dem Lauf der Jahreszeiten als Kind anpasste. Als Kind bastelte ich noch Spinnennetze mit einer Kastanie in der Mitte, habe Gänseblümchenketten aufgefädelt und mit vor Kälte blauen Lippen Schneemänner gebaut. Als Erwachsene scheint es für uns so viel schwieriger zu sein, mit der Natur in Kontakt zu bleiben und von ihr zu lernen. Dabei ist es dafür gar nicht notwendig, Tarnkleidung und Regenstiefel anzuziehen. Man muss nur ein wenig Achtsamkeit dafür entwickeln. Mark Nepo sagte sehr treffend: »Ich suche immer weiter nach einem anderen Lehrer, bis mir klar wird, dass Fische vom Wasser und Vögel vom Himmel lernen.« Schau dir die Bäume in deiner Straße an: der hellgrüne Schimmer im Frühling, das Neongrün des Sommers, im Herbst orange-gelb-braun, im Winter schwarze, schlanke Silhouetten. Hole dir die Natur ins Haus: Tulpen im Frühling, Kastanien im Herbst. Sie erinnern dich an das große Ganze. Vielleicht fühlt sich für dich ein schlechter Tag wie ein Wintertag an. Aber nach dem Winter kommt der Frühling. Vielleicht bist du heute total klatschnass geregnet. Aber nach Regen kommt Sonnenschein.

Wirklich? Wirklich. Ein Naturgesetz.

//DER WINTER KOMMT...

- Vergleiche gelegentlich wie du dich fühlst mit dem Wandel der Jahreszeiten. Es ermöglicht dir eine andere, relativierende Perspektive auf deinen ebenfalls wechselnden Gefühlszustand.
- Der Frühling steht im Zeichen von Keimen, neuem Leben, Neuanfang, eine Form finden, von Säen, Wachsen und Erwachen.
- Im Sommer dreht sich alles um Blüte, Energie, Reife, Verbindung, Feier und Fülle im Freien, und alles nimmt seine Form an.
- Dann Herbst: Ernten, das Ergebnis sehen, aber auch loslassen, sich wieder nach innen kehren, sammeln und Abschied nehmen und einschlummern.
- Der Winter ist schließlich die Zeit zum Reflektieren, zum sich Ausruhen, zum Krafttanken, für tiefgehende Entwicklung und um sich im Untergrund auf eine neue Zeit vorzubereiten.

// BLUMEN ALS MEDIZIN

Hier ist eine Ausrede, um immer welche im Haus zu haben

Am liebsten möchte ich immer frische Blumen zuhause haben. Es ist ein schönes Ritual: Zum Blumenstand gehen, die schönsten Blumen zusammenstellen, sie zu einem wilden Feldstrauß zusammenbinden lassen, das dicke Papier, die Blumen in eine Vase stellen. Das zufriedene Gefühl, jemand zu sein, der immer frische Blumen zu Hause hat. Jemand zu sein, der es lohnenswert finde, in etwas zu investieren, das verwelkt. Jemand zu sein, der – wenn auch manchmal nur für sich selbst – sich das Leben schön macht. Blumen haben für mich jedoch noch eine tiefere Bedeutung. Sie erinnern mich auf eine einfache, zugängliche und wunderschön poetische Art daran, dass alles vergänglich ist. Ich möchte an dieser Stelle eine Passage aus einem Interview mit Alain de Botton für *Happinez*, das ich mittlerweile fast auswendig kann, mit dir teilen: »Akzeptiere die vergängliche Natur von allem. Wir gehen davon aus, dass alles, was wir mögen, für immer gleich bleiben wird. Wir hoffen, dass das Leben ewig ist, dass unsere Besitztümer immer glänzen werden, dass unser Körper seine Jugendlichkeit behalten wird. Stattdessen sollten wir all das lieber so betrachten, wie wir auch eine Blume betrachten: es gibt einen natürlichen Verlauf des Knospens, Blühens und Welkens. Dann ist es keine Tragödie mehr. Gerade im Zusammenhang mit Schmerz bekommt Schönes seinen Wert.«

Wenn du Widerstand verspürst gegen das, was vergeht, die Zeit, die vergeht sowie die Menschen und Träume, die du zurücklassen musstest, geh dann zu einem Blumenstand. Blumen halten dir auf liebevolle Weise den Spiegel vor. Das Wachstum, die Blüte, das Welken: Das Leben zieht an dir vorbei.

Wenn du schaust, wirklich gut hinsiehst, wirst du Schönheit in jeder Phase des Daseins entdecken. Die Farbintensität eines welkenden Blattes, die wundersamen, launischen Formen: Blumen sind kurz vor dem Verwelken, vielleicht sogar am schönsten. Alles unterliegt einem Prozess und dieser Prozess birgt Schönheit in sich, das zu sehen und wertschätzen zu können, darum geht es. Wenn du dich mit Blumen umgibst, verstärkt das dein Gefühl der Zufriedenheit, Positivität und Verbundenheit. Studien haben sogar erwiesen, dass von Blumen umgebene Krankenhauspatienten weniger Schmerzmittel benötigen und optimistischer sind.

Lebendige Dinge wie Pflanzen und Blumen im Haus verbinden auch drinnen mit draußen. Sie bringen buchstäblich Leben in dein Zuhause – und das ist gut für die Seele, die sich in diesem natürlichen Kreislauf bewegt. Heutzutage sind unsere Häuser häufig derart gut isoliert, so solide gebaut, so statisch, dass wenn wir keine Lust haben, das Haus zu verlassen, die Jahreszeiten nur daran erkennbar wären, wie hoch das Heizungsthermostat eingestellt wurde.

Es ist kein Zufall, dass Blumen seit Jahrhunderten ein wichtiger Teil zahlreicher Zeremonien und Rituale sind. Die Blumen bei einer Beerdigung sollen an die Blütezeit erinnern. Blumen bei einer Hochzeit sind ein Hinweis auf blühende Liebe. *Überall auf der Welt gibt es Rituale mit Blumen und Blumenopfern an spirituellen Orten: Sie repräsentieren Geburt und Tod, Leben und das Element Erde. Blumen sind verbunden mit Gefühlen, mit Emotionen und damit mit dem ganzen Menschen, dem Menschsein.*

In Japan heißt die Kunst des Blumenarrangierens Ikebana. Das ist eine uralte Tradition, die ihre Wurzeln in buddhistischen Blumenopfern hat. Alles dreht sich um Harmonie, Symbolik und Einfachheit. Die Art und Weise, wie die Blumen angeordnet sind, steht für Schönheit und die Verbundenheit der Menschen mit ihrer Umgebung. Diese Tradition unterliegt strengen Regeln und ist nicht unbedingt etwas für zu Hause, aber das Wesentliche dieser Kunst ist sehr schön: Mit Blumen eine Geschichte zu erzählen. Erzähle auch du deine Geschichte mit Blumen, die zu deinem aktuellen Gefühlszustand passen. Mache es nicht komplizierter als es ist, aber betrachte Blumen nicht als etwas, womit man lediglich das Interieur aufpeppen kann, sondern als Geschenk und liebevolle Lektion für dein launisches, miesepetriges Ich. Blumen sind kein Luxus, Blumen sind eine Form der manchmal bitter notwendigen Selbstfürsorge.

204

NICHTS WÄHRT

EWIG

205

// ORIENTIERUNGSPUNKTE AUF DEM WEG

Wie Du deine Gemütsverfassung beurteilen kannst

Bevor ich nach Amsterdam umzog, fuhr ich viele Jahre lang auf der A 1 Richtung Amsterdam zur Arbeit, einschließlich des Abschnitts zwischen der Ausfahrt Bunschoten/Spakenburg und der Kreuzung mit der A 27. Unzählige Male blieb ich dort im Verkehr stecken. Unzählige Male habe ich dort gesehen, wie die Sonne aufging oder wie sie unterging. Links sah ich die Hänge des Waldgebiets *Utrechtse Heuvelrug* am Horizont, rechts die Kirchtürme von Eemnes und manchmal, wenn es sehr klar war, die Häuser, die am Ufer des Gooimeer gebaut wurden. Ich habe diese Landschaft bei Regen und bei Schnee gesehen. Ich sah sie mit vertrockneten gelben Seitenstreifen, stöhnend unter erdrückender Hitze, aber auch in knackigem Hellgrün, mit dem zarten Nebel eines frischen Frühlingsmorgens über den Wiesen. Und oft dachte ich dort, an dieser Stelle: ***Ich habe das schon so oft gesehen, aber nie ist es gleich. Und gleichzeitig fiel mir auf, dass ich genauso veränderlich war wie der Anblick dieser Landschaft.***

Ich saß dort völlig entspannt, aber auch wütend im Auto. Ich saß laut singend im Auto, manchmal auch weinend. Ich sah dieselben Wiesen mit großem Missmut und mit beschwingter Fröhlichkeit. Ausgerechnet dieser Ort ist wichtig für mich geworden. Es wurde ein Orientierungspunkt und ein Meilenstein der Erinnerung daran, wie alles vergeht, auch miese Tage. Ich lebe und arbeite seit Jahren in Amsterdam und habe mittlerweile auch dort solche Orientierungspunkte, aber für mich wird dieses spezielle Stückchen Erde immer mit meiner Selbstbesinnung von damals verbunden sein. Diese Entwicklungsphase hatte nichts mit einer Yogamatte oder tiefer Meditation zu tun, sondern schlichtweg mit Achtsamkeit. Mit der Präsenz bei mir selbst, in meinem alten langweiligen Ford auf der A 1 zwischen Abfahrt Bunschoten/Spakenburg und Eemnes. Poetisch ist anders.

Irgendwann begann ich, es mein »Autothermometer« zu nennen. Wie von selbst machte ich es mir zur Gewohnheit, jedes Mal, wenn ich an dieser Stelle vorbeifuhr, das Thermometer für meine Seele zu zücken: Wie fühle ich mich jetzt? Es wurde zu einer Form der Achtsamkeit, vollkommen natürlich eingebettet in meinen normalen Tagesablauf. Mal davon abgesehen, dass es sowieso Sinn macht, bei sich selbst regelmäßig die Lage, den Gemützustand zu überprüfen, brachte diese einfache Angewohnheit einen wunderbaren Nebeneffekt mit sich: Ich bemerkte, dass mir die Routine an sich Trost gab. Obwohl ich mich manchmal beschissen und elend fühlte, da auf dem Asphalt, genauso stand ich dort auch unbeschwert und ausgelassen. Alles, was ich sah, aber auch alles, was ich fühlte, veränderte sich ständig.

Das wusste ich mit Sicherheit, weil ich es ja bereits erlebt hatte. In der Zwischenzeit habe ich solche Stellen auch auf meiner Fahrradroute zur Arbeit: Zum Beispiel der Fußgängerüberweg in der Molukkenstraat, wo sich im weißen Asphalt ein herzför-

206

miges Loch befindet. Könnte man so eine Art Routineuntersuchung auch jeden Morgen während einer Meditation durchführen? Sicher. Aber ein Orientierungspunkt erinnert visuell an gute und an schlechte Zeiten und wie sich diese ständig abwechseln. Dieser Trost liegt buchstäblich auf der Straße, du musst ihn nur aufheben. Mir hilft es beim Reflektieren, schlicht und ergreifend, weil ich mich so auf die Welt um mich herum beziehe. Vielleicht bist du ein eher visuell eingestellter Mensch, so wie ich: Bilder und Orte, die man mit Momenten oder Einsichten verbindet, verankern sich besser im Gehirn.

//ACHTSAMKEIT ÜBEN

Es wurden wunderschöne Zeitrafferaufnahmen von Sonnenuntergängen gemacht, indem man eine Kamera auf einem Dach installierte, auf eine Stelle am Horizont ausrichtete und anschließend genau zur gleichen Zeit 365 Tage lang täglich ein Foto aufnahm. Es gibt einen Künstler, der Hunderte von Gemälden vom Himmel gemalt hat, immer am selben Ort. Die niederländische Künstlerin Jurianne Matter geht fast jeden Morgen in der Heide spazieren und lädt anschließend ihre Fotos auf Instagram hoch. Du könntest ein ähnliches kleines Projekt starten: Mach beispielsweise jeden Tag am selben Ort ein Foto oder eine Notiz auf deinem Smartphone.

// BEOBACHTE DIE WELLEN

Über die heilsame Wirkung von Meerwasser

Wohin sollte man an miesen Tagen gehen? Für mich steht »Salzwasser« ganz oben auf der Liste. Meine Mutter liebt das Meer, mein Vater liebt Leuchttürme. So lang ich mich erinnern kann, haben sie Muscheln mit seltsamen, skurrilen Formen zu Hause, und im Arbeitszimmer meines Vaters befindet sich ein ganzes Regalbrett voller Schneekugeln mit kleinen Leuchttürmen darin. Weder meine Mutter noch mein Vater sind an der Küste aufgewachsen, aber selbst jetzt, da für meine Mutter Ort und Zeit immer mehr verwischen, macht das Meer sie ruhig und glücklich. Und so sage ich schon mal »Meine Mutter war früher eine Meerjungfrau«.

Ich bin auch nicht am Meer aufgewachsen, sondern zwischen Heide und Seen. Dennoch gibt nur wenige Orte auf der Welt, an denen ich mich ganz tief, bis in die Knochen, so wohl und ruhig fühle wie an der Küste des Ozeans oder am Meer in den Niederlanden. Wasser, das atmet. Wasser, von dem man die andere Seite nicht sehen kann. Wasser, das salzig ist wie Tränen und Schweiß. Es ist mein Seelenort.

Ich wollte unbedingt surfen lernen und schrieb für *Happinez* eine Geschichte mit dem darüber, was uns der Ozean lehrt. Der Ozean ist ein sehr zugänglicher Ort, kostenlos, immer offen und gleichzeitig so intensiv, dass es die Seele beruhigt. Man ist dort völlig frei: Es gibt keine Altäre und Heiligenbilder und Rituale und Gebete. Es gibt nur Wind und Sand und Horizont. ***Ich empfinde immer tiefe Ehrfurcht vor den unendlichen Wassermassen, die einen so großen Teil der Welt umgeben, und die sich unter dem Einfluss vom Mond, von Stürmen und Winden kräuseln und auftürmen und strömen, und die Wellen Tausende Kilometer weit über den Horizont hinaus an die Küste treiben.***

Das Geräusch auf den Strand brechender Wellen, das an allen Küsten der Welt zu hören ist, wirkt wie ein Schlaflied. Und manchmal klingt es so, als würden mich die Wellen auslachen, wenn sie zu meinen Füßen an Land rollen – das bringt mich zum Lachen. »Du bist kein Tropfen im Ozean«, schrieb Rumi, »du bist ein gesamter Ozean in einem Tropfen.« Es ist einer meiner Lieblingssätze, weil ich manchmal buchstäblich den Ozean in mir fühle: die Gezeiten, die Wellen. Wir sind wie kleine Ozeane. Meerwasser erinnert uns an alles, was zeitlos und unbestimmt ist – und das hat eine relativierende Wirkung. Der Ozean urteilt nicht, er ist einfach da. Das Wasser nimmt dich auf und umarmt dich, oder es wirft dich herum. Ganz willkürlich. Im Meerwasser sind wir alle gleich. Mein Tipp für miese Tage: ans Meer gehen. Zum Ozean. Oder betrachte das Meer bei Bedarf auf YouTube. Oder lausche ihm über solch einen »Ocean Sounds«-Track. Ich finde, Zen-Meister Alan Watts beschreibt die Magie von Wellen und Gezeiten am besten: »Ist auch der Rhythmus der Wellen wie ein Pulsieren der Zeit, so doch anders als das von Uhr- oder Kalenderzeit. Es hat keine Eile. Es ist zeitlose Zeit. Ich weiß, dass ich einem Rhythmus lausche, der seit Millionen von Jahren gleichgeblieben ist. Er entführt mich einer Welt erbarmungslos tickender Uhren. Uhren scheinen irgendwie immer im Takt zu marschieren, und Marschieren führt meistens zum Untergang. Der Rhythmus der Wellen ist kein Marschtakt. Er ist mit unserem Atem im Einklang. Er zählt unsere Tage nicht. Der Pulsschlag der Wellen hat nichts mit geizigem Bemessen zu tun, mit dem Abwägen dessen, was noch bleibt. Er ist der Atem der Ewigkeit, [...] durch den die Welt entsteht und vergeht. Das weckt die Vorstellung von entsetzlicher Monotonie – bis man plötzlich das Brechen und Anbranden der Wellen wahrnimmt.«

209

Das Meiste wird irgendwann in Ordnung sein,

dennoch wird nicht alles in Ordnung kommen.

Manchmal kämpfst du hart

und verlierst trotzdem.

Manchmal wirst du es

wirklich schwer haben und erkennen,

dass es keine andere Wahl gibt,

als loszulassen.

Akzeptanz ist ein kleiner, ruhiger Raum.

Cheryl Strayed

210

EIN BISSCHEN ESOTERISCH, ABER ES HILFT

// SYNCHRONIZITÄT: HINWEISE AUS DEM UNIVERSUM

Gerade kleine Dinge verdienen deine Beachtung

Intuition schreit nicht, sie flüstert. Sie ist subtil, witzig, mysteriös und fordert auf allermerkwürdigste Weise deine Aufmerksamkeit. Die Welt um uns herum ist so, wie sie ist, erst unsere Wahrnehmung verleiht ihr Bedeutung. Deine Intuition wird dadurch geschärft, wie »wach« du bist und wie du wahrnimmst. *Ganz gleich, ob du ein Fragment eines Liedes auffängst, dein Blick auf ein Wort fällt, du etwas greifst, ohne nachzudenken, oder deine Sinne unvermittelt ganz wach sind: Es sind Augenblicke, in denen dir deine Intuition etwas zuflüstert.* Um ihre Sprache zu verstehen, musst du ein gutes Gehör entwickeln. Denn glaube mir, du willst diese innere Stimme hören. Du willst mit ihr spielen. Intuition ist eine fantastische und unverzichtbare Komplizin an miesen Tagen. Du kannst natürlich auch den üblichen Weg, den der Selbstverständlichkeit gehen. Viele andere tun dasselbe und es ist genauso gut eine Lebensstrategie, mit der man alt werden kann. Die Tage werden sich einfach einer an den anderen reihen, die Sonne geht unter und der Mond geht auf, immer wieder aufs Neue, nichts Besonderes. Nur ist ein solches Leben ein bisschen so, als würdest du immerzu »snoozen«, die Schlummertaste drücken. Snoozen ist schön, Snoozen ist gemütlich, Snoozen ist vielleicht das, was du brauchst oder meinst zu brauchen – es bringt dich jedoch nie jenseits der ausgetretenen Pfade, geschweige denn, dass es deinen Horizont erweitert. Du ruhst dich dabei nicht wirklich aus, und es bringt dir auch keine neue Energie: Es ist nicht mehr als eine Art Status quo. Es gibt jedoch auch einen anderen Weg. Du kannst auch ein »waches« Leben führen, aufmerksam, achtsam.

Gibt es Zufall oder nicht? Ich kann diese Frage nicht beantworten, schlicht und ergreifend, weil ich mir nicht sicher bin. Ich habe mir erlaubt, an dieser Stelle Fragezeichen anstelle von Ausrufezeichen zu akzeptieren. Synchronizität scheint ein Konzept zu sein, bei dem Ereignisse zeitlich zusammenfallen, obwohl es kausal dafür keinen Grund zu geben scheint. Wissenschaftler, spirituelle Lehrer, Psychologen oder ich selbst: Niemand gibt schlüssige Antworten, die meine Erlebnisse mit Synchronizität auf verständliche und rationale Weise erklären könnten, und es ist auch nicht notwendig. Niemand weiß genau, wie Synchronizität funktioniert, daher muss sich unsere Ratio in diesem Fall im Hintergrund halten. Ich weiß nur so viel: Wenn ich die geflüsterten Hinweise beachtete, hat mich das noch nie, und ich meine wirklich noch nie, irgendwo hingeführt, wo ich nicht etwas Gutes entdeckt hätte: eine neue Einsicht oder irgendeine Form der Inspiration. Es hat mir Mut gemacht, mich getröstet, mich wach gerüttelt oder mir manchmal auch ein klares Stoppschild vorgehalten. Hätte ich dieses Flüstern nicht bemerkt, was wäre dann passiert? Ich habe keine Ahnung. Ich hätte vermutlich genauso weitergelebt, nichts Besonderes. Ich möchte aber nicht im »Snooze-Modus« leben. Ich möchte mein ganzes Potenzial entdecken, fühlen und auch nutzen. Ich habe eine Darstellung der Synchronizität von Carder Stout auf Goop.com gelesen: »Momente der Synchronizität sind Ereignisse von spiritueller Bedeutung, die uns auffordern, unsere Selbstbezogenheit für einen Moment ruhen zu lassen und die Möglichkeit des Göttlichen in Betracht zu ziehen.«

Sehr treffend, wie ich finde. *Wie aber bemerkt man Synchronizität? Es ist ein seltsames, merkwürdiges und aufregendes Gefühl: Als ob dir eine unsichtbare Hand einen leichten, kaum merklichen Stoß versetzt, der dich kurz, vielleicht nur eine Nanosekunde, aus dem Gleichgewicht bringt. Es ist, als ob die Zeit für einen Moment stillsteht.* Bei Synchronizität hat man den Eindruck, Zufall und Bedeutung kämen genau zur gleichen Zeit zusammen und würden für einen Augenblick ein Knistern verursachen. Als ob eine Live-Verbindung zwischen deiner inneren Welt und etwas in der Außenwelt hergestellt wird. Als ob das mysteriöse Universum einmal kurz zwinkert.

Ich zweifle nicht mehr an Synchronizität oder Zufall. Ich kann in einer Nanosekunde spüren, ob mir etwas »etwas sagen möchte« oder, ob es einfach zufällig geschieht. Manchmal fällt mein Blick auf etwas, und ich fühle nichts Besonderes, kein Kribbeln oder so. Dann sehe ich einfach nur »was ist«. Ich spüre intuitiv, was Bedeutung hat. Manchmal weiß ich nicht einmal, was ich damit anfangen soll, dann bewahre ich diesen subtilen Hinweis in meinem Herzen. Ich habe dort eine Art Wühlkiste mit Hinweisen, aus der manchmal etwas herausfällt. Dann denke ich: Oh, dafür war es gut! Manchmal ist die Energie stark und klar, manchmal zucke ich mit den Schultern und warte ab, was der Hinweis beinhaltet. Manchmal meine ich, etwas könnte eine Bedeutung haben, aber ich fühle nichts Besonderes dabei – dann lasse ich es wieder los.

Mit Synchronizität spielen

- Stelle es dir nicht zu banal vor. Hinweise sind oft subtil, kryptisch, nur für dich zu verstehen. Manchmal wirst du tatsächlich eine Packung Kaugummi in der Tasche finden, wenn du gerade Falafel zu Mittag hattest, normalerweise funktioniert es jedoch ein wenig subtiler.
- Sei vorsichtig mit Erklärungen deiner Ratio. Lass deine Wahrnehmung wie Tee ziehen und lass sie sich entfalten, aber forciere keine andere Bedeutung, als diejenige, die spontan in dir aufkommt.
- Nutze deine Sinne. Augen und Ohren sind die üblichen Verdächtigen, versuche jedoch auch, die anderen drei Sinne zu nutzen. Ein Geschmack, ein Geruch oder eine taktile Erfahrung können ebenfalls Richtungsindikatoren sein. Lass deine Sinne wie einen großen Synchronizitätsfänger zusammenarbeiten.

- Um Hinweise finden zu können, solltest du ungefähr wissen, wo du Klärung benötigst, wo du etwas Richtung geben möchtest. Schleudere hin und wieder eine Frage in den Kosmos und lass dich überraschen. Ob du eine »Verfechterin des Resonanzprinzips« bist oder nicht: Zufall folgt deiner Aufmerksamkeit, Aufmerksamkeit folgt deinen Absichten. Manchmal fühlt sich etwas wie Zufall an, es kann aber auch sein, dass du bereits unterbewusst darauf vorbereitet warst.
- Vertraue in Bezug auf Synchronizität deiner Intuition. Wenn sich etwas anfühlt, als ob es kein Zufall ist, erlaube dir, diesem Gefühl zu folgen. Wenn sich etwas wie Zufall anfühlt: auch gut. Vertraue deinem Unterbewusstsein, deinen ersten Eingebungen und deiner Wahrnehmung. Wie andere deine Erfahrungen oder Erlebnisse diesbezüglich interpretieren, ist total irrelevant, solange du dir selbst oder anderen keinen Schaden zufügst. Dies ist ein Spiel der inneren Mystik.
- Unterschätze nicht die Kraft der Synchronizität. Obwohl wir gern glauben, dass die Ratio alle bewussten Entscheidungen trifft, hat doch alles, was du erlebst und wahrnimmst, eine Bedeutung.

<><><><><><><><><><><><><><><><><><><><><><><><><><><><><><><><><><><>

// ZUFALL PLUS ZUFALL

Und hier noch eine Unterkategorie: Serendipität. Es ist eine Spielart des glücklichen Zufalls und geht so: Etwas kreuzt zufällig deinen Weg und verschafft dir eine Erkenntnis oder Einsicht, nach der du gar nicht gesucht hast. Dieses Phänomen hat unter anderem zu großen Erfindungen geführt: Post-its zum Beispiel. Bei dem Versuch, einen superstarken Kleber herzustellen, entstand eine nur schwach klebende Substanz. Erst später erwies sich diese als sehr praktisch, nämlich um kleine Zettel auf allen möglichen Oberflächen kleben und leicht wieder entfernen zu können. Genial – ich weiß nicht, was meine Kollegin Albertine tun würde, wenn sie keinen Regenbogen an Post-its zur Verfügung hätte.

KOPF HOCH,
DU SCHÖNE

215

// ÜBERS TRÄUMEN

Botschaften aus dem Unterbewusstsein

Ich träume sehr lebhaft. Ein Verflossener nannte mich deswegen häufig »Josephine«, wenn ich mal wieder aus einem temperamentvollen Traum erwachte – ein Verweis auf den biblischen Josef, dessen klare Träume die Zukunft vorhersagten. Ich kann zwar nicht die Zukunft vorhersagen, aber träumen, das kann ich zweifelsohne. Die Fähigkeit stammt aus meiner Kindheit, als ich oft, lebhaft und viel geträumt habe, und sie begleitet mich noch heute. Schlafen ist für mich manchmal wie ins Kino gehen: ein Drehbuch, Protagonisten und schließlich die Auflösung. Morgens bin ich dann manchmal so müde, als ob ich zwei Leben parallel führen würde: ein waches und ein schlafendes Dasein.

Gelegentlich bekomme ich eine Traumenzyklopädie geschenkt oder eine Freundin ruft begeistert: »Komm, das googeln wir!« Nichts für ungut, aber ich bin der Meinung, dass die meisten Traumdeutungen ziemlich flach, rational, wenig durchdacht und aus der Kategorie »Wir nehmen das mal zur Kenntnis« sind. Ich denke anders über Träume, seit ich 2010 für *Happinez* mit dem niederländischen Traumexperten und praktischen Philosophen Hans Korteweg sprach.

Er vertieft sich seit Jahrzehnten in diese Materie und schrieb zusammen mit seiner Tochter Anna Myrte ein Buch über das Träumen, dessen Titel auf Deutsch lauten würde: *Das Traumjuwel. Wie Sie Ihre Träume nutzen* können, um Ihr Leben zu vertiefen. Hans Korteweg sagt zu mir: »Träume geben uns Einblick, wer wir in unserem Innersten sind«, und er ergänzte »Gerade in der Einheit unserer Tag- und Nacht-Existenz liegt die Essenz dessen, wer wir sind.«

Tag und Nacht könne man durch eine Sanduhr symbolisieren, die man immer wieder umdreht. Der Tag geht in die Nacht über, und umgekehrt. ***Du kannst deine Träume daher als eine Art Gespräch mit dir selbst betrachten. Sie zeigen dir, was bewusst oder unbewusst in deinem Leben eine Rolle spielt, dies geschieht in einer sehr freien, kreativen und manchmal bizarren Art und Weise. Betrachte sie als Botschaften aus dem Unterbewusstsein.*** Traumdeutung ist daher mehr als eine simple »dies-deswegen-das-Erklärung«. Traumdeutung ist eine Form der Meditation, der Achtsamkeit. Träume sind wunderschöne Selbstporträts, und wenn man sie bei Tageslicht betrachtet, lernt man sich besser kennen.

Möglicherweise denkst du jetzt: Ich träume nie. Das ist jedoch nicht der Fall; unzählige Studien haben gezeigt, dass fast jeder Mensch im Schlaf nach etwa anderthalb Stunden einen Zustand erreicht, in dem das Unterbewusstsein sehr aktiv ist. Wahrscheinlich erinnerst du dich nur nicht an deine Träume; es hilft, wenn man morgens gleich alles notiert, an das man sich erinnert. Vielleicht ist es nur ein Fetzen eines Gefühls. Es lohnt sich, bereits das aufzuschreiben.

216

Aber selbst, wenn man sich an seine Träume erinnert, sind sie nicht immer klar. Träume sind oft rätselhaft. Inkonsistent, unrealistisch, flüchtig und schwer zu fassen. Die Auseinandersetzung mit Kortewegs Gedanken hat mich dazu inspiriert, einen Traum als Kunstwerk zu betrachten. So wie ein Großteil von Picassos Kunst keine wirklichkeitsgetreue Wiedergabe, sondern eine Impression des Dargestellten ist, so ist auch ein Traum eine Impression. Natürlich ist es verlockend zu sagen: »Es ist nur ein Traum«, insbesondere wenn der Traum etwas berührt, das dich wütend, ängstlich oder traurig macht. Ich habe gelegentlich einen Traum, in dem ein geliebter Mensch vor meinen Augen stirbt. Es ist alles andere als angenehm, traurig und geschockt aufzuwachen und erst noch realisieren zu müssen, dass er oder sie noch unter den Lebenden weilt. Ich habe es auch erlebt, dass ich im Traum auf jemand schrecklich wütend war, und es mir dann bei der nächsten realen Begegnung schwerfiel, dieses Gefühl zu verabschieden. In so einer Situation ist es viel netter, sagen zu können: Ach, Träume sind doch nur Schall und Rauch. Ja und nein. Träume bilden schließlich nicht die Realität ab: Personen in deinen Träumen beziehen sich nicht zwangsläufig auf die realen Menschen.

Ich habe gelernt, meine Träume anders zu betrachten: weniger buchstäblich, weniger eindimensional. Auf diese Weise interpretiere ich meine Träume nicht mehr als naheliegende Allgemeinheiten, ich verbinde sie vielmehr mit meinen eigenen Assoziationen und Erinnerungen, an Orte und Objekte. Es gibt universelle Symbole für Gut und Böse, Liebe und Hass sowie Leben und Tod, daneben gibt es jedoch häufig einen großen Fundus an Dingen und Orten, die ausschließlich für dich eine bestimmte Bedeutung haben, weil sie mit einer persönlichen Erfahrung oder Erinnerung verbunden sind.

Dabei ist die interessanteste Frage häufig: Wann ist etwas wortwörtlich zu verstehen und wann nicht? Wenn im Traum plötzlich ein Verflossener auftaucht, heißt das dann, dass ich ihn immer noch liebe? Wenn ich träume, dass ich ertrinke, muss ich dann in der Nähe von Wasser vorsichtig sein? Die Trennung von subjektiver und objektiver Realität ist schwierig. An einem schlechten Tag sind unangenehme Träume noch verwirrender. Korteweg vertritt diese Grundregel: Wenn Elemente oder Menschen im Traum sehr realistisch sind und man sich mit ihnen auch in der Realität gerade viel auseinandersetzt, sollte man die Bedeutung des Traums eher im wörtlichen Bereich des Interpretationsspektrums suchen. Wenn Orte oder Menschen auftauchen, die wenig mit der derzeitigen Lebensrealität zu tun haben, kann es interessant sein, sie im übertragenen Sinne zu betrachten.

Träume passen sich nicht an das Bild an, welches du von dir selbst hast und auch nicht daran, wie andere dich sehen wollen. Sie kümmern sich nicht um die Moral- und Wertvorstellungen deines Tagesbewusstseins, wollen niemanden hinters Licht führen, und es gibt nichts, das vorgegeben wäre, aber auch keine blinden Flecken. Das Entschlüsseln dieser Seelenbotschaften erfordert daher nicht nur eine offene und neugierige Haltung, sondern auch ein wenig Mut.

Träume zeigen uns unsere Unvollkommenheiten, ohne Rücksicht auf unsere Masken oder Konditionierungen. Und ja, das ist manchmal richtig doof.

Ich mag die Idee, dass ich nachts in mein Seelenkino gehen kann, in dem Wissen, dass die Geschichten mir etwas zu sagen haben. Ich kann so freier mit dem Traumgeschehen umgehen, assoziativer. Personen werden, vergleichbar mit einer Aufstellung, zu Archetypen: Sie repräsentieren ein Gefühl oder eine Emotion und nicht buchstäblich denjenigen, den sie darstellen. Situationen werden zu Metaphern. Es führt ein interessanter Weg über Träume zu mehr Selbsterkenntnis. Sie sind ein Spiegel für die Seele. Insbesondere an miesen Tagen solltest du dich von deinen Träumen nicht aus der Fassung bringen lassen, sondern sie vielmehr als Kompass nutzen.

// ÜBER DEIN INNERES KIND

Nicht mein Lieblingsthema, trotzdem wichtig

Um ehrlich zu sein: Das innere Kind ist nicht so ganz mein Fall. Bei dem Begriff »inneres Kind« hatte ich lange Zeit Assoziationen von erwachsenen Menschen, die in Embryonalhaltung unter trostlosen Systemdecken nach der Mutterbrust suchen. Ja, ein jeder darf seinen eigenen Weg gehen, also auch ich: Und mich persönlich spricht dieses Konzept weniger an. Aber auch ich bin inzwischen etwas älter und weiser geworden und habe daher eingesehen, dass eine Beschäftigung mit der Theorie des inneren Kindes wertvoll sein kann – unter Umständen ist sie an miesen Tagen sogar besonders nützlich. In sehr vielen Fällen wird die Grundlage dafür, wie wir reagieren und welche Gefühle durch etwas ausgelöst werden, bereits in unserer frühen Kindheit gelegt. Wenn wir also auf das Kind in uns achten, können wir interessante Entdeckungen machen, zum Beispiel, was möglicherweise unsere miesen Tage auslöst.

Unschuld ist ein Thema, das in besonderem Maße zum inneren Kind gehört. Diese große kindliche Unwissenheit, die ungenierte Neugier, Leichtigkeit und Unbekümmertheit. Das ist unser tiefster Kern, um den herum sich später immer mehr Ringe bilden – genau wie beim Stamm eines jungen Baumes. Wenn man einen alten Baum durchsägt, ist das gut zu sehen: In der Mitte ein Kern, um den mehrere Dutzende von Schichten gewachsen sind. Einige dieser Ringe dienen als Selbstschutz. Der Grund muss nicht einmal ein großes traumatisches Ereignis sein. Auch durch Alltägliches oder Menschliches bekommt man ein dickeres Fell: Ein anderes Kind trampelt über deine Sandburg hinweg, dein Vater hat gerade keine Zeit für dich, deine Mutter nimmt dir etwas weg.

Es kann durchaus neue Einsichten und mehr Selbsterkenntnis bringen, wenn man sich damit auseinandersetzt, ob bestimmte Emotionen, Reaktionen oder Muster vom Kind in uns beeinflusst oder ausgelöst werden. Insbesondere dann, wenn etwas nicht gut läuft, reagieren wir gelegentlich »kindisch«. Du entscheidest, ob du dies hinter einer starren Maske oder tief unten in einer dunklen Ecke verstecken möchtest, oder ob du es wahrnehmen und weiter untersuchen möchtest. Du wirst sehen: Je mehr du das Kind in dir zu Wort kommen lässt, desto näher bleibst du bei deiner Authentizität. Das gibt Luft. *Und ja, manchmal muss dieses Kind in dir beruhigt werden. Ich habe von meinen Eltern einen Gipsabdruck meiner Hand im Kleinkindalter bekommen. Wenn ich meine Hand darüberlege, passt diese kleine Hand mittlerweile fast in meine Handfläche. Manchmal, wenn ich richtig wütend, traurig oder enttäuscht bin, mache ich genau das.* Es erinnert mich an das kleine Mädchen, das ich war. Und das, was ich nicht zu meinem erwachsenen Selbst sagen kann, kann ich sehr wohl zu diesem Mädchen sagen: Ganz ruhig, es ist ja schon gut, es macht nichts, alles wird gut.

219

Es kommt vor, dass wir in unserer Jugend tiefe Überzeugungen und feste Muster entwickeln, die im Erwachsenenalter einem leichteren Leben im Wege stehen: in diesem Fall ist es empfehlenswert, das verletzte innere Kind an sich zu heilen. Darüber hinaus geht es beim »inneren Kind« auch um reines Vergnügen, um im Hier und Jetzt sein und um den Zauber der Einfachheit. Wir sollten nicht vergessen, dass es einfach schön ist, von Zeit zu Zeit kindisch zu sein, ohne auf den kleinen Mann im Ohr zu hören, der missbilligend »wie peinlich« flüstert oder »spinn bloß nicht rum«. *Gelegentlich muss ich regelrecht kindisch sein. Ich möchte in der Brandung spielen oder jemanden erschrecken, ich möchte mir mal keine Sorgen um all das Leid und den Ärger machen müssen, sondern in einer Welt leben, die nicht größer ist, als meine Sinne reichen. Kein Terminkalender, keine Verpflichtungen. Meine Stimmung kann sich dadurch schnell verbessern.*

Spielen ist ebenfalls wichtig, auch für Erwachsene. Spielen sollte kein heimliches Vergnügen sein, Spielen ist etwas, das einen selbstverständlichen Platz in unserem Leben haben sollte. Spielen verbindet, entspannt, bereitet uns Vergnügen und macht uns wach und aufmerksam. Spielen ist eine extrem wirksame Methode, um Stress abzubauen und Ärger zu vergessen. Es gibt viele Spiele, die einem auch im Erwachsenenalter Freude bereiten und die unsere Fähigkeiten zur Problemlösung und Kreativität ansprechen: von Tischfußball bis zu Puzzles mit einer Billionen Teile, vom Poker bis zu Tischtennis. Und sollte man nicht zum Spielen kommen, kann man immer noch gelegentlich etwas Spielerisches ins Leben einbauen. Beispielsweise über die weißen Streifen des Fußgängerüberwegs springen. Auf einen Baum klettern. Sich mit Glitzer-Make-up austoben. Lass das Kind in dir regelmäßig ohne Kompromisse frei. Das ist definitiv ein Shortcut zu einem leichteren Leben.

Lieber
FLOW
statt
Zwang

// KREIERE DEINE EIGENEN RITUALE

Handlung + Bedeutung = Trost

Solltest du bei Ritualen sofort an Weihrauch, Zeremonien oder tiefe Hingabe denken, liegst du falsch. In meinen Augen sind Rituale eine einfache Addition: Handlung plus Bedeutung. Im Gegensatz zu einer Gewohnheit oder einem Muster führt man eine rituelle Handlung bewusst, achtsam und regelmäßig aus. Und das, was man tut, gibt dem Leben eine Richtung oder einen Sinn.

Das Führen eines Dankbarkeitstagebuchs kann ein solches Ritual sein (siehe Seite 70). Oder das Anzünden einer Kerze, bevor du meditierst, morgens als Erstes deinen Kopf aus dem Fenster stecken, um tief einzuatmen (siehe Seite 105) oder immer den Liebsten oder die Liebste küssen, bevor du das Haus verlässt. Durch die Wiederholung markierst du die Zeit. Ein solches Ritual verbindet dich mit dem Hier und Jetzt, und gleichzeitig verbinden uns Rituale mit etwas, das zeitlos und unendlich ist. Als ob du mit einem goldenen Faden einen Kreuzstich auf deine eigene Zeitachse nähst. Einige Rituale haben wir so verinnerlicht, dass wir sie nicht einmal mehr erkennen. Erst wenn sie verschwinden, vermisst du etwas. Meine Söhne und ich sagen zueinander so etwas wie »Ich liebe dich bis zum Mond und wieder zurück«, nur auf Niederländisch natürlich, bevor ich abends ihre Schlafzimmertür schließe. Wenn sie bei ihrem Vater sind, gehe ich trotzdem immer den Satz flüsternd an ihren Betten vorbei.

Ein geliebtes Ritual aus meiner Jugend ist »Glückstag«. Jeden Samstagmorgen gingen wir mit meinem Vater einkaufen, in der Hoffnung, es möge ein »Glückstag« sein. Dann blätterte er in seinem Terminkalender und sagte das erlösende Wort: Ja. Dann durften wir beispielsweise einen Nachtisch oder etwas Leckeres an der Kasse aussuchen. Es war ein Ritual zwischen meinem Vater und uns, und es gab etwas so Trivialem wie dem wöchentlichen Einkauf eine Bedeutung. Es gab uns Rhythmus und Geborgenheit und so ein aufgesticktes goldenes Kreuzchen.

Rituale können dem Alltäglichen Bedeutung geben, gerade an miesen Tagen ist das nicht zu unterschätzen. Sie verleihen deinem Leben mehr Sinn. Du verbindest miese Tage mit schönen Tagen, und das ermöglicht einen relativierenden Blick auf die Zeit. Du bekommst eine weitreichende Perspektive durch Routine, Rhythmus und Form. ***Rituale sind angenehm und friedlich, wenn du gelassen bist und in dir ruhst, sie werden aber noch wertvoller, wenn es weniger gut läuft. Gerade wenn es in deinem Leben drunter und drüber geht, geben Rituale Halt.***

Was aber solltest du in einer solchen Situation tun? Es braucht nichts Großes und Aufsehenerregendes zu sein. »Einfachheit und Weisheit gesellen sich gern«, heißt es. Einfache Rituale können viel bewirken. Jede tägliche Handlung kann zum Ritual werden, auch das Gießen der Zimmerpflanzen oder Duschen (siehe Seite 111–112).

Die wenigsten wissen, dass in den großen Zen-Klöstern Asiens gar nicht so viel meditiert wird, wie wir hier annehmen. Die Meditation einer Klosterroutine besteht oft darin, alltägliche Aufgaben zu erledigen. Fegen, Unkraut jäten, das Gemüse für die Mahlzeiten schnippeln. Auch einige meiner heilsamen Rituale sind nicht besonders aufregend. Zum Beispiel hat meine Wohnung, in der ich jetzt wohne, keine Spülmaschine. Obwohl ich das aus Gründen der Nachhaltigkeit ganz in Ordnung fand, machte ich mir zunächst keine weiteren Gedanken über die eventuellen spirituellen Möglichkeiten des Abwaschens. Mittlerweile ist es eines meiner spirituellen Lieblingsrituale: Ich spüle am Ende des Tages ab, wenn ich mein Telefon ausgeschaltet und das Licht gedimmt habe. Durch die sich wiederholenden Handlungen, meine Hände im warmen Wasser, komme ich zur Ruhe. Es ist so, als ob ich auch meine Seele mit warmem Wasser abspüle. Es ist die Zeitspanne für mich, um auf den Tag zurückzublicken und ihn dann loszulassen.

Rituale eignen sich nicht nur zum Integrieren in den Alltag, du kannst mit ihnen auch Augenblicke markieren, die dies erfordern. Gerade miese Tage stehen nicht selten mit solchen Momenten in Verbindung: ein Riss, ein Rückschlag, eine Veränderung. »Rituale reichen dahin, wo Worte nicht hinkommen«, stand einmal in der *Happinez*. Ich habe bisher noch nirgends eine bessere Beschreibung gefunden. Etwas eine Form zu geben, ist ideal, um es zu markieren. Wenn man sich von etwas verabschieden und Platz für etwas Neues schaffen möchte. Wenn sich auf eine andere Weise etwas verschiebt und diese Veränderung nicht still übergangen werden sollte, sondern mehr Aufmerksamkeit erfordert. Mit einem Ritual markierst du ein Ereignis, du weist ihm seinen Erinnerungsmoment zu, sodass es in deinem Bewusstsein verankert wird.

◇◇◇

//BORG DIR EIN RITUAL AUS

Wenn Rituale für dich funktionieren und du das Thema vertiefen möchtest, hast du diverse Möglichkeiten. Es gibt so viele schöne Arten von Ritualen, die du von großen Traditionen borgen kannst, wie ein Feuer machen, um etwas zu verbrennen, einen Wunsch dem Wind mitgeben, etwas in fließendem Wasser loslassen oder etwas tief in der Erde vergraben. Du kannst eine Intuitions- oder Meditationskarte ziehen, eine Kerze verbunden mit einer guten Absicht anzünden oder dich ins Licht des Vollmonds setzen. Das Besondere an geliehenen Ritualen ist, dass sie an Stärke gewinnen, weil wir in die Fußstapfen anderer treten. Es ist wie eine große Energieblase, aus der man Kraft bezieht und der man Energie hinzufügt. Das wirkt nicht nur heilend und ermutigend, sondern auch befreiend. Und es ist so viel wertvoller, als sich weiterhin alleine herumzuplagen, ohne Achtsamkeit, ohne jeden Akzent in den Tagen.

// EIN STILLES GEBET

»Bitte, hilf mir!« Ein flüchtig gemurmeltes Stoßgebet, hilflos zum Himmel gestreckte oder in tiefer Andacht gefaltete Hände können deinen Gefühlen Ausdruck verleihen und ihnen dabei eine enorme Kraft verleihen. Die spirituelle Lehrerin Elizabeth Lesser schrieb über das Beten: »Ich bete unter anderem deswegen gerne, weil es ein Gegenmittel für Schuld und Vorhaltungen ist. Das Beten bietet uns eine Möglichkeit, wenn wir mit der Art und Weise, wie wir gehandelt haben oder behandelt wurden, unzufrieden sind, anstatt uns in Selbstvorwürfen zu baden oder Ressentiments gegen andere zu hegen, uns aus diesem Teufelskreis von Schuld und Vorwürfen zu befreien. *Wir legen unsere schmerzhaften Gefühle offen und sagen: »Ich habe etwas falsch gemacht, oder ich wurde falsch behandelt. Und dann bitten wir darum alles in einen größeren Zusammenhang zu stellen – einen, der allumfassende Vergebung enthält, die wir brauchen, um das Ganze hinter uns zu lassen und weitergehen zu können.«*

Die erste Frage, die sich beim Beten häufig stellt, lautet: Zu wem bete ich? Ich selbst bin in einer ziemlich liberalen Familie mit kulturell-christlichem Hintergrund aufgewachsen und habe als Kind nur gelegentlich gebetet. Mir wurde vermittelt, dass man um Hilfe bitten kann, dass Gott aber kein Mann mit weißem Bart auf einer Wolke war, geschweige denn eine Art Postbote, der auf Anfrage Bestellungen ausliefert. Trotzdem betete ich in der Zeit vor »Sinterklaas«, dem niederländischen Nikolausfest, zu dem es traditionell größere Geschenke gibt, inbrünstig: »Lieber Gott, bitte mach, dass ich Little Miss Make-up bekomme.« Little Miss Make-up war eine seltsame blonde Plastikpuppe, deren Arm man absichtlich auskugeln musste, um ihren Pferdeschwanz wachsen zu lassen, und bei der man mit warmem Wasser Make-up im Gesicht sichtbar machen konnte. Ich musste sie einfach haben! Da ich aber auch wusste, dass es Krieg und Hunger auf der Welt gibt und Kinder, die viel weniger hatten als ich, beschloss ich, maßvoll zu sein. Gott hatte schließlich noch andere Sorgen! Also betete ich schnell hinterher: »Und wenn das nicht geht, dann wäre Little Miss Fashion auch in Ordnung.« Die Bescherung kam, und Gott antwortete nicht.

Die Gebete meiner Kindheit waren naiv. Heutzutage können sich viele Menschen, einschließlich mir, nicht mehr mit der christlichen Färbung identifizieren. Stellt sich also die Frage, ob wir im gleichen Maße die Frage nach dem »zu Wem« loslassen können. Wie ist das, wenn die Einsicht, dass das Leben mysteriöser, größer und zu schwer fassbar ist, als dass wir es verstehen können, ausreicht, um die Kraft des Gebets zu erfahren? Der Kulturphilosoph und Experte auf dem Gebiet der Gnostik (christliche Mystik) Bram Moerland fertigte eine Neuübersetzung des klassischen Vaterunsers aus dem Aramäischen. Die Worte unterscheiden sich völlig von dem

Text, der in der kirchlichen Tradition seit Generationen weitergegeben wird. Der neue Text geht vom Göttlichen in jedem Menschen und der Selbsterkenntnis als Weg zu diesem göttlichen Kern aus. Ich liebe den ersten Satz dieses Gebets. Für mich ist es ein großartiger Ort, zu dem ich meine Seelenbotschaft senden kann: »Quelle des Seins, der ich in dem begegne, was mich berührt.« Das Gebet ist universell und passt praktisch zu jedem. Falls du es jedoch vorziehen solltest: »Hey, wer auch immer zuhören will!« zu sagen, dann ist das auch in Ordnung. In gewisser Weise ist es bereits ein winziges Gebet, nur »Jesus« zu sagen.

Ich finde es tröstlich, dass das Beten so einen universellen Charakter hat. Jeder von uns betet von Zeit zu Zeit. So ist beispielsweise im Yoga die Stellung des Kindes (Garbhasana), bei der man den Kopf auf den Boden legt, ein Gebet. Man bringt seinen Kopf, seinen Verstand, in eine tiefere Position als das Herz und nah zur Natur. Man legt sein Ego für einen Moment nieder. Überall auf der Welt schließen Menschen manchmal unwillkürlich die Augen, den Blick nach innen gerichtet. Viele spirituelle Lehrer unterscheiden zwischen Beten und Meditieren. *Beten ist ein Zwiegespräch: Man stellt Fragen, äußert Zweifel, bittet um Hilfe oder Vergebung. Meditieren heißt zuhören und empfänglich sein für die Antworten, die man häufig schon auf subtile Weise in sich trägt. In diesem Sinne sind Beten und Meditieren Yin und Yang der Kunst, auf einem Kissen zu sitzen.*

Manchmal hat man keine Lust zu meditieren, weil man zunächst das Herz erleichtern muss: Etwas muss sich seinen Weg nach außen bahnen, in Worte gefasst werden. Geertje Couwenbergh, die viele Jahre lang Yoga-Philosophie und Buddhismus praktizierte, erzählte in einem Beitrag für *Happinez*, wie es dazu kam, dass eine Marienstatue in ihrem Meditationsraum Einzug hielt. Sie hatte bemerkt, dass sie nicht mit allem, was sie bewegte, zu Buddha gehen konnte; dasitzen und Nachdenken war nicht ausreichend. »Der Buddha als Spiegel, Maria als Schwamm. Bei Dingen, die meinen Verstand und meine Fähigkeiten übersteigen – Themen wie Krankheit, Tod und Verzweiflung – brauche ich Hilfe und Barmherzigkeit genauso wie Einsicht, vielleicht sogar noch mehr.« Das fand ich sehr bewegend.

Es mag vielleicht wie eine passive Handlung erscheinen, etwas ins Leere zu schicken, genau genommen konzentriert man jedoch seine Energie auf etwas, nach dem man sich sehnt. Man fasst in Worte, was einem wichtig ist. Und unsere Energie geht dorthin, wo unsere Aufmerksamkeit ist. Darüber hinaus denke ich, dass Beten gerade an miesen Tagen eine Form der Hingabe ist. Es ist das Anerkennen von Schmerz, Mangel oder dem Wunsch, etwas auszudrücken, das wirklich aus der Seele kommt. Und so ist es auch eine Befreiung von dem, was dich beschäftigt.

Beten für Anfänger

225

ES TUT WEH,
WEIL
ES WICHTIG IST

★

226

Beten für Anfänger

Möglicherweise fragst du dich: Was soll ich sagen? Einfach das, was du zu sagen hast. Vielleicht möchtest du jammern, dich beklagen. Vielleicht willst du wütend sein. Vielleicht möchtest du Hilfe. Vielleicht möchtest du deine Dankbarkeit zum Ausdruck bringen?

Du kannst Beten ausprobieren und nur für dich ein bisschen damit herumexperimentieren, du kannst aber auch Hilfsmittel verwenden, zum Beispiel eine Gebetskette – Buddhisten lassen manchmal eine Mala mit 108 Perlen durch ihre Hände gleiten, um so eine Art Rhythmus zu haben. Jede Perle steht für etwas, für das du dankbar bist oder für etwas, das du dir von der Seele reden musst.

Du kannst auch nach »Fertiggebeten« aus einer Tradition googeln, die dich anspricht: Die amerikanischen Ureinwohner haben wunderschöne Gebete, und das Internet ist voll davon. Mit den richtigen Absichten darfst du sie bestimmt ausleihen. Und eines Tages wirst du deine eigenen Worte finden. Und dann fühlt sich dein Gebet nicht länger wie eine leere Form an, es wird dich vielmehr erleichtern, es wird sich anfühlen, als ob du dich an eine Energiequelle anschließt. Ein gutes Gebet verleiht Leichtigkeit und gibt dir das Gefühl, verbunden und gehört zu sein. Wenn dir Beten nichts gibt, wenn es sich nur wie eine mittelmäßige Theateraufführung oder wie ein melodramatischer Akt anfühlt: Lass es einfach sein.

// RICHTE EINEN KLEINEN HAUSALTAR EIN

Ein bisschen esoterisch, aber es hilft

Die Nüchternen in meinem Freundeskreis belächeln ihn ein wenig, nichtsdestotrotz schauen sie ihn meistens länger als drei Sekunden an: meinen kleinen Hausaltar. Zurzeit umfasst er alle möglichen Dinge, die zufällig erscheinen mögen, für mich aber von Bedeutung sind. Eine anatomische Holzhand aus dem Museumsshop der Tate Gallery, eine spirituelle Karte aus der Box der Inner Compass Cards, ein goldenes Dreieck (eine Kombination aus drei Steinen: Amethyst, Rosenquarz und Bergkristall, die zu Hause eine harmonische Atmosphäre schafft), eine Münze mit einer Kompassrose darauf, ein paar Muscheln von Stränden, an denen ich einmal war, eine Feder, die vor meinen Füßen lag, sowie einige Erinnerungsstücke aus Papier. Plus eine Kerze, die ich dann anzünde, wenn es mir guttut. Auf unserer Seite der Erde war es lange Zeit nicht gebräuchlich, einen Hausaltar zu haben. Neuerdings sehe ich in meiner Umgebung immer mehr davon. Mit der Zunahme von Meditation, Achtsamkeit und Yoga in unserer Gesellschaft ist er populär geworden. Ich denke, das hat mit dem Bedürfnis nach Konzentration und Sinnstiftung in unserem sehr, sehr geschäftigen Leben zu tun. *Ein Hausaltar bietet eine einfache Möglichkeit, sich mit etwas zu verbinden, das außerhalb von uns selbst liegt, sei es etwas Göttliches, eine kosmische Energie oder der Kreislauf des Lebens.*
Unter Umständen fühlt sich so ein Altar für dich ein bisschen wie »Eso-Quatsch« an. Er kann an weniger guten Tagen jedoch eine tröstende Wirkung haben, und kompliziert ist es nun wirklich nicht. Überlege dir, ob du einen Ort schaffen möchtest, an dem du dich auf das konzentrieren kannst, was dir wichtig ist, oder einen Ort, an dem du dich mit Erinnerungen verbinden und Absichten ausdrücken möchtest; es gibt keinerlei Regeln, nur Vorschläge. Du kannst einen Mini-Altar in der Ecke des Schlafzimmers, auf dem Schreibtisch, im Flur oder auf einem Sideboard im Wohnzimmer einrichten, so wie ich, weil ich an diesem Ort täglich vorbeikomme. Frische Blumen, einige lieb gewonnene Gegenstände, die dich an etwas erinnern, vielleicht ein Foto – und schon bist du fast fertig. Es gibt einige Tipps und Tricks, die dich bei der Einrichtung deines kleinen Altars unterstützen können. So wird empfohlen, den Altar bis zu einem gewissen Grad »einzurahmen« beziehungsweise zu begrenzen, beispielsweise indem du ihn in einem kleinen Regal, auf einem Brett oder auf einem Stück Stoff arrangierst. Ich selbst verwende eine Scheibe aus Marmor. Eine solche Unterlage verbindet wie von selbst alles, was man darauflegt. Wenn du das nächste Level erreichen möchtest, kannst du dir überlegen, was du wo platzieren möchtest. Zum Beispiel anhand der Elemente (siehe auch nebenstehend): Im Norden befindet sich das Element Erde (zum Beispiel ein Stein oder etwas anders aus der Natur), im Westen das Element Wasser (eine Muschel, ein Schälchen mit Wasser), im Süden etwas, das das Element Luft oder den Himmel

repräsentiert (eine Feder, Weihrauch) und im Osten etwas zum Thema Feuer (eine Kerze). So kannst du deinen Absichten und Wünschen eine Form geben. Ich möchte dich von Herzen einladen, nicht zu viel über solche Dinge nachzudenken. Ein »guter« Altar (nicht, dass man hier etwa von gut und schlecht sprechen könnte) ist immer in Bewegung und muss daher niemals perfekt sein. Beachte auch: Es ist nicht so gedacht, dass dein Altar selbst heilig wird. Er ist nur ein Mittel. Du legst etwas dazu, du nimmst etwas weg, stellst frische Blumen hin, fügst eine Notiz oder ein anderes Papierchen hinzu. Du kannst die Jahreszeiten zum Thema machen oder Bilder aus Zeitschriften verwenden, die dich inspirieren. Gerade weil du so mit ihm beschäftigt bist, »lädst« du deinen Altar mit deiner Energie und Achtsamkeit auf. Die schönsten Hausaltäre sind diejenigen, die die Persönlichkeit dessen, der ihn selbst gestaltet hat, widerspiegeln.

// NÄCHSTE STUFE: BEDEUTUNG

ERDE: Wohlstand, Ehrgeiz, Basis, Stabilität, Vertrauen, Materie, Fokus, Kontrolle

LUFT: Bewegung, Kommunikation, Klarheit, Intellekt, Einfallsreichtum, Spontanität, Flexibilität

FEUER: Kraft, Verlangen, Mut, Wärme, Energie, Inspiration, Kreativität

WASSER: Emotionen, Sanftmut, Vergebung, Intuition, Mystik, Mitgefühl, Dankbarkeit, Fließen, Beziehungen

IN DER
RICHTIGEN
RICHTUNG
VERLAUFEN

// IM HIER UND JETZT LEBEN

Nicht zu verwechseln mit #yolo

»Lebe im Hier und Jetzt« ist in spirituellen Kreisen ein gängiges Motto. Und wie ich bereits am Anfang dieses Handbuchs schrieb, kann es durchaus die Lektion aller Lektionen sein, und zwar in so gut wie allen Arten und Sorten der spirituellen Praxis: Sich dem Leben hinzugeben und es so zu akzeptieren, wie es ist. Und dieses »wie es ist« findet man im Hier und Jetzt. Der bekannteste Vertreter der Kraft der Gegenwart ist zweifelsfrei Eckhart Tolle, der zu diesem Thema internationale Bestseller schrieb. Seine These lautet, Zeit ist eine Illusion und der einzige Weg, Erleuchtung zu finden, besteht darin, im gegenwärtigen Moment vollständig präsent zu sein. Denn ohne Geschichten aus der Vergangenheit und Projektionen auf die Zukunft wird das Leben unkomplizierter, leichter. Schmerz, Verlangen, Zweifel – all dies ist eine Folge unserer Sorgen darüber, was geschehen ist und was noch geschehen kann, aber im Hier und Jetzt sind wir mit unserer Aufmerksamkeit bei dem, was wir tun, was wir fühlen und was wir denken. An miesen Tagen hast du ziemlich genau drei Möglichkeiten: aus der Situation gehen, die Situation ändern oder sie so akzeptieren, wie sie ist.

Im Hier und Jetzt zu sein kann eine ziemlich relativierende Wirkung haben, trösten und Ärgernisse kleiner erscheinen lassen. »Komm, wir überqueren die Brücke dann, wenn wir dort ankommen sind«, rufe ich anderen oder mir selbst oft aufgeweckt zu, wenn mal wieder Bedenken laut werden, was in Zukunft alles schiefgehen könnte. Wie sagt man so schön? Erstens kommt es anders und zweitens als man denkt. Ich für meinen Teil habe schon vor Längerem gelernt, dass es in der Regel Energieverschwendung ist, mich in tausend Was-wäre-wenn-Szenarien zu versteigen. Genauso oft rufe ich »Wasser unter der Brücke!«, um deutlich zu machen, dass alles relativ ist und es darauf ankommt, mit was man es vergleicht. Es ist bereits vorbei, vergangen und schwer fassbar. Man muss keine Energie für etwas aufwenden, das man anders hatte tun können – man kann die Zeit nicht zurückdrehen, um es noch einmal zu versuchen. Und auch die Zeitmaschine wurde noch nicht erfunden.

Was aber, wenn du überhaupt nicht in der Gegenwart sein möchtest? An miesen Tagen möchtest du unter Umständen lieber ein One-Way-Ticket nur weg von diesem »Hier und Jetzt« buchen. Weil dieses Jetzt wehtut, weil du bessere Pläne für diesen Tag hattest, weil dir das Jetzt schlechte Laune verpasst. Manchmal kann man mit der Aufmerksamkeit einfach nicht in der Gegenwart bleiben. Dann fühlt sich das Jetzt plötzlich nicht mehr wie ein offener Raum an, sondern wie ein Käfig, in den man sich mit Gedankengymnastik reinzwängen muss. Manchmal ist es nicht leicht, in der Gegenwart zu leben, das ist nicht seltsam oder etwas, bei dem man sich schlecht fühlen sollte. Unser Gehirn nutzt den Blick zurück und nach vorne als Überlebenstechnik. Es versetzt unseren Körper und Geist in einen einsatzbereiten Zustand. »Ergebnisse aus der Vergangenheit bieten keine Garantie für die Zukunft?« Nun, unser Gehirn denkt darüber scheinbar anders. Wir sind so verdrahtet, dass alles, was wir bewusst oder unbewusst erleben, als Information für die Zukunft gespeichert wird. Basierend auf unseren Erfahrungen werden intelligente Strategien entwickelt. Und das ist per se auch gar nicht schlecht: Es ist ein Treibstoff für Innovation und Kreativität.

Sollte es dir schwerfallen, auf eine ruhige und selbstverständliche Weise im Hier und Jetzt zu sein, dann hilft es dir vielleicht, dir die Gegenwart als das Pendel einer Uhr vorzustellen, das rhythmisch zwischen Vergangenheit, Gegenwart und Zukunft hin und her schwingt. Das Pendel kehrt immer wieder zu seinem Ausgangspunkt, dem Jetzt, zurück. So wird das Leben in der Gegenwart zu einer natürlichen Bewegung, zu einem Ort, wo alles seinen Ursprung hat und zu dem man immer zurückkehren kann. Deine Homebase. Jedes Mal, wenn du dich in der Vergangenheit gefangen fühlst oder dich in der Zukunft verlaufen hast, kehrst du wieder in die Mitte zurück. Ohne Wertung und ohne jeden Zwang.

Eines ist das Leben in der Gegenwart jedenfalls nicht, eine oberflächliche #yolo-Haltung (»you only live once« oder anders gesagt »du lebst nur einmal«). Leben, als gäbe es kein Morgen, kann einen seltsamen oder selbstzerstörerischen Touch bekommen, vom Verputzen von anderthalb Packungen Ben & Jerrys (was macht es schon noch aus!) bis hin zu noch viel dümmeren Entscheidungen. Wenn man von einem Kick zum nächsten rast, um überhaupt das Gefühl zu bekommen, am Leben zu sein, erreicht man oft sogar genau das Gegenteil. Es ist ein Ablenkungsmanöver; auf diese Weise vermeidet man es, wirklich im eigenen Leben aufzutauchen. Indem man sich absichtlich außerhalb der normalen Zeit bewegt, übertönt oder betäubt man die Gefühle, die Aufmerksamkeit erfordern. Im Moment zu leben unterscheidet sich von den Moment leben.

<><><><><><><><><><><><><><><><><><><><><><><><><><><><><><><><><><><><><><>

// MEIN JETZT-MANTRA

Mein Mantra, um in der Gegenwart zu bleiben und die Dinge wieder in den richtigen Zusammenhang zu rücken, wenn ich mir an miesen Tagen über die Vergangenheit und die Zukunft zu viele Gedanken mache, besteht aus drei Zeilen. Sie stammen aus einem Gedicht meines Lieblingsdichters Rutger Kopland.

und von allem, was ich sehe
weiß ich, es hätte anders sein können,
aber das ist es nicht

// ES LIEGT AM MOND

Manchmal muss man es weiter oben suchen

Auf meinem rechten Fuß ist ein winziger Mond tätowiert. Ich habe dieses Tattoo am Rande des Ozeans, der im Rhythmus des Mondes atmet, stechen lassen, in einer Zeit, in der sich bei mir ziemlich viele schlechte Tage aneinanderreihten. Irgendwo online habe ich folgenden Text gelesen (der ursprüngliche Autor lässt sich nicht herausfinden), der in Worte fasst, warum ich den Mond auf meiner Haut tragen möchte: »Der Mond erinnert uns auf überwältigende Weise an Geburt, Sterben und alle Phasen dazwischen. Indem der Mond immer wieder aufs Neue geboren wird, symbolisiert er die Zyklen der Seele und ihre unendliche Reinkarnation. Der Mond ist immer da. Er steht stoisch am Himmel, und gleichzeitig bezieht sich der Mondzyklus auf den Tanz zwischen der Essenz eines ewigen Geistes und dem Rhythmus und den Mustern aller Lebewesen, einschließlich der Natur – unendlich zyklisch. Der Neumond steht für Hoffnung und Wachstum und verspricht, dass alles immerwährend in einer Vorwärtsbewegung zurückkehren wird.«

Sich mit dem Mond verbunden zu fühlen, wird von den ausgesprochen nüchternen Seelen unter uns häufig mit Dingen wie Wünschelruten und Aluminiumhüten gleichgesetzt, eigentlich ziemlich merkwürdige Assoziationen. Gerade diejenigen, die alles erklären wollen, können die Kraft kaum leugnen, die der Mond auf die Erde ausübt. Wir wissen, dass der menschliche Körper zu fast zwei Dritteln aus Wasser besteht. Vor diesem Hintergrund und in Kombination mit der Tatsache, dass der Mond anzieht und abstößt und so auch Ebbe und Flut verursacht, ist es alles andere als seltsam, dass er auch uns Menschen beeinflusst. Wir sind nicht von der Schöpfung getrennt, wir sind ein Teil davon. Wir sind Teil des gesamten Systems.

Der Mond und miese Tage sind irgendwie miteinander verbunden. Gerade wenn es einem mies geht, fühlt sich eine tickende Uhr manchmal wie ein Feind an. Eine weitere Stunde nicht von der Couch runtergekommen, weitere zehn Minuten das Duschen vor mir hergeschoben. Die Mondzeit wirkt viel weicher, viel poetischer und verzeihender auf uns. Es ist eine zyklische Zeit, die immer wieder zum Anfang zurückkehrt, immer wieder und immer wieder. Wer mit dem Mond lebt, wird nie mit einem »Game over« konfrontiert, im Gegenteil, es gibt immer wieder einen neuen Versuch. Der Mond gibt den Rhythmus von Tag und Nacht vor, der seit einer Ewigkeit feststeht, ändert sich dabei jedoch ständig selbst. Diese immerwährende Abfolge von Neumond, Halbmond, Vollmond hat eine tröstliche Wirkung.

Insbesondere Frauen sind empfänglich für die Energie des Mondes. Wir haben eine eingebaute Antenne für die Mondkräfte: Ein durchschnittlicher Menstruationszyklus dauert genau so lange, wie der Mond für eine Erdumkreisung braucht: 28 Tage. Menstruation oder Menses, deren Wortherkunft bezieht sich auf Monat, und damit trägt dieser Zeitraum des weiblichen Zyklus den Mond bereits in sich. Unter Umständen bist du daher in dieser Zeit emotionaler und lagert dein Körper mehr Wasser ein. Möglicherweise hast du Schwierigkeiten beim Einschlafen, und die Nächte sind unruhiger als sonst. Das alles hat natürlich nicht gerade einen positiven Effekt auf miese Tage.

Das Beste am Mond ist, dass wir alle, wo immer wir uns gerade aufhalten und wen immer wir auch vermissen, nachts genau denselben Mond betrachten. Er lässt dich niemals allein, wer oder wo immer du bist.

// EXTRA-MONDINSPIRATION

NEUMOND:	**Es ist Zeit loszulassen und von vorne zu beginnen**
HALBMOND (erstes Viertel):	**Zeit für Mut, Veränderung und Manifestation**
VOLLMOND:	**Die Zeit des Überflusses und der Ernte dessen, was du gesät hast**
HALBMOND (drittes Viertel):	**Zeit für Klarheit, Entscheidungen und Vergebung**

VERTRAUE
der Magie
von

Neuanfängen

235

// AUFSTELLUNGEN FÜR DUMMIES

Mache es anschaulich

An miesen Tagen fühle ich mich manchmal einsam, selbst wenn ich von Menschen umgeben bin. Es ist eine Einsamkeit, die schwer zu erklären ist. Es geht nicht um die Abwesenheit anderer, sondern um einen seltsamen, abstrakten Unterton: Als ob es niemand gäbe, der mich bis in die tiefsten Tiefen meiner Seele vollständig wahrnimmt. Als wäre ich eine Insel zwischen Inseln oder eine Schneeflocke, die an nichts hängen bleibt. Ich kann dieses Gefühl loslassen, indem ich mich daran erinnere, dass jeder von uns Teil eines großen Ganzen ist, eines komplizierten kos-mischen Gewebes, in dem alles und jeder seinen eigenen Platz hat. Wir sind end-los und ewig miteinander verbunden: Es gibt nichts Neues – wir sind alle wieder verwendete Moleküle und Atome. Und nichts steht für sich allein. Dieses Wissen vermittelt an weniger guten Tagen Trost.

Das Wissen darum, dass wir Teil eines großen Ganzen sind, wie alltäglich das auch sein mag, stellt uns in einen Rahmen. Es gibt uns die Möglichkeit, von Zeit zu Zeit die Lektionen, die uns das Leben urplötzlich entgegenhält, in einen größeren Zu-sammenhang zu stellen, anders auf das zu schauen, was uns widerfährt. *Wer wir sind und wie wir normalerweise auf Rückschläge oder Chaos reagieren, wird zum Teil auch von dem System geprägt, in dem wir leben. Es gibt Klarheit, wenn man das, weswegen man wach liegt, mit etwas Abstand betrachtet. Einen Schritt zurückzutreten schafft Platz.*

Beim Systemdenken in der sogenannten Systemtheorie geht es immer auch um den Kontext. Eines der grundlegendsten Systeme ist das System, in das wir ge-boren werden, unsere Familie. Die An- oder Abwesenheit von Eltern(-teilen), Groß-eltern, Brüdern oder Schwestern: Sie prägen früh, wer du bist. Von ihnen lernst du, was »normal« ist und was nicht, was wünschenswert ist und was nicht. Wie kleine Babyfledermäuse senden wir Signale an unsere Umwelt. Diese Signale werden von den Menschen in deiner Nähe reflektiert und formen auf diese Weise deine Sicht auf die Welt.

Deine Familie ist der erste Ort, an dem du Liebe bekommst (oder nicht) und Erfah-rungen bezüglich Sicherheit, Selbstvertrauen, Loyalität und Harmonie sammelst. Unabhängig davon, ob du glaubst, eine Kontaktaufnahme zu deinen Ahnen sei möglich, das Leben deiner Vorfahren sickert Generation für Generation bis zu dir durch (du kannst komplizierte Bücher darüber lesen oder dir den Disney-Film Coco ansehen, um einen Eindruck zu gewinnen). Möglicherweise kannst du das Motto deiner Familie benennen: »In unserem Haus lassen wir uns von niemandem etwas vorschreiben« oder »In unserem Hause reden wir nicht darüber«. Es sind Überzeu-gungen, die du bewusst oder unbewusst in dein Erwachsenenleben mitnimmst.

236

In Bezug auf negative Emotionen ist es interessant zu untersuchen, ob die Gefühle oder Überzeugungen, die den miesen Tagen zugrunde liegen, wirklich deine eigenen sind, oder ob sie vielleicht mehr oder weniger versehentlich von früher an dir haften geblieben sind. Und das nicht nur vom Familiensystem, sondern vielleicht auch aus einem anderen Kontext, wie der Schule, einem Freundeskreis, der Kollegen oder dem Verein. *Jede Gruppe von Menschen entwickelt eine Art Code, eine gemeinsame Identität – »Wir sind gern gesellig«, »Man zieht keine auffälligen Klamotten an« oder »Jammern kannst du woanders«, um nur einige der gängigen Codes zu nennen – aber welche davon gehören wirklich zu dir?*

Wie verhältst du dich zu den Systemen um dich herum? Was hast du von ihnen übernommen, das dir eigentlich gar nicht guttut? Was solltest du davon abschütteln, um authentisch und rein zu leben?

Du kannst das mit systemischen Methoden untersuchen, eine bekannte Methode ist die sogenannte »Familienaufstellung«, es gibt darüber hinaus auch andere Aufstellungen. Die Arbeit mit Aufstellungen ist eine sehr konkrete Art, dein Verhältnis zu anderen buchstäblich sichtbar zu machen und zu fühlen, ob das so für dich stimmig ist und wie es sich anfühlen würde, wenn du eine Verschiebung vornehmen würdest. Normalerweise wird dies mit professioneller Begleitung durchgeführt, da es sehr intensiv ist, sich einer Gruppe von Menschen auszusetzen, oft Fremden, die in der Aufstellung dein persönliches System verkörpern.

Es muss aber nicht unbedingt gleich real, mit echten Menschen und in der Öffentlichkeit, stattfinden: Ich selbst habe viele neue Erkenntnisse gewonnen während einer Aufstellung mit Legofiguren – ja, wirklich –, und dabei fühlte ich mich gut aufgehoben und sicher. Diese Figuren mit ihren gelben Köpfen und quadratischen Händen machten seltsamerweise sehr deutlich, was ich de facto aus der Seele meiner Familie mit mir herumtrug und wie sich das auf mein Handeln und Denken auswirkt.

Du kannst auch allein zu Hause Aufstellungen für Dummies machen, ohne gleich alle Register zu ziehen. Das Prinzip, dass wir Teil eines Systems sind, das man in einem Raum nachstellen kann, kannst du für den Hausgebrauch vereinfachen.

Wenn du auf diese Weise etwas darstellst, verstehst du vielleicht besser, was oder wo etwas blockiert ist, möglicherweise verschafft dir das an einem miesen Tag ein wenig Luft. Du kannst das jederzeit und mit allen möglichen Mitteln machen. Vielleicht ist es eine Form, die zu dir passt.

Probiere es aus.

KLEINE DINGE SIND WICHTIG

238

Eine Aufstellung für den Hausgebrauch machen

Schritt 1: Formuliere eine Frage. Wie immer gilt: Je konkreter, desto besser. »Warum traue ich mich nicht …« oder »Warum bin ich unsicher, wenn …« oder »Warum bin ich so sauer …« usw.

Schritt 2: Schreibe deine Frage auf, zeichne einen Kreis darum. Anschließend ziehst du Striche von dem Kreis weg und schreibst jeweils ans Ende etwas oder jemanden, das oder der in dieser Fragestellung irgendwie eine Rolle spielt.

Schritt 3: Suche nach »Stellvertretern«. Es können Legofiguren sein, aber auch Zettel mit Namen oder Zeichnungen, Steine, Blumen, zur Not auch Socken, es ist nicht so wichtig, was es ist. Hauptsache, du selbst kannst den Stellvertretern eine Bedeutung zuweisen.

Schritt 4: Lege die Gegenstände so um das Problem, wie es sich richtig anfühlt. Wer oder was rückt dir dicht auf die Haut, wer oder was steht hinter dir, wer oder was schaut aus der Ferne zu, wer oder was blockiert etwas? Versuche, nicht zu lange darüber nachzudenken. Handle schnell und intuitiv.

Schritt 5: Und dann? Nun, betrachte das Ganze ein wenig, philosophiere ein bisschen darüber. Du hast gerade dein Problem materialisiert, und das kann etwas zutage fördern, was möglicherweise deine Sichtweise auf das Problem verändert. Stimmt das, was du siehst? Gibt es ein Aha-Erlebnis? Was oder wer muss bewegt werden? Spiele damit.

Schritt 6: Wie fühlt es sich an, wenn du etwas an der Aufstellung veränderst? Ermöglicht es eine neue Sichtweise oder fühlt sich das Ganze leichter an? Betrachte diese Methode als eine Möglichkeit, deine Gedanken zu ordnen und ihnen eine neue Richtung zu geben. Es ist nichts für dich? Dann hast du dich wenigstens eine Weile ganz unterhaltsam beschäftigt.

239

Nimm dein gebrochenes Herz,

und mach Kunst daraus

Carrie Fisher (alias Prinzessin Leia, Star Wars)

240

NICHTS IST FÜR IMMER

241

// WABI SABI

Feiere Risse und Sprünge

In einer Zeit, in der wir unsere Zahnstellung korrigieren lassen und Regale voller Tiegelchen und Tuben haben, um Falten, Flecken und Unebenheiten zu vermeiden beziehungsweise zu beseitigen, könnte man denken, dass Glatt- und Faltenfreisein der heilige Gral für ein langes und glückliches Leben ist. Unsere Liebe zur Schönheit ist sehr tief verwurzelt und kann in gewissem Maße evolutionär erklärt werden: Das menschliche Gehirn ist seit Urzeiten so verdrahtet, dass Perfektion keinen Warnhinweis auslöst. Schönheit und Perfektion sind ein wahrer Augenschmaus für unseren Geist, der unterbewusst immer noch auf Überleben ausgerichtet ist. Dennoch sind wir wohl etwas über das Ziel hinausgeschossen: Obst muss makellos und glänzend sein, all unsere Sachen sind makellos und glänzend, und auch wir möchten in unseren Bikinis makellos und glänzend aussehen. Perfektion ist eine Frage der Wahl, und Unvollkommenheit trifft nur Verlierer, um es mal schwarz-weiß zu malen. Durch die Verinnerlichung dieser Denkweise geraten wir aus dem natürlichen Gleichgewicht, wir verlieren den Bezug zu der Zeit, der Natur und zu unserer eigenen Seele. Deshalb kommen wir mit miesen Tagen so schlecht zurecht: Wir werden von ihnen eiskalt überrascht. Warum ist das Leben plötzlich unangenehm, unvollkommen oder hässlich?

Die philosophische Ästhetik namens Wabi Sabi aus der japanischen Tradition bietet ein Gegenkonzept. Es ist kaum vorstellbar, wie viel Schönheit in solcher Einfachheit verborgen sein kann. Wabi Sabi ist eine Offenbarung. Das Wort »Wabi« in Wabi Sabi ist nicht leicht zu übersetzen, die ursprüngliche, aus westlicher Sicht negative, Bedeutung verschob sich im Lauf der Zeit hin zu positiv besetzten Begriffen wie Einfachheit, Stillsein und Eleganz. Einfache Formen, an denen die Handschrift ihres Schöpfers noch ablesbar ist. »Sabi« steht für die Schönheit der Veränderung, die Patina, die mit dem Alterungsprozess einhergeht: Verfärbungen, feine Risse, Rost oder Moos – sie erzählen die Geschichte der Zeit und ehren den Lebensverlauf eines Gegenstands. Wabi Sabi steht für die Essenz des Lebens, den Kreislauf der Natur, es steht für Raum und Zeit. Wenn du Wabi Sabi in dein Leben integrierst, lässt du die Vergänglichkeit der Materie in dein Leben zurückkehren. Beispielsweise, indem du keinen Wert mehr darauf legst, alles perfekt haben zu wollen, indem du dich mit Dingen umgibst, die wirklich zu deinem Leben gehören und dich daran erinnern, dass alles vorübergehender Natur ist.

Sind Menschen mit Ecken und Kanten häufig nicht viel interessanter als die glatten Typen? Und sind es nicht gerade Kratzer und Risse, die Sachen wirklich zu deinen Sachen machen? Wenn du Unvollkommenheit auf eine natürliche Weise wertschätzt, dich an ihr freust, wirst du Kratzer und Risse immer weniger als problematisch empfinden, weil sie einfach dazugehören. Sie stellen nicht mehr das Ende dar. Die Feuchtigkeitsringe auf dem Holztisch erinnern dich auch an einen Abend mit Freunden, und die Dehnungsstreifen auf deinen Brüsten sind ein Zeichen deines Wachstums vom Mädchen zur Frau. Es ist nicht im klassischen Sinne »schön«. Es ist auf einzigartige Weise schön. Und das ist die Schönheit der Unvollkommenheit.

In dem japanischen Konzept der Wabi-Sabi-Ästhetik ist vieles ein kleines bisschen aus dem Gleichgewicht. Die Teetassen einer Teezeremonie sind beispielsweise absichtlich etwas unregelmäßig, um daran zu erinnern, dass nichts im Leben perfekt und für immer ist.

Die Zeit vergeht, und wir haben keinen Einfluss darauf. Daher ist es von Vorteil, wenn man lernt, Vergänglichkeit anzuerkennen, sie sogar anzunehmen. Nur dann findest du ein Gleichgewicht zwischen dem, was du beeinflussen kannst und dem, was es zu akzeptieren gilt.

Übrigens, auch deine Unvollkommenheiten machen dich zu der oder dem, die oder der du bist. Wie deine Handschrift mit den eigenwilligen Kringeln oder schrägen Linien. Gerade mit dem Unvollkommenen können wir ausdrücken, was uns ausmacht, uns von anderen unterscheiden. Die ersten kleinen Fältchen um deine Augen, deine Lachfalten. Die ersten weißen Haare, die Narbe irgendwo. Eine Seele, die ein Leben voller Geschichten mit sich trägt, das ist vollkommene Unvollkommenheit.

Miese Tage werden leichter, wenn du die Welt und dich selbst so betrachten kannst. Du brauchst nur zu warten und es geschehen lassen. Du kannst es nicht nachmachen, du kannst es nicht erzwingen, du kannst es nicht einfordern, und du kannst es nicht kaufen – es ist eine Haltung der Hingabe und der Akzeptanz. Es ist der Weg zu einem ganzheitlichen Leben, in dem sich alles entfalten darf, alles dazugehört, dunkel und hell, heil und rissig. Und da, genau da, liegt deine Freiheit.

Die drei einfachen Wahrheiten der Wabi-Sabi-Ästhetik:

Nichts ist für immer.
Nichts ist jemals fertig.
Nichts ist perfekt.

IRGENDWO
★ IST EIN LICHT ★

244

DAS LACHENDE HERZ

dein leben ist dein leben.

lass es nicht geprügelt werden

zu dumpfer unterwerfung.

sei wachsam.

es gibt auswege.

irgendwo ist ein licht.

vielleicht ist es nicht besonders hell

aber es besiegt die dunkelheit.

sei wachsam.

zeigen werden dir die götter möglichkeiten.

kenne sie, nimm sie an.

du kannst den tod nicht besiegen

aber du kannst den tod besiegen im leben,

manchmal und je öfter du das versuchst

umso heller wird das licht sein.

dein leben ist dein leben.

solang du es hast, kenne es.

du bist großartig. die Götter warten darauf,

sich zu erfreuen an dir.

Charles Bukowski

245

// MEIN DANK GEHT AN ...

Dieses Buch zu schreiben war ein einsamer Prozess; es waren viele Sonntage in Leggings und dicken Pullovern, mutterseelenallein, endlose Abende zwischen für Prüfungen büffelnden Studierenden in der Stadtbibliothek von Amsterdam, erschlichene Zeitfenster an geschäftigen Mittwochnachmittagen mit den Kindern. Meine Auszeit in Los Angeles im Februar 2018, die ich mir nahm, um mich inspirieren zu lassen und ungestört schreiben zu können, wurde unerwartet von der Aufnahme meiner Mutter ins Pflegeheim überschattet. Das war eine besonders schwierige und schmerzhafte Zeit für mich und meine Familie. Und so verlief das Schreiben des Handbuchs für miese Tage oft parallel zu miesen Tagen in der Realität. Das kann man wohl »anteilnehmende Autorenschaft« nennen.

Allein war ich jedoch nie. Ich möchte meinen beiden Söhnen danken. Eines Abends lag ein Donald-Duck-Abreißkalenderblatt auf meinem Kissen, darauf stand gekritzelt »Buch wird fertig« mit einem Smiley daneben. Das war so unglaublich süß, Pepijn, ich liebe dich und deinen aufmerksamen Blick. Und mein Sohn Seger ruft jeden zweiten Tag: »Dies ist der schönste Tag meines Lebens!« Seger, dich liebe ich genauso sehr und deine Fähigkeit, in allem Leichtigkeit zu entdecken.

Vielen Dank, Mama und Papa, für eure nie nachlassende Unterstützung und mein Zuhause bei euch, ohne jede Bedingung. Selbst wenn ich manchmal Entscheidungen getroffen habe, die ihr nicht nachvollziehen konntet – eure Liebe war immer da. Mir wurde im Laufe der Zeit immer klarer, dass es überhaupt nicht kitschig ist, sondern ein großes Privileg, so oft von euch zu hören, dass ihr stolz auf mich seid, mich liebt. Und danke für meine beiden großen Brüder Jeroen und Matthijs, die immer für mich da sind und mich möglicherweise besser kennen als alle anderen. Bei ihnen fühle ich mich immer sicher und geborgen.

Danke Allard, ich bin froh darüber, dass wir so sorgsam mit unserer Freundschaft umgehen, die uns so wichtig und wertvoll ist. Unsere Söhne hätten sich keinen besseren Vater wünschen können.

Vielen Dank, ihr lieben Freundinnen und Freunde, die ich mitten in der Nacht anrufen darf. Ich liebe euch alle sehr, aber ein besonderes Dankeschön geht an Fabienne, Kim und Tess, die an sehr miesen Tagen zu mir kamen, um in meiner Wohnung die Decken weiß zu streichen, die bereit waren, sich die immer gleiche Geschichte auch ein tausendstes Mal anzuhören und mit denen ich, wenn es das war, was ich brauchte, stundenlang schweigend Zeit verbringen konnte.

Vielen Dank, ihr Kollegen und Freiberufler von *Happinez*, mit euch erforsche ich seit vielen Jahren die wichtigsten, essentiellsten, wunderbarsten und bedeutungsvollsten Aspekte des Lebens in all seinen Facetten. Dieser Arbeitsplatz hat mir so viel gebracht. Ein Dankeschön an Adrienne und Marije, auch bekannt unter dem Namen »the mothers«.

Vielen Dank an Lisette für einen unverblümten E-Mail-Austausch in letzter Minute. Vielen Dank all den weisen, inspirierenden, eigensinnigen, mutigen Frauen und Männern, die ich auf diesem Weg getroffen habe. Genau, du bist gemeint.
Zum Schluss danke ich Martine vom Verlag Kosmos Uitgevers. Ich wollte dieses Buch nur mit dir machen. Vielen Dank Joris van Wijk dafür, dass du bereit warst, all mein Herz und Seele mit einer kleinen Dosis Ratio zu ergänzen. Jan, hab vielen Dank für deine Geduld und Wachsamkeit. Vielen Dank, Maaike, für all deine Anstrengungen, dieses Buch da draußen sichtbar zu machen. Und ein stehender Applaus für Annelinde, der beste Art-Director, den ich kenne; es gelingt dir einfach immer wieder, meine Vorstellungskraft zu übertreffen!

// ENDE

Was sich wie **DAS ENDE** anfühlt, ist oft **DER ANFANG**

★

QUELLEN-
VERZEICHNIS

S. 11: Pema Chödrön: *Wenn alles zusammenbricht. Hilfestellung für schwierige Zeiten*, Goldmann 2001

S. 16: Elizabeth Lesser: *Broken open; how difficult times can help us grow*, Ebury 2010, übers. von Ingrid Ostermann

S. 22: Mark Manson: *Die subtile Kunst des darauf Scheißens*, mvg 2017

S. 22: frei nach Elisabeth Lesser: „There is a unbelievable amount of vitality in a broken heart. Auszug aus: Ebd.: *Broken open; how difficult times can help us grow*, Ebury 2010, übers. von Ingrid Ostermann,

S. 31: Nach einem Instagram-Post von Glennon Doyle Melton vom 17. Oktober 2016, übers. von Ingrid Ostermann

S. 32: Nach einem Instagram-Post von Elizabeth Gilbert vom 8. März 2018, übers. von Ingrid Ostermann

S. 36: Interview mit William Bloom, übers. von Ingrid Ostermann

S. 37: Aldous Huxley: *Schöne neue Welt. Ein Roman der Zukunft*, Fischer 2013

S. 51: Inez van Oord: *Wo stehst du, wenn dein Leben ein Kreis ist?* Kailash 2017

S. 52: Clarissa Pinkola Estés: *Die Wolfsfrau*, Heyne 1997

S. 59: Zitat wird Yogi Vivekananda zugeschrieben, übers. von Ingrid Ostermann

S. 63: Zitat wird Thich Nhat Hanh zugeschrieben, übers. von Ingrid Ostermann

S. 66: Robert Frost: Auszug aus dem Gedicht: *Cluster of Faith*, veröffentlicht in *In the Clearing*, Henry Holt and Co. 1957, übers. von Ingrid Ostermann

S. 67: Zitiert nach der deutschen Synchronisation des Star Wars Films *Episode 5 – das Imperium schlägt zurück*

S. 76: Pema Chödrön: *Wenn alles zusammenbricht, Hilfestellungen für schwierige Zeiten*, Hoffmann & Campe, 1998

S. 79: Clarissa Pinkola Estés: *Die Wolfsfrau*, Heyne 1997

S. 81: Zitat wird Cheryl Strayed zugeschrieben, übers. von Ingrid Ostermann

S. 87: Stephen R. Covey (nach Viktor Frankl), in Ders.: *Der 8. Weg: Mit Effektivität zu wahrer Größe*, Gabal 2008

S. 90: Interview von Melvin McLoed mit Jack Kornfield auf lionsroar.com, übers. von Ingrid Ostermann www.lionsroar.com/be-free-now-an-interview-with-jack-kornfield/

S. 117: Dokumentarfilm über Thich Nhat Hanh: *Walk with me*, übers. von Ingrid Ostermann

S. 120: Nach einem Facebook-Post von Jeff Foster vom 19. Februar 2013, übers. von Ingrid Ostermann

S. 125 und S. 126: Brief von Rainer Maria Rilke an Franz Xaver Kappus vom 16. Juli 1903, veröffentlicht im Band *Briefe an einen jungen Dichter*, Wallstein 2019

S. 129 und S. 130: Helen Mcdonald: *H wie Habicht*, Ullstein 2017

S. 139: Zitat wird Maya Angelou zugeschrieben, übers. von Ingrid Ostermann

S. 148: Zitat wird Pema Chödrön zugeschrieben, übers. von Ingrid Ostermann

S. 145: Zitat wird Stephen Hawking zugeschrieben, übers. von Ingrid Ostermann

S. 156: Zitiert nach dem Untertitel des Youtube-Videos *The Realization That Everyone Has A Story*, übers. von Ingrid Ostermann
https://www.youtube.com/watch?v=AkoML0_FiV4

S. 164: Lynne Twist: *Die Seele des Geldes*, Verlag am Goetheanum, 2005

S. 172: *My Silver Lining* vom Album *The Lions Roar*, First Aid Kit, Labels W, Wichita Recordi, 2012

S. 176: Zitat wird Wies Enthoven zugeschrieben, übers. von Ingrid Ostermann

S. 176 und S. 178: Natalie Goldberg: *Schreiben in Cafés*. Autorenhaus, Berlin 2009

S. 178: Julia Cameron: *Der Weg des Künstlers. Ein spiritueller Pfad zur Aktivierung unserer Kreativität,* Knaur MensSana Taschenbuch, München 2019

S. 178: Geertje Couwenbergh: *Zin. Lust in je leven door schrijven*, AnkhHermes, Uitgeverij 2019, übers. von Ingrid Ostermann

S. 203: Zitat von Allain de Botton, aus einem Interview erschienen in der niederländischen Ausgabe der Zeitschrift Happinez, übers. von Ingrid Ostermann

S. 208: *De oceaan als leermeester* von Eveline Helmink, erschienen in der niederländischen Ausgabe der Zeitschrift Happinez, übers. von Ingrid Ostermann

S. 208 und S. 209: Alan Watts: *Offene Weite, nichts von heilig. Die Zukunft der Ekstase und andere Essays*, Zero-Verlag, Rheinberg 1982

S. 210: Cheryl Strayed: *Tiny Beautiful Things. Advice on Love and Life from Dear Sugar*, Vintage 2012, übers. von Ingrid Ostermann

S. 213: Carder Stout auf goop.com, übers. von Ingrid Ostermann
https://goop.com/wellness/spirituality/serendipity-synchronicity/

S. 224: Elisabeth Lesser: *Broken open; how difficult times can help us grow*, Ebury 2010, übers. von Ingrid Ostermann

S. 224 und S. 225: Bram Moerland auf brammoerland.com, übers. von Ingrid Ostermann *https://www.brammoerland.com/teksten/ArameseJezus/arameseJezusgebed.html*

S. 245: Charles Bukowski: *the laughing heart*, Original im Gedichtband: *Betting On The Muse*, Ecco 2002, übers. von Ingrid Ostermann

Impressum

1. Auflage 2020

© der deutschen Ausgabe 2020 by Irisiana Verlag, einem Unternehmen der Verlagsgruppe Random House GmbH, Neumarkter Straße 28, 81673 München

Die niederländische Originalausgabe erschien 2019 unter dem Titel »Handboek voor mindere dagen« ISBN 978-90-215-7128-7. © Kosmos Uitgevers, Utrecht/Antwerpen

© Eveline Helmink bei Kosmos Uitgevers, Utrecht/Antwerpen, 2019

Alle Rechte vorbehalten. Vollständige oder auszugsweise Reproduktion, gleich welcher Form (Fotokopie, Mikrofilm, elektronische Datenverarbeitung oder durch andere Verfahren), Vervielfältigung, Weitergabe von Vervielfältigungen nur mit schriftlicher Genehmigung des Verlags.

Das vorliegende Buch ist sorgfältig erarbeitet worden. Dennoch erfolgen alle Angaben ohne Gewähr. Weder Autorin noch Verlag können für eventuelle Nachteile oder Schäden, die aus den im Buch gegebenen Hinweisen resultieren, eine Haftung übernehmen.

Sollte diese Publikation Links auf Websites Dritter enthalten, so übernehmen wir für deren Inhalte keine Haftung, da wir uns diese nicht zu eigen machen, sondern lediglich auf deren Stand zum Zeitpunkt der Erstveröffentlichung verweisen.

Projektleitung: Nikola Teusianu

Herstellung: Angelika Tröger

Übersetzung aus dem Niederländischen: Ingrid Ostermann

Lektorat: Eva Dotterweich, www.textatelier-dotterweich.de

Satz: Knipping Werbung GmbH, Berg am Starnberger See

Korrektorat: Claudia Kohnle

Layout/Design: Annelinde Tempelman, Studio 100 %

Umschlaggestaltung: Geviert – Büro für Kommunikationsdesign München, basierend auf dem Cover der niederländischen Originalausgabe, gestaltet von Annelinde Tempelman, Studio 100 %

Druck und Bindung: Alföldi, Debrecen, Printed in Hungary

 Verlagsgruppe Random House FSC®-N001967

ISBN: 978-3-424-15383-5

252